E. MARTIN REL.

L.-L. KLOTZ

DÉPUTÉ DE LA SOMME
RAPPORTEUR DU BUDGET DE LA GUERRE

L'ARMÉE EN 1906

Considérations générales à propos du budget de la guerre

Préface du Général H. LANGLOIS

ANCIEN MEMBRE DU CONSEIL SUPÉRIEUR DE LA GUERRE

PARIS
HENRI CHARLES-LAVAUZELLE
Éditeur militaire
10, Rue Danton, Boulevard Saint-Germain, 118

——

(MÊME MAISON A LIMOGES)

L'ARMÉE EN 1906

L.-L. KLOTZ

DÉPUTÉ DE LA SOMME
RAPPORTEUR DU BUDGET DE LA GUERRE

L'ARMÉE EN 1906

Considérations générales à propos du budget de la guerre

Préface du Général H. LANGLOIS

ANCIEN MEMBRE DU CONSEIL SUPÉRIEUR DE LA GUERRE

PARIS

Henri CHARLES-LAVAUZELLE

Éditeur militaire

10, Rue Danton, Boulevard Saint-Germain, 118

(MÊME MAISON A LIMOGES)

PRÉFACE

L'aridité des chiffres, dans les divers rapports sur le budget, détourne en général le grand public d'en entreprendre la lecture ; de la discussion aux Chambres, chacun retient quelques points qui le touchent personnellement. Puis le contribuable paye sans bien se rendre compte de la nécessité des impôts qui lui sont pourtant si pénibles ; les dépenses pour la guerre et la marine lui semblent d'autant plus lourdes qu'elles semblent improductives.

Cependant l'alarme jetée dans le pays par les menaces germaniques a réveillé les esprits ; on s'est demandé : Sommes-nous prêts ? Et l'on s'est avidement jeté sur les articles de journaux traitant la préparation à la guerre. Pour répondre à cette question angoissante, le rapporteur de la Commission chargée d'examiner le projet de loi portant fixation du budget de la guerre, M. le député L.-L. Klotz, a fait précéder son rapport d'une première partie d'un intérêt général et d'une limpidité qui rendent la lecture de ce document réellement attachante. Aussi remercions-nous l'auteur d'avoir cédé aux instances de ses amis *et de présenter cette partie de son œuvre au public qui y trouvera matière à d'utiles réflexions basées sur des documents bien contrôlés, développés avec beaucoup de méthode et un grand talent d'exposition.*

Sommes-nous prêts? Dans la conclusion, la réponse est nette : « Il n'est pas exact de dire que tout est prêt. » Alors se pose cette terrible question : « Qui donc est responsable? et enfin cette autre : « Comment éviter dans l'avenir les fautes du passé? » Telles sont les trois parties saillantes de l'œuvre du rapporteur qui, pour les mettre en lumière, fait l'historique complet du matériel de guerre depuis l'année terrible.

Sans nous astreindre à l'ordre suivi par M. Klotz, examinons d'abord les trois parties capitales de son ouvrage.

Sommes-nous prêts? Le rapport commence par un aperçu général des efforts accomplis depuis 1871 pour reconstituer notre matériel de guerre, nos approvisionnements, nos places fortes et mettre le pays en état de défense. Les sacrifices pécuniaires ont été considérables, se chiffrant par un total de 3.622 millions jusqu'en 1905 ; ce chiffre n'étonnera pas si l'on songe qu'en trente-cinq ans on a dû créer successivement trois matériels d'artillerie de campagne, adopter deux modèles de fusil, transformer plusieurs fois nos places de guerre pour les mettre en mesure de résister aux nouveaux engins destructeurs. Et ces modifications, on peut prévoir qu'elles seront incessantes tant que l'industrie progressera.

Afin de ne pas aller dans l'inconnu, on a élaboré, en 1872 d'abord, un programme général des travaux à exé-

cuter en vue de refaire nos forces ; mais, comme les conditions matérielles de la guerre se modifient constamment
suivant toujours les progrès industriels, le programme
général a dû être remanié en 1876, en 1888, en 1894, enfin
en 1900. Après avoir voté, pour l'exécution de chacun des
programmes antérieurs, un crédit spécial, le Parlement
décida en 1891 qu'il n'y avait plus lieu d'engager l'avenir
et qu'un crédit annuel serait consacré dorénavant aux
« constructions neuves et aux approvisionnements de réserve ». Ce crédit forme aujourd'hui la 3ᵉ section du budget de la guerre. C'est du programme de 1900 que les
services s'inspirent pour établir le bien fondé de leurs demandes de crédit.

On voit que des modifications incessantes déterminent
le renouvellement fréquent des programmes ; par suite,
le programme précédent n'est pas encore entièrement
exécuté que de nouveaux besoins font naître un nouveau
programme ; on peut dire qu'une armée ne serait complètement prête, au sens mathématique de cette expression,
que si chaque programme pouvait être exécuté en une
seule année. C'est tout à fait impossible. La question de
complète préparation à la guerre est donc essentiellement
relative : une nation est d'autant plus prête qu'elle fait les
sacrifices pécuniaires nécessaires pour exécuter un programme dans le nombre minimum d'années. Si, aujour-
d'hui, nous sommes moins prêts que nous ne devrions
l'être, c'est que les crédits affectés dans ces dernières
années à la 3ᵉ section du budget ont été insuffisants.

C'est ce que fait ressortir le rapport.

Les prévisions du programme de 1900 s'élevaient, en chiffres arrondis, à 972 millions. Or, de 1901 à 1905, c'est-à-dire en cinq années, on a fait seulement une dépense de 206 millions sur les crédits législatifs. Il faudrait donc vingt-cinq années pour arriver au but. Le programme se divisait en neuf chapitres (artillerie, génie, chemins de fer, subsistances, habillement, service de santé, remonte et harnachement, service géographique, travaux du port de Bizerte). Sur ce dernier chapitre, la dépense, évaluée à 8 millions, a monté effectivement à 28 millions, soit 20 millions au delà des prévisions. Tous les autres chapitres ont été négligés, et un calcul facile montre qu'en suivant les errements actuels il faudrait, pour parfaire l'exécution du programme de 1900 :

21 ans 1/2 en ce qui concerne l'artillerie ;

26 ans 1/2 en ce qui concerne le génie ;

99 ans en ce qui concerne les subsistances ;

37 ans en ce qui concerne l'habillement ;

7 ans en ce qui concerne le service de santé.

Ces chiffres sont éloquents ; ils justifient l'appréciation de l'auteur : « Il n'est pas exact de dire que tout est prêt ». L'explication qu'il donne de cette situation — la modicité des crédits demandés chaque année par le Ministre — est la seule cause des retards apportés à l'exécution complète de ce programme.

De la responsabilité. — *D'après cette phrase, la responsabilité retomberait entière sur le Ministre de la guerre ; telle n'est pas la pensée du rapporteur. En réalité, les choses se passent de la façon suivante. Le Ministre de la*

guerre présente au Conseil des ministres un état, par ser-
vices, des travaux à exécuter dans l'année courante et des
dépenses à y affecter ; sur les instances de son collègue
des finances, il a le tort de consentir à des réductions dan-
gereuses. Le Ministre des finances est blâmable de ne pas
chercher les moyens de parer à des dépenses reconnues
nécessaires à la sécurité du pays ; de son côté, le Ministre
des affaires étrangères est dans son tort de ne pas soutenir
le bien fondé des demandes de la Guerre en raison d'une
situation extérieure menaçante. Enfin, par-dessus tout,
la responsabilité incombe au chef du gouvernement, au
Président du Conseil.

A ces errements regrettables M. Klotz trouve une sorte
d'excuse dans les idées pacifiques du milieu ambiant ;
c'est accorder aux personnalités dirigeantes une bien
courte vue qui ne fait pas leur éloge.

L'ambiance peut agir aussi d'une façon fâcheuse sur le
Ministre de la guerre, même au point de vue technique.
Je prends un exemple. La dotation en munitions, sur l'avis
des nombreux sceptiques que l'on trouve dans les postes
élevés, a été basée sur les données les plus faibles des
guerres antérieures. L'opinion de quelques esprits clair-
voyants, qui comprenaient qu'en face de l'armement mo-
derne les attaques d'infanterie avaient de plus en plus
besoin d'être appuyées par un feu violent et prolongé,
entraînant la nécessité d'un énorme approvisionnement en
munitions ; cette opinion, dis-je, était traitée d'exagérée.
Puis, brusquement, la guerre russo-japonaise déchire le
voile : les approvisionnements sont insuffisants (le même

phénomène a dû se passer dans les armées étrangères) !
La responsabilité incombe donc en partie aussi aux Assem-
blées ou Conseils incapables d'évoluer, desquels le Minis-
tre a dû prendre les avis.

L'auteur écarte absolument la responsabilité du Parle-
ment et pour appuyer son opinion il montre dans un ta-
bleau que les crédits demandés par le Gouvernement ont
toujours été largement accordés par les Chambres. Cette
preuve n'est peut-être pas absolument probante. En effet,
les dépenses ordinaires du budget de la guerre vont assez
continuellement en croissant, par suite de lois votées,
d'engagements pris, de renchérissement du prix des den-
rées, etc. Il n'est pas impossible que, pour maintenir le
budget général dans des limites acceptables par le Parle-
ment, le Gouvernement ne soit conduit à économiser sur le
budget de la 3ᵉ section, *c'est-à-dire sur les constructions*
neuves et les approvisionnements de réserve. Rien ne dit
que le Parlement aurait, dans ces dernières années, con-
senti à une augmentation moyenne de 50 millions par an,
par exemple ?

On voit, par suite, combien est complexe la question de
la responsabilité ; celle-ci se partage. Néanmoins la plus
lourde part revient au Président du Conseil et au Ministre
de la guerre.

Moyens d'éviter les fautes passées. — *Comme premier*
moyen, le rapporteur propose, avec raison, de rendre plus
effectif le contrôle du Parlement. Dans un historique fort
suggestif M. Klotz montre comment la routine bureau-
cratique, par sa force d'inertie, s'oppose aux mesures

qui peuvent assurer ce contrôle. Le fait suivant est typique. L'article 2 de la loi du 9 décembre 1902 précise les états que le Ministre de la guerre doit communiquer aux Chambres et le rapporteur constate que cet article « est resté lettre morte ». Aussi propose-t-il un article additionnel à la prochaine loi de finances, afin de préciser encore davantage.

Puis, partant de ce fait que les dépenses extraordinaires ont un caractère de permanence, l'auteur estime qu'il convient d'affecter à la 3ᵉ section du budget un crédit annuel fixe assurant l'achèvement du programme en un nombre d'années déterminé. Le 1ᵉʳ mars 1905, à la tribune de la Chambre, M. Klotz estimait à 500 millions au minimum la somme nécessaire, ce qui le conduit à fixer à 75 millions la dépense annuelle, afin de réaliser le programme en sept années.

Personnellement cette évaluation me paraît insuffisante. En effet, le programme de 1900 comportait une prévision de 972 millions, auxquels il faut ajouter les 20 millions dépensés en excédent pour la défense de Bizerte ; soit 992 millions. D'autre part, les enseignements de la guerre russo-japonaise doivent entraîner l'augmentation des approvisionnements en munitions ; cela doit porter les prévisions à un milliard au bas mot. Comme on a dépensé, jusqu'ici, 206 millions seulement, il resterait encore à faire un sacrifice de 794 millions.

× ×

En dehors des questions capitales ci-dessus, l'étude dé-

taillée des tableaux des dépenses de la 3ᵉ section affectées à chacun des services est susceptible de donner lieu à des remarques pleines d'intérêt. J'en ferai ressortir une seule comme exemple.

Sur la dépense totale de 3.622 millions, 981 millions, soit 27 p. 100, ont été affectés à la construction et à l'armement de nos places et de nos côtes, sans compter les munitions ; 1.170 millions seulement, soit 32,60 p. 100, ont été dépensés pour le matériel de campagne (non compris les munitions).

Il y a certainement disproportion évidente entre les efforts faits en vue de la bataille, *but essentiel de la guerre, et ceux faits en vue de la* défense passive.

Ce qui frappe aussi dans l'examen de l'état des dépenses annuelles de la 3ᵉ section, ce sont les différences colossales d'une année à l'autre. Ainsi ces dépenses passent par :

Trois maxima . . . . $\left\{\begin{array}{l} \textit{en 1876, 290 millions ;} \\ \textit{en 1889, 170 millions ;} \\ \textit{en 1899, 170 millions.} \end{array}\right.$

Deux minima . . . . $\left\{\begin{array}{l} \textit{en 1885, 59 millions ;} \\ \textit{en 1896, 34 millions.} \end{array}\right.$

En 1905, elles tombent à 28 millions !

Cela indique un manque d'unité de vues dans l'exécution des programmes et justifie l'idée du rapporteur de consacrer dorénavant une somme annuelle déterminée aux constructions neuves et aux approvisionnements de réserve.

Une autre partie du travail présente la comparaison des dépenses militaires et des effectifs en France et en Alle-

magne ; les esprits réfléchis y trouveront des enseigne-
ments précieux. Par exemple, tandis que, à partir de
l'année 1888, le budget total de la guerre, en France, varie
entre 83 et 77 p. 100 de la valeur du budget allemand, nos
dépenses extraordinaires ont été de 60 à 20 p. 100 seule-
ment des dépenses similaires en Allemagne ; en 1905, les
nôtres tombent à 19 p. 100 !

L'étude des données numériques fournies par le rapport
montre, par contre, avec quelle sagesse nos ressources
sont utilisées dans notre armée contrairement à une opi-
nion trop accréditée : tandis qu'en France la dépense
moyenne par homme et par an va toujours en diminuant
— depuis 1875 où elle était de 1.242 francs, jusqu'en 1905
où elle est réduite à 1.136 francs — elle va, au contraire,
constamment en croissant en Allemagne : 1.051 francs en
1875 et 1.225 en 1905. Ce résultat est d'autant plus frappant
que les dépenses ayant pour but le bien-être et la santé
des hommes sont plus élevées en France qu'en Allemagne :
pour les ordinaires, l'habillement et le service de santé,
la dépense annuelle par homme est de 352 fr. 01 en
France, de 278 fr. 10 en Allemagne. Par conséquent, les
dépenses que nous pourrions appeler administratives, non
productives, se chiffrent par 884 francs en France et
977 francs en Allemagne. Aux ordinaires, spécialement,
la France consacre 215 fr. 60 par homme et par an ; l'Alle-
magne, 168 fr. 50. Ces chiffres montrent la sollicitude du
pays pour ceux de ses enfants qui servent sous le drapeau
national.

Enfin d'autres parties des considérations générales trai-

tent des enseignements de la guerre russo-japonaise, du haut commandement, de la loi des cadres, de l'avancement des officiers, de la réserve et de la territoriale, de la loi de deux ans et de ses conséquences financières.

× ×

Puisse cette brève analyse engager tous ceux qui ont au cœur, ainsi que le rapporteur de la Commission du budget, l'amour de la Patrie et le désir de la voir forte et respectée, à commencer la lecture de cette brochure, car alors ils ne s'arrêteront qu'à la dernière page.

Général LANGLOIS,

Ancien membre du Conseil supérieur de la guerre.

CONSIDÉRATIONS GÉNÉRALES

Les événements qui viennent de se dérouler et la première application de la nouvelle loi sur le recrutement de l'armée donnent au budget de la Guerre pour l'exercice 1906 un exceptionnel intérêt.

En plus des problèmes si complexes qui se posent chaque année au cours de l'examen des dépenses de ce grand département, il est deux questions qui doivent aujourd'hui spécialement retenir notre attention, la première concernant **notre matériel de guerre,** la seconde relative aux **conséquences de la loi de deux ans.**

Après les avoir impartialement étudiées, ainsi que celles qui intéressent principalement l'armée, avant d'aborder l'analyse de chacun des chapitres, nous tracerons la physionomie générale du budget du prochain exercice, soucieux toujours de dire la vérité, d'affermir et de renforcer le droit de contrôle du Parlement, de préciser les responsabilités de l'avenir, de suivre les règles d'une saine méthode financière, de collaborer avec toute notre énergie à l'œuvre de défense nationale qui, en même temps qu'elle donnera enfin à notre organisation militaire toute sa force morale et matérielle, permettra d'assurer, dans la paix, l'intégrité de notre territoire et la dignité de la France.

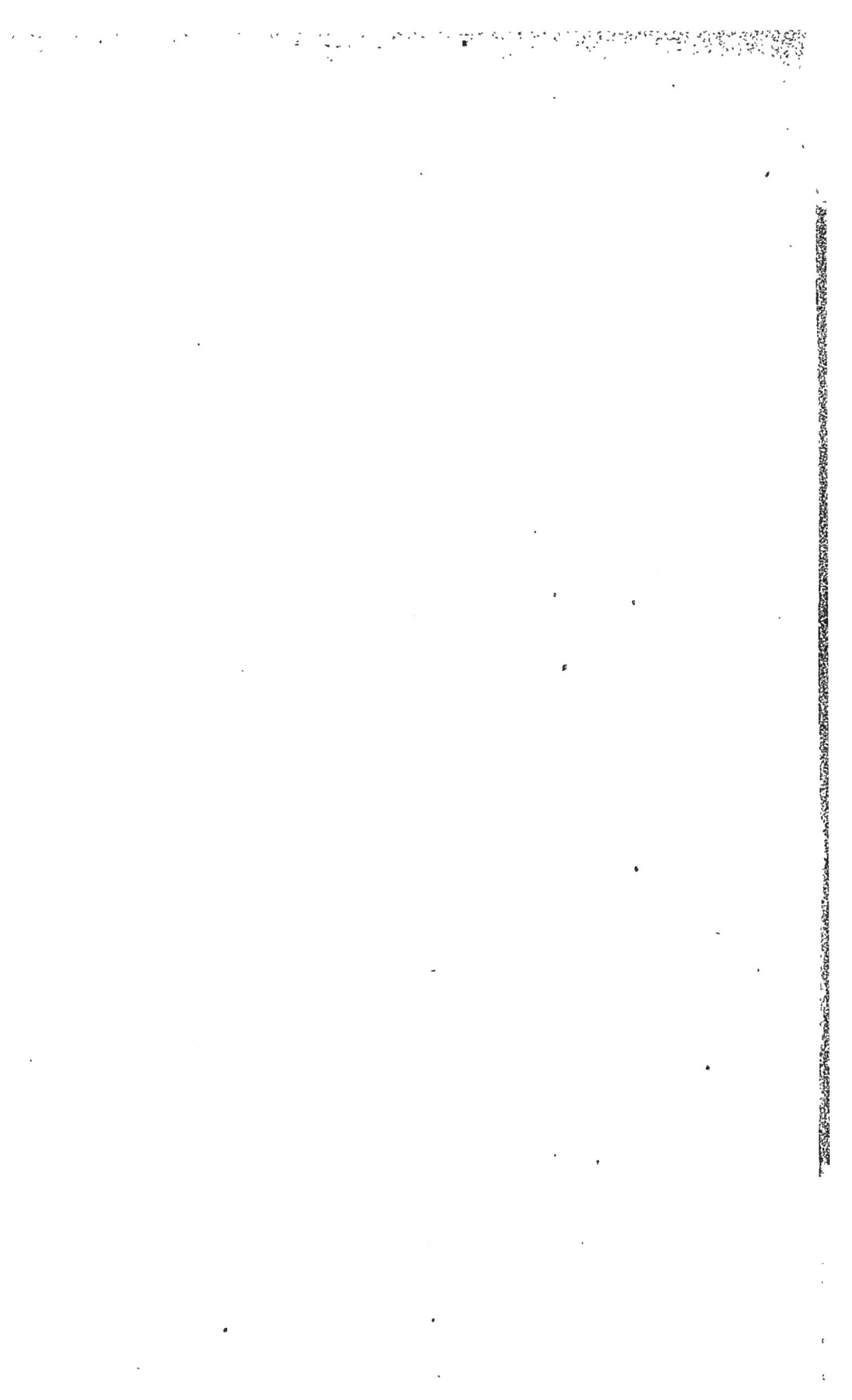

A PROPOS DU MATÉRIEL DE GUERRE

Des polémiques récentes et souvent exagérées, auxquelles les circonstances actuelles ont donné naissance, nous font un devoir de considérer les efforts accomplis depuis 1870 pour renforcer le matériel de guerre, les approvisionnements de réserve et mettre le pays en état de défense.

HISTORIQUE DE LA TROISIÈME SECTION DU BUDGET DE LA GUERRE DEPUIS 1870

I

APERÇU GÉNÉRAL DES PROGRAMMES DE DÉPENSES

La création d'une dotation spéciale pour les travaux dont les dépenses sont imputées actuellement à la 3ᵉ section du budget « Constructions neuves et approvisionnements de réserve » remonte au lendemain même de la guerre de 1870-71.

Dès la fin de 1871, le Gouvernement dut, en effet, se préoccuper de procéder sans retard à la reconstitution de l'armement et des approvisionnements, ainsi qu'à la mise en état de défense du territoire.

On considéra alors que, par leur nature, les dépenses correspondant à ces nécessités ne se renouvelleraient pas annuellement et que par suite elles ne pouvaient pas trouver place dans le budget affecté aux dépenses permanentes des services courants auxquelles il était pourvu au moyen des ressources normales de l'impôt.

On fut ainsi amené à créer un compte hors budget auquel devaient être imputées les dépenses exceptionnelles dont il s'agit : ce fut le *compte de liquidation*, auquel succéda le *budget des ressources extraordinaires*, alimentés tous deux par des ressources spéciales. Cette situation disparut en 1891, lorsque la Commission du budget reconnut à ces dépenses un caractère de permanence, en raison de la nécessité de tenir l'armement à la hauteur des progrès de la science et décida de les comprendre désormais dans le *budget ordinaire*.

a) Premier programme (1872 à 1892).

La première évaluation des dépenses nécessaires pour reconstituer le matériel de guerre fut faite dans le projet de loi déposé le 15 mars 1872 en vue de la création du compte de liquidation.

Elle s'élevait à 370 millions.

Cette évaluation ne constituait évidemment pas un programme bien défini, conçu de toutes pièces, comportant des prévisions détaillées en vue de travaux nettement déterminés. Il y avait une telle part d'inconnu dans l'œuvre à entreprendre sous la pression des événements, qu'il n'était pas possible à ce moment de préciser les évaluations. On cherchait seulement à satisfaire aux besoins les plus urgents.

Cette première évaluation fut d'ailleurs modifiée dans un nouveau projet de loi en date du 20 mars 1873 et portée à 400 millions.

Néanmoins, cette dotation doit être considérée comme l'amorce du programme qui fut élaboré quelque temps après ; car elle permit à l'Administration militaire de ne pas rester inactive en attendant les résultats de l'enquête ordonnée par l'Assemblée nationale sur le matériel de guerre.

Cette dotation était totalement épuisée et même dépassée

à la fin de 1875, lorsque le Département de la guerre, mieux renseigné sur les besoins réels de la défense nationale, se trouva en mesure de procéder à une évaluation plus exacte et plus détaillée des dépenses à engager.

La période pendant laquelle dura cette dotation provisoire s'étendait de 1872 à 1875 inclus. Ce fut le *premier compte de liquidation*.

Les prévisions établies en 1875 par le Département de la guerre, d'accord avec une Commission extraparlementaire, présentèrent un caractère de précision inconnu jusqu'alors. On pouvait en effet, à ce moment, marcher avec plus d'assurance, et jeter des bases solides pour l'avenir. La loi sur le recrutement, la loi du 24 juillet 1873 relative à l'organisation de l'armée et à la division du territoire en régions de corps d'armée étaient en vigueur ; on avait un nouveau fusil (le fusil Gras) à substituer au fusil Chassepot ; le canon en acier (système de Lahitolle) venait d'être conçu. Les prévisions de l'Administration militaire constituèrent donc un véritable programme. C'est ce qu'on peut appeler le programme de 1875-1876.

Ses bases furent déterminées par deux décrets en date des 26 juillet et 27 novembre 1876. Le premier fixa les prévisions de dépenses à 1.894.395.143 francs (y compris les 400 millions de la dotation primitive déjà réalisée) et le second les porta à 1.932.045.143 francs.

Les dépenses faites sur ces prévisions à partir de 1876 constituèrent le *second compte de liquidation*.

Malgré l'importance des crédits ouverts au titre de ce second compte, les prévisions fixées par les deux décrets de 1876 n'étaient pas réalisées intégralement, lorsqu'en 1879 le Gouvernement décida, dans un intérêt d'ordre financier, que les crédits nécessaires pour épuiser la dotation du programme seraient inscrits désormais dans le budget général et formeraient une section dite « Budget des dépenses sur ressources extraordinaires ».

Cette section devait être alimentée, comme les deux comptes de liquidation, par des ressources spéciales.

Les ouvertures de crédits nouveaux au titre du second compte de liquidation cessèrent donc à la fin de l'exercice 1878. Toutefois, comme les crédits alloués de 1876 à 1878 n'avaient pas été dépensés entièrement durant cette période, le second compte fonctionna jusqu'en 1881 inclus au moyen de crédits reportés d'exercice en exercice.

Il en résulte que l'exécution du programme de dépenses dont il s'agit se poursuivit, de 1879 à 1881, à la fois sur des ressources accordées au titre du second compte de liquidation, reportées d'exercices antérieurs à 1879 et au moyen de fonds nouveaux directement ouverts au budget extraordinaire.

Ce fut à partir du 1er janvier 1882 seulement que les dépenses restant à effectuer sur le programme furent réalisées uniquement au moyen du budget extraordinaire.

Les prévisions constitutives de ce programme avaient d'ailleurs subi quelques changements, par suite des modifications apportées dans les travaux en cours d'exécution, par suite des perfectionnements incessants de l'organisation militaire, en raison de la création de nouvelles formations de guerre et aussi de l'adoption en 1877, comme types d'armement, des canons en acier de 90 et de 80, système de Bange.

En 1879, les prévisions avaient été portées à 1.936.688.451 francs. Puis, une disposition introduite dans la loi du 8 août 1881 les avait arrêtées au chiffre de 2.293.971.451 francs.

C'est en se basant sur ce maximum que le Parlement vota des crédits jusqu'en 1887.

Mais, au début de cet exercice, on reconnut la possibilité de supprimer certaines dépenses et la dotation maxima de 1881 fut ramenée à 2.283.833.282 fr. 17 par la loi du 27 juillet 1887. Une nouvelle et dernière réduction fut effectuée par la loi du 26 juin 1888 qui arrêta définitivement les prévisions de dépenses du programme (amorcé en 1872 et établi en 1875-1876) à la somme de 2.243.833.282 fr. 17.

A ce moment, un nouveau programme venait d'être

élaboré et mis en œuvre. On cessa donc à partir du 1er janvier 1888 d'ouvrir de nouveaux crédits législatifs sur le Budget extraordinaire au titre de l'ancien programme. Toutefois, comme les crédits ouverts antérieurement n'avaient pas été complètement utilisés, l'exécution de l'ancien programme se prolongea jusqu'à la fin de 1892 au moyen de sommes reportées d'un exercice à l'autre, et provenant d'ouvertures de crédits législatifs faites avant 1888.

Les deux tableaux suivants indiquent : le premier, les variations par service de la dotation de ce premier programme d'ensemble, dont l'exécution se produisit pendant 20 ans (1872-1892) sur les deux comptes de liquidation et sur le Budget extraordinaire, le second, la situation des crédits accordés par service (compte tenu de toutes les opérations de reports ou d'annulation) et des dépenses effectuées au titre du même programme.

SERVICES.	PRÉVISIONS DU 15 mars 1872.	PRÉV SIONS de la loi du 23 mars 1874.	PRÉVISIONS du décret du 26 juillet 1876.	PRÉVISIONS du décret du 27 novembre 1876
	francs.	francs.	francs.	francs.
Artillerie.............	109.000.000	190.000.000	1.140.174.143	1.140.174.143
Génie et casernements..	180.000.000	182.000.000	490.000.000	499.500.000
Subsistances..........	2.000.000	4.000.000	38.500.000	33.500.000
Hôpitaux.............	2.000.000	3.000.000	8.100.000	8.100.000
Remonte et harnachement...............	2.000.000	3.000.000	24.477.000	24.477.000
Habillement et campement...............	15.000.000	18.000.000	191.944.000	191.944.000
Transports généraux...	»	»	»	26.250.000
Dépôt de la Guerre.....	»	»	1.000.000	1.000.000
Télégraphie militaire..	»	»	»	»
Harnachement des chevaux de la cavalerie..	»	»	»	»
Total.............	370.000.000	400.000 000	1.894.195.143	1.929.945.143
Autres services (1).....	»	»	200.000	2.100.000
Total général......	370.000.000	400.000.000	1.894.395.143	1.932.045.143

(1) Frais d'impression de documents de mobilisation, indemnités pour les armes réintégrées dans les arsenaux, secours aux masses générales d'entretien.

I

PRÉVISIONS de 1879.	PRÉVISIONS de la loi du 8 août 1881.	PRÉVISIONS de la loi du 27 juillet 1887.	PRÉVISIONS définitives de la loi du 26 juin 1888.
francs.	francs.	francs.	francs.
1.140.174.143	1.190.574.143	1.226.045.337 81	(1) 1.184.923.302 66
503.840.000	702.073.000	650.311.569 57	(1) 650.311.569 57
38.503.308	85.503.308	78.634.411 20	75.844.455 22
8.400.000	19.400.000	19.391.583 99	19.391.583 99
24.477.000	26.477.000	26.477.000 »	26.477.000 »
191.944.000	241.944.000	239.619.022 19	239.619.022 19
26.250.000	26.250.000	26.249.692 61	26.249.692 61
1.000.000	1.000.000	12.398.200 68	(1) 12.398.051 81
»	»	»	950.000 »
»	»	»	3.062.000 »
1.934.588.451	2.293.221.451	2.279.126.818 05	2.239.226.078 05
2.100.000	750.000	4.706.464 12	4.606.604 12
1.936.688.451	2.293.971.451	2.283.833.282 17	2.243.833.282 17

(1) Voir pour la décomposition de chacun de ces chiffres les exposés des programmes par service.

TABLEAU 2

SERVICES.	CRÉDITS OUVERTS (compte tenu des opérations de report et des annulations.)	DÉPENSES faites.	DÉPENSES sur fonds de concours.
	fr. c.	fr. c.	fr. c.
Artillerie.			
1er compte de liquidation...............	248.029.282 09	248.029.282 09	385.000 »
2e compte de liquidation	507.055.317 91	503.344.345 02	1.755.320 »
Budget extraordinaire.	437.912.248 26	433.549.677 55	215.955 65
Total...........	1.192.996.848 26	1.184.923.302 66	2.356.275 65
Génie.			
1er compte de liquidation...............	80.989.459 85	80.988.745 64(1)	26.800.032 01
2e compte de liquidation...............	275.825.041 15	275.825.040 15(2)	82.500.178 80
Budget extraordinaire.	297.841.004 75(3)	294.062.212 54(4)	7.509.82? ??
Total...........	654.655.505 75	650.875.998 33	116.810.036 ??
Subsistances.			
1er compte de liquidation...............	11.714.769 06	11.714.675 82	»
2e compte de liquidation...............	23.948.551 28	23.948.163 62	»
Budget extraordinaire.	41.929.372 41	40.181.615 78	»
Total...........	77.592.682 75	75.844.455 22	
Hôpitaux.			
1er compte de liquidation	4.462.030 73	4.461.053 09	»
2e compte de liquidation...............	3.937.969 27	3.937.917 06	»
Budget extraordinaire.	11.257.903 38	10.992.613 84	»
Total...........	19.657.903 38	19.391.583 99	»
A reporter.......	1.944.902.940 14	1.931.035.310 20	119.166.312 14

Nota. — Les chiffres indiquant les crédits ouverts et les dépenses ont été pris : pour le 1er compte de liquidation, dans la loi de règlement du 23 janvier 1895 ; pour le 2e compte, dans la loi de règlement du 24 janvier 1895 ; pour le budget sur ressources extraordinaires, dans les comptes généraux.

(1) Dont 1.915.867 fr. 21 pour le service des chemins de fer.
(2) Dont 6.871.674 fr. 18 pour le service des chemins de fer.
(3) Dont 950.000 francs pour l'aérostation et les colombiers militaires.
(4) Dont 950.639 fr. 85 pour l'aérostation et les colombiers militaires et 13.759.962 fr. 54 pour les chemins de fer.

SERVICES.	CRÉDITS OUVERTS (compte tenu des opérations de report et des annulations).	DÉPENSES faites.	DÉPENSES sur fonds de concours.
	fr. c.	fr. c	fr. c.
Report..........	1.911.902.910 11	1.931.035.310 20	119.166.312 11
Remonte et Harna-chement.			
1er compte de liquidation..............	10.130.000 »	10.129.935 »	»
2e compte de liquidation..............	13.130.000 »	13.130.000 »	»
Budget extraordinaire.	3.175.794 18	3.093.529 92	»
Total..........	26.435.794 48	26.263.484 92	»
Habillement et campement.			
1er compte de liquidation..............	68.077.341 81	68.074.918 12	»
2e compte de liquidation..............	106.972.064 41	106.972.064 41	»
Budget extraordinaire.	70.111.612 96	64.572.039 66	»
Total..........	245.161.019 21	239.619.022 19	»
Transports.			
2e compte de liquidation..............	10.250.000 »	10.250.000 »	»
Budget extraordinaire.	16.017.263 19	15.999.692 61	»
Total..........	26.267.263 19	26.249.692 61	»
Dépôt de la guerre.			
1er compte de liquidation..............	139.932 60	139.932 60(1)	»
2e compte de liquidation..............	645.067 40	645.721 95(1)	»
Budget extraordinaire.	11.714.012 17	10.627.862 30(2)	4.000 »
Total..........	12.499.012 17	11.383.516 85	4.000 »
Télégraphie militaire (3). Budget extraordinaire.	(Pour mémoire)	(Pour mémoire)	»
Harnachement des chevaux de la cavalerie. Budget extraordinaire.	2.757.733 »	2.574.663 16	»
A reporter.......	2.258.023.752 19	2.237.125.710 93	119.170.312 14

(1) Service géographique et divers objets mobiliers.
(2) Dont 243.841 fr. 02 pour le service géographique; 10.014.783 fr. 33 pour les chemins de fer; 369.237 fr. 95 pour la télégraphie militaire de campagne.
(3) Incorporé dans le génie.

SERVICES.	CRÉDITS OUVERTS (compte tenu des opérations de report et des annulations).	DÉPENSES faites.	DÉPENSES sur fonds de concours.
	fr. c.	fr. c.	fr. c.
Report..........	2.258.023.752 19	2.237.125.719 93	119.170.312 14
Autres services. (1)			
1er compte de liquidation...............	3.651.051 71	3.651.051 71	»
2e compte de liquidation...............	935.171 56	935.171 56	»
Budget extraordinaire.	119.786 73	19.926 73	»
Total............	4.706.010 »	4.606.150 »	»
Total général.......	2.262.729.762 19	2.241.731.869 93	119.170.312 14

(1) Frais d'impression de documents de mobilisation. Indemnités pour les armes réintégrées dans les arsenaux. Secours aux masses générales d'entretien.

Les conditions dans lesquelles le programme a été exécuté par chaque service et les résultats obtenus sont exposés plus loin.

b) **Programme de 1888 (1887 à 1901).**

En 1887, alors que les dépenses prévues au premier programme n'étaient pas encore complètement réalisées, la découverte de nouveaux explosifs, tels que la poudre sans fumée et la mélinite, ainsi que les modifications qu'ils entraînaient pour l'armement et pour les fortifications, firent naître de nouveaux besoins.

Ces besoins n'intéressaient alors que les services de l'artillerie et du génie. Il fallait donner à l'artillerie les ressources nécessaires pour activer la fabrication du nouveau fusil (fusil Lebel), munir les équipages de campagne et de siège et les places fortes des nouveaux projectiles chargés des substances détonantes récemment découvertes et produisant des effets destructeurs inconnus jusqu'alors sur les blindages et les abris voûtés, donner au génie le moyen de parer aux effets de ces explosifs et construire des magasins spéciaux pour la conservation des nouvelles poudres.

Telles étaient les grandes lignes du programme qui fut ébauché par l'Administration militaire et pour lequel elle procéda, dès le mois d'avril 1887, à une première évaluation des dépenses nouvelles à prévoir pour satisfaire à ces besoins.

Ces premières prévisions s'élevèrent à 400 millions, dont 270 millions pour la transformation des armes et engins de guerre, et 130 millions pour les travaux de fortification et de casernement. Un premier acompte fut accordé au titre de l'exercice 1887.

En 1888, ces prévisions furent examinées par la Commission du budget (rapport de M. Cavaignac) et le Département de la guerre, dont le ministre était alors M. de Freycinet, tomba d'accord avec le Parlement pour jeter les bases d'un nouveau programme dont toutes les parties furent nettement définies. Ce programme, appelé programme de 1888, ne pouvait être modifié qu'avec l'assentiment des Chambres.

Il fut arrêté à 370 millions par la loi du 26 juin 1889, savoir : 234 millions pour l'artillerie et 136 millions pour le génie.

Mais ce programme, très précis, était en même temps trop limité et ses prévisions de dépenses ne représentaient pas l'effort financier nécessaire aux nouveaux besoins. Le Conseil supérieur de la guerre venait, en effet, de décider que des dispositions devaient être prises pour qu'en cas de mobilisation la France pût mettre sur pied un nombre de corps d'armée double de celui du temps de paix. Cette mesure nécessitait un accroissement correspondant du matériel et des approvisionnements.

L'Administration militaire déclara donc que ce programme ne pouvait être considéré comme définitif et, qu'en sus des évaluations déjà fixées législativement, il y avait lieu de prévoir des dépenses complémentaires intéressant non pas seulement l'artillerie et le génie, mais encore les services administratifs (subsistances, habillement, santé, harnachement), le service géographique, la télégraphie et l'aérostation militaires.

Les Commissions de finances enregistrèrent cette importante déclaration. M. Cavaignac spécifia, en effet, dans son rapport sur le budget de 1888 (page 329) qu'en fixant le programme à 370 millions, il fallait prévoir 350 millions en plus pour la réfection de l'armement; et M. Roger, rapporteur du Sénat, écrivit (page 12) que le programme fixé à 370 millions s'augmenterait dans la suite pour atteindre un maximum d'environ 800 millions.

Lors de l'examen du budget de 1889, le Ministre de la guerre proposa, en effet, d'augmenter de 560 millions les prévisions fixées par la loi du 26 juin 1888. Le programme se serait ainsi élevé à 930 millions. La Commission du budget demanda et obtint une réduction sur cette nouvelle évaluation. D'accord avec le gouvernement, elle arrêta à 770.731.000 francs le montant du programme. Cette dotation fut consacrée par la loi du 30 décembre 1888.

Toutefois, il avait été entendu que, parmi les réductions opérées sur le programme présenté par le Ministre de la guerre, quelques-unes seraient seulement provisoires. Les évaluations ainsi écartées momentanément s'élevaient à 57.694.000 francs ; elles avaient été examinées par les Commissions de finances et elles subsistaient à côté du programme sans y être explicitement comprises.

En outre, l'Administration de la guerre avait fait savoir qu'en dehors de ces évaluations ayant un caractère définitif, d'autres dépenses ne tarderaient pas à s'imposer. Mais comme elles étaient moins urgentes, comme leur réalisation était subordonnée, soit au vote de certaines lois telles que la loi sur le recrutement, soit aux résultats à attendre d'expériences entreprises sur les cuirassements et les bétonnages, on avait accepté de ne pas les introduire dans les prévisions qui venaient d'être examinées et établies. Ces dépenses s'élevaient à 152.450.000 francs.

Il importe de noter ces deux points ; car les dépenses réservées et les dépenses éventuelles dont il s'agit firent l'objet d'une dotation distincte de celle afférente au programme de 1888. Or, c'est cette dotation distincte, ne faisant partie intégrante d'aucun programme, qui fut l'amorce du programme élaboré en 1894.

Quant au programme de 1888, il ne subit plus qu'une légère modification en 1890. La loi du 26 décembre 1890 le ramena à 768.701.000 francs, dotation qui ne fut pas modifiée dans la suite.

L'année 1891 inaugura, au point de vue financier, une période nouvelle. Le budget sur ressources extraordinaires fut supprimé ; et on décida que les dépenses qui y étaient imputées jusqu'alors figureraient désormais dans le cadre du budget normal où elles formeraient une deuxième section dite : *Dépenses extraordinaires.* Ces dépenses devaient être couvertes, comme celles du budget ordinaire, au moyen des ressources normales.

En outre, la Commission du budget décida (Rapport de M. Georges Cochery, pages 314 et 315) que les dépenses extraordinaires ne feraient plus l'objet de vastes programmes sanctionnés par des lois. Toutefois, on devait continuer l'exécution du programme de 1888, tel qu'il avait été fixé. Pour les autres dépenses qui s'imposeraient en sus de celles de ce programme, le Parlement devait statuer budget par budget.

Il n'y eut plus, désormais, de programmes arrêtés publiquement et législativement comme l'avaient été ceux de 1875-1876 et de 1888.

D'autre part, la deuxième section du budget de la guerre se divisa en deux parties à dater de 1891 : l'une correspondant aux dépenses du programme de 1888 ; l'autre concernant des dépenses nouvelles sur lesquelles le Parlement statuait chaque année.

C'est dans ces conditions que se poursuivit, jusqu'en 1901 inclus, l'exécution du programme de 1888.

Les deux tableaux suivants indiquent : le premier, les dotations successives de ce programme; le second, les crédits votés et les dépenses faites par service :

TABLEAU 1

SERVICES.	PRÉVISIONS d'avril 1887.	DOTATION fixée par la loi du 26 juin 1888.	DOTATION fixée par la loi du 30 décembre 1888.	DOTATION fixée par la loi du 26 décembre 1890.	DÉPENSES réservées lors de la fixation du programme.	DÉPENSES éventuelles non examinées lors de la fixation du programme.
	francs.	francs.	francs.	francs.	francs.	francs.
Artillerie...	270.000.000	234.000.000	555.950.000	553.920.000	7.864.000	»
Génie.......	130.000.000	136.000.000	186.583.000 (1)	186.583.000 (1)	47.830.000	(2) 98.200.000
Chemins de fer.......	»	»	18.140.000	18.140.000	2.000.000	»
Subsistances......	»	»	5.613.000	5.613.000	»	9.000.000
Service de santé....	»	»	4.000.000	4.000.000	»	»
Harnachement....	»	»	195.000	195.000	»	»
Service géographique.	»	»	250.000	250.000	»	»
Habillement	»	»	»	»	»	3.650.000
Divers	»	»	»	»	»	41.000.000
Total...	400.000.000	370.000.000	770.731.000	768.701.000	57.694.000	152.450.000

(1) Dont 1.700.000 francs pour la télégraphie militaire et 1.800.000 francs pour l'aérostation.

(2) Travaux de cuirassement et de bétonnage : 54.000.000 francs.
Travaux de fortification à Cherbourg, Rochefort et dans les Pyrénées : 44.200.000 francs.

TABLEAU 2

SERVICES.	CRÉDITS OUVERTS (compte tenu des opérations do report et des annulations).	DÉPENSES FAITES sur les crédits législatifs.	DÉPENSES FAITES sur fonds do concours.
	fr. c.	fr. c.	fr. c.
Artillerie.			
Budget extraordinaire....	367.363.662 18	358.802.002 99	»
2ᵉ Section du budget......	201.337.099 86 (1)	198.858.778 72 (2)	12.000 »
Total..........	568.700.762 04	557.660.781 71	12.000 »
Génie.			
Budget extraordinaire....	104.375.697 82	101.646.280 97	5.773.026 41
2ᵉ Section du budget......	60.300.039 68	46.554.692 49	4.209.963 56
Total..........	164.675.748 50 (3)	148.200.973 46 (4)	9.982.989 97
Chemins de fer.			
Budget extraordinaire....	4.800.000 »	2.724.944 07	»
2ᵉ Section du budget......	15.416.035 93	13.183.435 13	»
Total..........	20.216.035 93	15.908.379 20	»
Subsistances.			
Budget extraordinaire....	5.613.000 »	5.544.275 03	»
2ᵉ Section du budget......	68.724 97	67.888 32	»
Total..........	5.681.724 97	5.612.163 35	»
Service de santé.			
Budget extraordinaire....	1.845.000 »	1.843.714 59	»
2ᵉ Section du budget......	2.155.000 »	2.069.792 03	»
Total..........	4.000.000 »	3.913.506 62	»
Harnachement.			
Budget extraordinaire....	145.000 »	50.000 »	»
2ᵉ Section du budget.....	70.000 »	69.076 33	»
Total..........	215.000 »	119.076 33	»
Service géographique.			
Budget extraordinaire....	170.000 »	169.983 90	»
2ᵉ Section du budget......	72.000 »	72.000 »	»
Total..........	242.000 »	241.983 90	»
Total général........	763.731.291 44	731.656.864 57	9.994.989 97

(1) Déduction faite d'un crédit total de 17.911.000 francs ouvert en 1894, 1895, 1896 et 1897 sur les chapitres du programme de 1888 pour la fabrication du matériel d'artillerie de campagne à tir rapide (crédits relevant du programme de 1894). (Voir ci-dessous page 26.)

(2) Déduction faite d'une dépense totale de 15.400.223 fr. 18 correspondant aux ouvertures de crédit ci-dessus. (Voir page 26.)

(3) Y compris 3.522.924 fr. 89 ouverts pour la télégraphie et l'aérostation militaires.

(4) Y compris une dépense de 3.121.212 fr. 91 pour la télégraphie et l'aérostation militaires.

Les conditions dans lesquelles le programme de 1888 a été exécuté par chaque service et les résultats obtenus sont également exposés plus loin.

c) Programme ministériel de 1894.

Le Parlement avait décidé en 1891 (Voir ci-dessus, p. 19) qu'il n'arrêterait plus par des lois de vastes programmes s'étendant sur une série d'années, engageant l'avenir et exposés à être modifiés ou même complètement abandonnés, en raison des progrès incessants de la science appliquée à la guerre et des changements que les circonstances ou de nouvelles études obligent à apporter aux plans de mobilisation. On n'a donc plus fixé législativement de grands programmes analogues à ceux de 1875 et de 1888.

Mais le Département de la guerre reconnut l'intérêt supérieur qu'il y avait pour lui à régler la marche à suivre par ses services, afin d'assurer la coordination de leurs efforts.

Or, en 1894, la majeure partie des prévisions du programme de 1888 se trouvaient réalisées.

D'autre part, les travaux qui avaient fait l'objet de dépenses éventuelles lors de la fixation de ce programme avaient été entrepris depuis 1891. Les études poursuivies au sujet des cuirassements et des bétonnages avaient donné de bons résultats et on avait commencé à les appliquer dans les forts.

Enfin, le service de l'artillerie était en mesure d'entreprendre la fabrication d'un nouveau matériel de campagne à tir rapide.

Guidé par ces diverses considérations, le Département de la guerre élabora en 1894 un nouveau programme assez souple pour pouvoir être modifié suivant les circonstances ou les besoins. On devait s'en inspirer pour demander aux Chambres les crédits nécessaires en vue de maintenir notre matériel de guerre à la hauteur des progrès de l'armement. Il devait être un guide pour les services et leur permettre de renseigner, le cas échéant, les Commissions des finances sur les conséquences d'une fabrication ou de l'exécution de travaux déterminés.

Les crédits nécessaires pour commencer l'exécution de ce programme furent demandés, dès 1894, au titre de la deuxième partie de la deuxième section du budget, la première partie restant affectée à la dotation du programme de 1888 qui s'achevait petit à petit. On dispersa d'ailleurs les crédits sur des chapitres des deux parties. Ces crédits et les dépenses correspondantes se rattachant à l'exécution du programme de 1894 ont été diminués dans le tableau ci-dessus (p. 21) des crédits votés et des dépenses faites au titre du programme de 1888 pour les reporter dans le tableau analogue afférent au programme de 1894 (Voir ci-dessous, p. 26).

Ce programme, qui se trouvait déjà amorcé en quelque sorte par les ouvertures de crédits effectuées depuis 1891 sur les dépenses réservées et sur les dépenses éventuelles lors de la fixation du programme de 1888, ne dépassait pas 280 millions et visait surtout les fabrications de l'artillerie et les travaux du génie pour lesquels on venait d'arriver à de nouveaux résultats.

C'est en 1894, en effet, que fut commencée la fabrication du nouveau matériel d'artillerie. Les crédits alloués à cet effet de 1894 à 1897 furent ouverts à la deuxième section du budget. Mais, en 1898, on créa un Compte spécial (Loi du 17 février 1898) pour supporter les dépenses afférentes au perfectionnement du matériel d'armement ; ces dépenses devaient être couvertes au moyen du produit de l'aliénation des fortifications déclassées et des immeubles militaires. En attendant la réalisation de ces recettes, on se procura les ressources nécessaires par l'émission d'obligations à court terme.

Les dépenses spéciales au perfectionnement du matériel d'armement furent donc imputées à ce compte, tandis que les autres dépenses se rapportant au programme de 1894, ou en découlant indirectement, furent supportées par les crédits normaux de la deuxième section.

Cette double imputation cessa à la fin de 1900, lorsque le compte spécial fut incorporé au budget où il forma un chapitre spécial de la deuxième section.

Etant données les ouvertures de crédits importantes faites au titre de ce compte, les prévisions initiales du programme de 1894 étaient considérablement dépassées, lorqu'en 1900, le Département de la guerre élabora un nouveau programme.

d) Programme ministériel de 1900.

Ce programme, qui fut arrêté dans ses grandes lignes par une Commission présidée par M. le général Hervé et par la haute Commission des places fortes, ne fut en réalité que la continuation du précédent. Les prévisions de dépenses portèrent, en effet, sur les mêmes fabrications et les mêmes travaux. On y introduisit seulement les modifications reconnues nécessaires ; on y fit notamment une part plus large à la défense des côtes, d'après les données d'une étude faite en 1899 à la suite des événements qui avaient marqué la fin de l'année 1898. On y comprit également une somme importante pour les camps d'instruction. Les prévisions pour la réorganisation des défenses de Bizerte y figurèrent pour une somme importante. Bref, l'ensemble de ce programme, destiné à guider les services de la guerre dans leurs demandes de crédits et l'exécution de leurs travaux, s'élevait à 970 millions. On avait établi un ordre d'urgence pour les travaux et réglé les conditions dans lesquelles ils devaient être entrepris selon les crédits disponibles.

C'est de ce programme que les services se sont inspirés depuis 1900 pour établir le bien fondé des demandes de crédits.

Les deux tableaux suivants font ressortir : le premier, les prévisions de dépenses approximatives des programmes de 1894 et de 1900, le second, les crédits ouverts et les dépenses faites au titre de ces deux programmes, de 1891 à 1905 (y compris les crédits ouverts pour 1905).

TABLEAU 1

SERVICES.	PRÉVISIONS DE DÉPENSES écartées lors de la fixation du programme de 1888 et dont la réalisation a été l'amorce du programme de 1894.		PRÉVISIONS initiales DU PROGRAMME de 1894.	PRÉVISIONS du PROGRAMME arrêté en 1900.
	Dépenses réservées.	Dépenses éventuelles.		
	francs.	francs.	francs.	francs.
Artillerie............	7.864.000	»	137.535.639	415.910.150
Génie..............	47.830.000	98.200.000	89.476.659	439.827.000
Chemins de fer......	2.000.000	»	9.405.852	10.104.500
Subsistances........	»	9.600.000	17.380.901	54.303.100
Service de santé.....	»	»	8.590.961	2.335.000
Habillement.........	»	3.650.000	14.703.747	41.214.000
Harnachement......	»	»	1.520.000	»
Service géographique	»	»	»	»
Défenses de Bizerte..	»	»	»	8.000.000
Divers..............	»	41.000.000	»	»
TOTAUX.......	57.694.000	152.450.000	278.703.759	971.783.750
	210.144.000			

TABLEAU 2

SERVICES.	CRÉDITS OUVERTS (COMPTE tenu des opérations de report et des annulations).	DÉPENSES SUR LES CRÉDITS législatifs.	DÉPENSES SUR LES CRÉDITS de fonds de concours.
	fr. c.	fr. c.	fr. c.
Artillerie.			
Amorce du programme de 1894 (1891-1893).........	6.146.000 »	6.072.595 40	»
Programme de 1894 (1894-1900). { 2ᵉ Section du budget......	97.721.620 »	92.178.704 68(1)	446 50
Compte spécial de 1898......	182.830.721 40	182.830.721 40	»
Programme de 1900........	96.857.348 60	95.220.780 88	»
Total........	383.555.699 »	376.302.852 36	446 50
Génie.			
Amorce du programme de 1894 (1891-1893).........	45.764.100 »	39.351.873 15	1.246.055 69
Programme de 1894 (1894-1900). { 2ᵉ Section du budget......	81.305.200 »	79.284.497 82	4.374.220 89
Programme de 1900........	82.893.540 10	82.226.335 19	9.696.726 01
Total........	209.962.840 10	200.862.706 16(2)	15.317.002 59
Chemins de fer.			
Amorce du programme de 1894 (1891-1893).........	»	»	»
Programme de 1894 (1894-1900).................	5.785.000 »	5.283.718 99	»
Programme de 1900........	3.360.000 »	3.301.593 02	»
Total........	9.145.000 »	8.585.312 01	»
Subsistances.			
Amorce du programme de 1894 (1891-1893)..........	1.013.000 »	588.000 »	»
Programme de 1894 (1894-1900)..................	4.184.153 »	4.177.308 83	»
Programme de 1900........	3.030.125 »	2.728.293 07	»
Total........	8.236.278 »	7.493.600 00	»
A reporter.........	610.899.823 10	593.244.477 43	15.317.449 09

(1) Y compris une dépense totale de 15.400.223 fr. 18 imputée sur les chapitres de la dotation du programme de 1888 (Voir ci-dessus p. 21).

(2) Dépenses relatives aux fortifications de terre et de côte, au casernement, aux établissements de l'intendance et du service de santé, à la télégraphie, à l'aérostation, au matériel de guerre du génie, aux chemins stratégiques, aux camps d'instruction.

SERVICES.	CRÉDITS OUVERTS (COMPTE tenu des opérations de report et des annulations).	DÉPENSES SUR LES CRÉDITS législatifs.	DÉPENSES SUR LES CRÉDITS de fonds de concours.
	fr. c.	fr. c.	fr. c.
Report............	610.899.823 10	593.244.477 43	15.317.449 09
Service de santé.			
Amorce du programme de 1894 (1891-1893)..........	200.000 »	199.981 11	»
Programme de 1894 (1894-1900)...................	4.031.800 »	3.934.399 46(1)	37.000 »
Programme de 1900.........	1.704.000 »	1.588.468 66	95.500 »
Total........	5.935.800 »	5.722.849 23	132.500 »
Habillement et campement.			
Amorce du programme de 1894 (1891-1893)	10.000.000 »	9.974.138 35	»
Programme de 1894 (1894-1900)...................	9.352.600 »	9.027.992 22	»
Programme de 1900........	618.000 »	556.592 56	»
Total........	19.970.600 »	19.558.723 13	»
Harnachement.			
Amorce du programme de 1894 (1891-1893)..........	1.077.000 »	965.037 88	»
Programme de 1894........	1.337.400 »	1.317.374 52	»
Programme de 1900........	»	»	»
Total........	2.414.400 »	2.282.412 40	»
Service géographique.			
Programme de 1894........	»	»	»
Programme de 1900........	440.000 »	439.871 95	»
Total........	440.000 »	439.871 95	»
Défense de Bizerte.			
Programme de 1894........	7.863.000 »	7.760.424 72	568.261 70
Programme de 1900........	20.524.700 »	19.967.001 08	975.039 31
Total........	28.387.700 »	27.727.425 80	1.543.301 01
Matériel des unités cyclistes.	37.150 »	37.150 »	»
Totaux généraux.....	668.085.473 10	649.012.909 94	16.993.250 10

(1) Dont 2.759.462 fr. 38 pour améliorations aux hospices civils des départements.

Les conditions dans lesquelles ces programmes ont été exécutés par chaque service et les résultats obtenus sont exposés aux pages qui vont suivre.

e) Récapitulation générale des programmes.

DÉSIGNATION DES PROGRAMMES.	DOTATION DÉFINITIVE.	CRÉDITS OUVERTS (compte tenu des reports et annulations).	DÉPENSES faites SUR LES CRÉDITS législatifs.	DÉPENSES FAITES SUR FONDS de concours.
	fr. c.	fr. c.	fr. c.	fr. c.
Programme de 1875 (1872 à 1897)..........	(1) 2.243.833.282 17	2.262.729.762 19	(4) 2.241.731.869 93	119.170.312 14
Programme de 1888 (1887 à 1901)..........	(1) 763.701.000 »	763.731.891 44	(5) 731.656.864 57	9.994.989 97
Prévisions en dehors du programme de 1888 et ayant préludé au programme de 1894 (1891 à 1893)..............	(2) 210.144.000 »	64.200 100 »	(6) 57.151.625 89	1.246.055 69
Programme de 1894 (1894 à 1900)...........	(3) 278.703.759 »	394.411.503 40	(7) 385.795.192 64	4.979.928 99
Programme de 1900 (jusqu'en 1905 inclus : crédits accordés en 1904 et 1905)...........	(3) 971.783.750 »	209.473.869 70	(8) 206.066.091 41	10.767.265 42
TOTAL GÉNÉRAL....	4.473.165.791 17	3.694.846.526 73	3.622.401.644 44	146.158.552 21

(1) Dotations fermes fixées par des lois.
(2) Prévisions portées à la connaissance du Parlement en 1888 et 1889.
(3) Prévisions initiales données à titre de simple renseignement.
(4) Dépenses faites à la fois sur les deux comptes de liquidation (1872-1878) et au titre du budget sur ressources extraordinaires (1879-1892).
(5) Dépenses faites à la fois au titre du budget sur ressources extraordinaires (1887-1890) et sur la 2ᵉ section du budget ordinaire (1891 à 1901).
(6) Dépenses faites uniquement sur la 2ᵉ section du budget ordinaire, mais distinctement de celles du programme de 1888 (1891-1893).
(7) Dépenses faites sur la 2ᵉ section du budget ordinaire (1894-1900) et sur le compte spécial de 1898 (1898-1900).
(8) Dépenses faites uniquement sur la 2ᵉ section du budget ordinaire.

II

EXÉCUTION DES PROGRAMMES DANS CHAQUE SERVICE

a) ARTILLERIE

Le tableau ci-dessous indique les prévisions de dépenses faites pour le service de l'artillerie dans chaque programme, ainsi que les crédits ouverts et les dépenses effectuées.

PROGRAMMES.	DOTATIONS ou prévisions des programmes.	CRÉDITS OUVERTS (compte tenu des reports et annulations).	DÉPENSES FAITES SUR LES crédits législatifs.	DÉPENSES sur fonds de concours
	fr. c.	fr. c. (1)	fr. c. (1)	fr. c. (1)
Programme de 1875 (1872-1892)............	1.184.923.302 66	1.192.996.848 26	1.184.923.302 66	2.356.275 65
Programme de 1888 (1887-1903)............	853.920.000 »	568.700.762 04	557.660.781 71	12.000 »
Amorce du programme de 1891 (1891-1893)....	7.864.000 »	6.146.000 »	6.072.895 40	»
Programme de 1894 (1894-1900)............	137.535.639 »	280.552.300 40	275.009.476 08	446 80
Programme de 1900 (1901-1905)............	415.910.150 »	96.857.348 60	95.220.780 88	»
TOTAL.........	2.300.153.091 66	2.145.153.309 30	2.118.886.936 73	2.368.722 15

(1) Voir ci-dessus, page 11, la répartition de ces crédits et dépenses entre les différents comptes ou budgets.

La dépense globale de 2.118.886.936 fr. 73 effectuée pour la réfection de l'armement au cours de l'exécution des différents programmes se répartit par nature de matériel, conformément au tableau suivant :

PROGRAMMES.	ÉQUIPAGES de campagne.	ÉQUIPAGES de siège.	ARMEMENT des places.	ARMEMENT des côtes.	ARMES portatives.
	fr. c.	fr. c.	fr. c.	fr. c.	fr. c.
Programme de 1875 (1872 1892)	259.122.259 09	47.886.539 82	229.013.703 42	36.779.022 01	320.221.975 68
Programme de 1888 (1887 1:03)	58.660.078 56	53.953.076 68	36.816.383 13	23.190.634 05	218.652.963 15
Amorce du programme de 1894 (1891-1893)	2.029.653 70	»	»	2.633.115 25	»
Programme de 1891 et de 1900 jusqu'en 1905 inclus........	39.143.809 06	1.148.738 89	12.062.643 43	40.157.658 23	17.065.249 52
Total.....	358.955.800 91	102.988.355 39	277.892.729 98	102.738.429 54	555.940.188 35

Équipages de campagne et perfectionnement du matériel d'armement.

Les dépenses faites sous cette rubrique ont été employées ainsi qu'il suit :

1° Aussitôt après la guerre, on constitua un premier matériel de campagne en bronze, comprenant des batteries de 5, de 7 (système de Reffye) et de canons à balles. Puis, en 1875, ces dernières furent remplacées par des batteries de 95 (système de Lahitolle).

C'est à ce moment même qu'étaient arrêtées d'une façon assez exacte les prévisions de dépenses du premier programme.

A partir de 1877, dès que l'acier put être utilisé à la place du bronze comme métal à canon, le matériel de 80 et 90 (système de Bange) fut substitué au matériel de 5 et de 7. En 1890, c'est-à-dire pendant l'exécution du programme de 1888, cet armement fut complété par le matériel de 120 court.

Enfin, dès la mise en vigueur du programme de 1894, on entreprit la fabrication du canon de 75, qui remplaça dans

MUNITIONS.	BATIMENTS et machines.	DÉPENSES diverses. (Expériences.)	FABRICATION de caisses à poudre	PERFECTIONNE-MENT du matériel d'armement.	TOTAL.
fr. c.	fr. c.	fr. c.	fr. c.	fr. c.	fr. c.
118.820.120 52	146 886.577 10	26.193.084 52	»	»	1.184.923.302 66
111.029.444 22	39.374.308 84	4.453.951 05	11.529 912 03	»	557.660.781 71
»	1.409.826 45	»	»	»	6 072.195 40
11.861.820 07	9.732.642 52	13.280.837 18	39.780 »	225.739.108 06	370.230.256 96
211.711.404 81	197.403.384 91	43.927.872 75	11.569.692 03	225.739.108 06	2.118.886.936 73

les batteries de campagne le matériel de 90 et de 80. Cette fabrication fut continuée sous l'empire du programme de 1900 qui avait prévu à cet effet de nouvelles dépenses.

Les dépenses afférentes à la fabrication de ce matériel furent englobées d'abord avec les autres dans divers chapitres, puis imputées à partir de 1898 à un compte spécial pour revenir au budget de 1901. La majeure partie de ces dépenses se trouvent comprises sous la rubrique « Perfectionnement du matériel d'armement ».

Le tableau suivant fait ressortir les principaux éléments de comparaison des divers armements de l'artillerie en ce qui concerne les pièces de campagne.

Indications sur les diverses pièces de campagne mises en service depuis 1870.

NATURE des pièces.	MÉTAL.	POIDS de la pièce.	NATURE des projectiles	POIDS des projectiles	Vitesse initiale.	Portée maxima.	OBSERVATIONS
		kilog.		kil. gr.	mèt.	mètr.	
4 Rayé de campagne.	Bronze.	300	Obus ordinaire. / Obus à balles. / Boîte à mitraille.	4 » / 4 640 / 4 725	343	3.200	
8 Rayé de campagne.	Bronze.	570	Obus ordinaire. / Obus à balles. / Boîte à mitraille.	7 250 / 8 800 / 8 »	363	3.500	Matériel antérieur à la guerre 1870-71
12 Rayé de campagne	Bronze.	610	Obus ordinaire. / Obus à balles. / Boîte à mitraille.	11 450 / 11 700 / 11 200	313	3.000	
5 Système Reffye...	Bronze.	400	Obus ordinaire. / Obus à double paroi. / Obus à balles. / Boîte à mitraille.	5 » / 5 » / 5 650 / 6 »	417	6.400	Matériel créé pendant la guerre et après
7 Système Reffye...	Certaines pièces sont en acier, les autres en bronze.	620 pièces en acier, 650 pièces en bronze.	Obus ordinaire. / Obus à double parol. / Obus à balles. / Boîte à mitraille.	7 100 / 7 » / 7 870 / 7 480	390	6.210	
90 m/m Système de Lahitolle...	Acier.	700	Obus à mélinite. / Obus à double parol. / Obus ordinaire. / Obus à balles. / Boîte à mitraille.	11 » / 11 » / 10 950 / 11 200 / 10 »	443	6.800	
95 m/m Système de Bange...	Acier.	830	Obus à mélinite. / Obus ordinaire. / Obus à balles. / Boîte à mitraille.	» / 8 » / 8 160 / 7 860	415	6.900	
80 m/m Système de Bange...	Acier.	425	Obus à mélinite. / Obus ordinaire. / Obus à balles. / Boîte à mitraille.	» / 5 600 / 6 » / 5 550	490	7.100	
80 m/m Système de Bange (canon de montagne)...	Acier.	105	Obus à mélinite. / Obus à mitraille / Boîte à mitraille.	6 100 / 6 » / 5 550	250	4.800	
75 m/m Modèle 1897..	Acier.	400	Obus à mélinite. / Obus à balles.	5 200 / 7 250	520	6.000	
120 m/m court Modèle 1890...	Acier.	687	Obus à mélinite. / Obus à mitraille.	20 » / 18 900	284	5.700	

En même temps que l'on fabriquait ces différents matériels, leurs approvisionnements partiels en munitions (fusées à double effet, obus à mitraille, poudre sans fumée, obus allongés chargés à la mélinite) étaient constitués.

Le service des poudres s'était efforcé dès 1873 (date de la réunion de toutes les poudreries sous une seule direction) d'accroître ses installations et d'obtenir un rendement plus considérable dans la fabrication. Il y avait réussi, lorsqu'on vit apparaître successivement, en 1881, les poudres brunes ou chocolat, en 1886, les poudres B. Il fallut donc à chaque invention, modifier l'outillage, afin de renouveler rapidement les approvisionnements. On créa des installations pour la fabrication du coton-poudre, de l'éther nécessaire à la production des poudres sans fumée, des mélinites, etc.

Grâce à ces installations, les établissements sont en mesure de fabriquer par jour régulièrement 7.000 kilogrammes de poudre sans fumée et 5.000 kilogrammes d'explosifs genre mélinite.

Ces installations furent réalisées au moyen des crédits du budget du service des poudres. Mais les poudres nécessaires pour la constitution ou le renouvellement des approvisionnements en munitions de toute nature furent fabriquées au moyen des crédits mis à la disposition de ce service par celui de l'artillerie, sous différentes rubriques, suivant la nature des approvisionnements (de campagne, de siège, des places, des côtes, armes portatives) ;

2º Organisation de tous les équipages de ravitaillement (sections de munitions et de parc, grands parcs, etc.) et des équipages de pont ;

3º Fabrication de tout le matériel roulant nécessaire pour les troupes de toutes armes (matériel des équipages militaires), constitution du matériel d'ambulance, de télégraphie, de la trésorerie et des postes, du matériel spécial des états-majors, etc. ;

4º Confection du harnachement pour l'attelage de toutes les voitures d'artillerie et de celles formant les équipages désignés ci-dessus.

Équipages de siège.

Les équipages de siège furent constitués à partir de 1877, en matériel de 120 long, de 155 court, de 155 long, de 220 et de 270 millimètres, avec approvisionnements partiels d'obus ordinaires, d'obus à balles ou à mitraille.

Dans la suite, ce matériel reçut divers perfectionnements destinés à faciliter le service (plates-formes à pivot, freins hydrauliques) et l'on introduisit dans les approvisionnements une certaine proportion d'obus allongés en acier chargés en mélinite.

Enfin, un approvisionnement partiel de voie de 0^m, 60 a été constitué pour les équipages de siège.

C'est au titre du programme de 1888 que furent réalisées les améliorations les plus importantes au matériel des équipages de siège.

Armement des places.

L'armement des places fut réorganisé immédiatement après la guerre de 1870-71, au moyen de matériel acheté au Département de la marine et de la remise en état du matériel racheté aux Allemands.

A partir de 1875, une partie de ce matériel fut remplacée par des canons de 138, puis, dans la suite, par des matériels en acier de 95 (système de Lahitolle) et de 120, 155, 220 (système de Bange) et des canons-revolvers Hotchkiss.

A partir de 1880, des tourelles et des casemates cuirassées pour canons de 155 long furent mises en service.

Les munitions furent améliorées également à la suite des progrès réalisés (chargement en mélinite, obus à mitraille).

C'est pendant la période d'exécution du programme de 1875 que l'armement des places fut poussé avec intensité, comme le prouve l'importance des dépenses effectuées.

A partir de 1897, une grande partie des canons de 90 (système de Bange) furent rendus disponibles par la mise en service du matériel de 75 et furent répartis dans les places.

Les quatre grandes places de l'Est ont été lentement pourvues d'un réseau de voie ferrée de 0^m,60 avec des locomotives, du matériel roulant et un certain nombre de pièces de 155 court et de 120 long montées sur truc.

Actuellement, ces places reçoivent les compléments nécessaires à leur consolidation et il y a lieu de croire que les retards anciens ne se renouvelleront plus ; le Parlement a, d'ailleurs, le devoir étroit de surveiller toujours avec vigilance la situation de nos quatre grandes places de l'Est ; il ne tolérera plus la négligence ou l'incurie de certains et n'hésitera pas, s'il le faut, à préciser les responsabilités.

Le tableau suivant fait ressortir les principaux éléments de comparaison des divers armements de l'artillerie en ce qui concerne les pièces de siège :

Indications sur les différentes pièces de place et de siège mises en service depuis 1870.

NATURE des pièces.	MÉTAL	POIDS de la pièce.	NATURE des projectiles.	POIDS des projectiles.	Vitesse initiale.	Portée maxima.	OBSERVA- TIONS.
		kilog.		kil. gr.	mèt.	mèt.	
95 ʳ/ᵐ Système de Lahitolle........	Voir les renseignements aux pièces de campagne.						
138 ʳ/ᵐ Système de Bange..........	Bronze.	1.940	Obus ordinaire.	23 750	413	7.770	Ancien canon lisse de 16 transformé.
Canon de 24 rayé de place (se chargeant par la bouche)....	Bronze.	2.700	Obus ordinaire. / Obus à balles. / Obus à mitraille.	23 200 / 24 » / 24 »	338	6.000	Ancien canon lisse de 24 rayé.
Canon de 12 rayé de place (se chargeant par la bouche)....	Bronze.	1.540	Obus ordinaire. / Obus à balles. / Boîte à mitraille.	11 470 / 11 700 / 11 220	357	6.000	Ancien canon lisse de 12 de place rayé.
120 ʳ/ᵐ Système de Bange..........	Acier.	1.200	Obus à mélinite. / Obus ordinaire. / Obus à balles. / Boîte à mitraille.	20 » / 18 300 / 19 » / 18 500	480	8.650	
155 ʳ/ᵐ long, système de Bange....	Acier.	2.550	Obus à mélinite. / Obus ordinaire. / Obus à balles. / Boîte à mitraille.	40 » / 40 » / 41 » / 40 »	464	9.100	
155 ʳ/ᵐ court, système de Bange....	Acier.	1.023	Obus à mélinite. / Obus ordinaire. / Obus à balles. / Boîte à mitraille.	40 » / 40 » / 41 » / 40 »	291	6.400	
Mortier de 220 ᵐ/ᵐ système de Bange.	Acier.	2.000	Obus à mélinite. / Obus ordinaire.	» / 98 »	»	5.600	
120 ᵐ/ᵐ court modèle 1890...........	Acier.	687	Obus à mélinite. / Obus à mitraille.	20 » / 18 900	284	5.700	
155 ʳ/ᵐ court modèle 1890...........	Acier.	1.200	Obus à mélinite. / Obus à mitraille. / Boîte à mitraille.	40 » / 41 » / 40 »	300	6.000	
Mortier de 270 ᵐ/ᵐ de siège........	Acier.	3.960	A l'étude.	»	328	8.000	
Canon revolver Hotchkiss (affecté au flanquement des fossés)...........	Acier.	530	Cartouches à mitraille.	1.100	»	»	
Canon de 12 ᵐ/ᵐ culasse (affecté au flanquement des fossés)...........	Bronze.	588	Obus ordinaire. / Boîte à mitraille.	11 450 / 11 220	» / »	» / »	
Canon de 75 ᵐ/ᵐ de casemate........	Acier.	»	Obus ordinaire. / Obus à balles.	7 240 / 7 240	530	5.600	
Canon de 75 ᵐ/ᵐ de tourelle........	Acier.	»	Obus à mélinite.	6 900	467	5.600	

Armement des côtes.

L'armement des côtes qui, au moment de la guerre de 1870-71, ne comprenait qu'un matériel déjà ancien, fut amélioré par l'introduction de canons de gros calibres (0^m,32, 0^m,27, 0^m, 24 et 0^m,19).

Dans la suite, on ajouta à ces matériels des mortiers de 270 millimètres et des canons de 240 millimètres, puis on mit en service des obus chargés en mélinite pour les calibres de 19, 24, 240 et 270 et on installa des canons de 95 millimètres à tir rapide.

Actuellement, on met en batterie des pièces de gros calibre à tir rapide et l'on adapte, sur place, aux affûts existants des dispositifs permettant d'accélérer le tir de ces matériels.

L'armement des côtes, comme d'ailleurs les travaux de fortification relatifs à la défense des côtes, reçut une vive impulsion à partir de 1899. On avait prévu à cet effet des dépenses importantes au programme de 1900.

Le tableau suivant fait ressortir les principaux éléments de comparaison des divers armements de l'artillerie en ce qui concerne les pièces de côte.

Indications sur les différentes pièces de côte.

NATURE DES PIÈCES.	MÉTAL.	POIDS de la pièce.	NATURE DES PROJECTILES	POIDS des projectiles.	PORTÉE MAXIMA.
		kil.		kil. gr.	mètres
Canon M de 370mm (1)	Acier.	76.300	Obus de rupture coiffé.	645	12.000
Canon M de 32 {Modèle 1870...............		35.000			8.000
Id. 1870 M............		39.000			9.500
Id. 1870-79............		41.900	Obus de rupture.......	345	9.100
Id. 1870-81............	Fonte; tubé et fretté.	43.100	Obus de rupture coiffé..	410	12.000
Id. 1870 84............		48.100	Obus chargé en explosif.	349	12.000
Modèle de 25 calibres. ...		45.100			12.000
1870-93 (de 30 calibres.....		48.450			12.000
Canon M de 305mm..............	Acier.	48.000	Obus de rupture coiffé. / Obus de semi-rupture..	340 / 340	13.000
Mortier M de 30cm.............	Fonte; tubé et fretté.	10.200	Obus chargé en explosif.	276	6.000
Canon M {Modèle 1881....... de 274mm. {Modèle 1893-96......	Acier.	28.650 / 35.400	Obus de rupture....... / Obus de semi-rupture.. / Obus chargé en explosif.	216 / 255 / 224	12.000 / 13.000
Canon M {Modèle 1870 M..... de 27cm. { Id. 1870-71..... { Id. 1870-87..... { Id. 1870 93.....	Fonte; tubé et fretté.	23.200 / 25.500 / 30.200 / 27.150	Obus de rupture........ / Obus ordinaire....... / Obus chargé en explosif.	216 / 180 / 224	10.000 / 11.000
Mortier G de 270mm.............	Acier.	5.800	Obus chargé en explosif. / Obus chargé en explosif.	150 / 232	6.500
Canon G {Modèle 1881........ de 240mm. {A grande puissance. {A tir rapide.	Acier.	14.000 / 22.000 / 14.000	Obus chargé en explosif. / Obus chargé en explosif. / Obus chargé en explosif.	157 / 159 / 159	9.500
{G modèle 1876...... Canon {M modèle 1870..... de 24cm. {M modèle 1870-87..... {M modèle 1880-93...	Fonte; tubé et fretté.	16.200 / 15.650 / 20.000 / 21.100	Obus de rupture....... / Obus chargé en explosif.	144 / 159 / 149	9.500 / 8.000 / 11.000
{G modèle 1875-76-78. Canon {M modèle 1870...... de 19cm. {M modèle 1870-93...	Fonte; tubé et fretté.	8.000 / 7.950 / 10.410	Obus chargé en explosif. / Obus chargé en explosif. / Obus chargé en poudre. / Obus chargé en explosif.	81 850 / 77 / 75 / 78	9.500 / 8.000 / 11.000
Canon M {Modèle 1881........ de 100mm. { Id. 1889........ { Id. 1897........	Acier.	1.190 / 1.830 / 2.050	Obus à balles............ / Obus chargé en explosif. / Boîte à mitraille.......	14 / 14 50 / 17 45	6.000 / 7.000
Canon G de 95mm............	Acier.	766	Obus à mitraille....... / Obus chargé en explosif.	12 30 / 12 09	6.000
Canon G de 65mm	Acier.	500	Obus en acier........	1 50	4.500
Canon M {A tir rapide....... de 47mm. {Revolver....	Acier.	230 / 600	Obus en cuivre........ / Obus en acier...........	1 50 / 1 12	4.500 / 3.000
Canon revolver M de 37mm......	Acier.	200	Obus en acier.	0 50	3.000

(1) La lettre M précédant le calibre indique que la bouche à feu est du modèle de la marine. Ces bouches à feu ont été passées au service de la guerre avec les batteries de côtes.
La lettre G indique que la bouche à feu est du modèle de la guerre.

Armes portatives.

Les premiers crédits mis à la disposition du service de l'artillerie furent utilisés pour la remise en état des armes qui restaient entre les mains des troupes et dans les arsenaux ainsi que pour la fabrication d'un certain nombre de fusils modèle 1866 (fusils Chassepot).

Dès 1874, l'armement fut remplacé par le fusil modèle 1874 (fusil Gras) et on procéda parallèlement à la fabrication de sabres de divers modèles, de lances et de cuirasses, ainsi qu'à celle du revolver modèle 1873.

A la suite de l'adoption du fusil de 8 millimètres modèle 1886 (fusil Lebel), l'armement fut entièrement renouvelé (fusils, mousquetons et carabines de cavalerie).

Le remplacement du revolver modèle 1873 par le revolver modèle 1892 de 8 millimètres se poursuit depuis plusieurs années.

Indications sur les fusils mis en service depuis 1870.

FUSILS.	CALIBRE.	POIDS DE L'ARME sans baïonnette.	CARTOUCHES.	POIDS de la cartouche.	POIDS de la balle.	LIMITE DE GRADUATION de la hausse.	PORTÉE MAXIMA.
	ᵐ/ᵐ	kilogr.		gr.	gr.	mèt.	mèt.
Fusil modèle 1866......	11	4.375	A enveloppe combustible.	31 80	25	1.200	2.500
— 1874......	11	4.200	A douille métallique...	43 »	25	1.800	3.000
— 1886......	8	4.180 (magasin vide)	Id.	29 »	15	2.000	3.200
— 1886 M 93. (1)	8	4.180 (magasin vide)	Id.	»	»	»	»

(1) Les renseignements concernant les munitions et le tir au fusil modèle 1886 M 93 ne figurent pas dans le tableau ci-dessus en raison du caractère secret qu'ils présentent.

Munitions pour armes portatives.

Les premiers crédits alloués au titre du compte de liquidation furent employés à fabriquer :

160.000.000 de cartouches modèle 1866 ainsi que les caisses nécessaires à leur conservation.

A partir de 1874, on commença la confection de la cartouche pour fusil modèle 1874 : les approvisionnements en cartouches et éléments à charger furent considérablement augmentés.

Depuis 1886, les approvisionnements ont été progressivement renouvelés et remplacés par des cartouches modèle 1886.

En 1891, a été adopté un nouvel étui qui réalisait sur le précédent des avantages marqués au point de vue de la conservation.

Enfin, actuellement, on fabrique un nouveau type de cartouche munie d'une balle spéciale qui marque un réel progrès sur ses devancières au point de vue balistique.

Bâtiments et machines.

Par suite de l'augmentation du nombre d'hommes à mettre en ligne en cas de guerre, il fallait, tout en poursuivant le remplacement ou la transformation du matériel, accroître considérablement les approvisionnements en matériel et en munitions. On a dû, par suite, développer parallèlement les moyens de production, en réorganisant les établissements constructeurs de l'artillerie. On a été également amené à construire de nouveaux magasins destinés à abriter le matériel et les approvisionnements de mobilisation.

On dut, de plus, créer un certain nombre de magasins à poudre pour assurer la séparation des poudres noires et des poudres sans fumée.

En outre, les perfectionnements et la précision apportés

dans la confection du matériel exigèrent des améliorations corrélatives dans l'outillage ainsi que l'emploi de forces motrices considérables. Les installations existantes durent être remaniées et agrandies.

Enfin, il fallut créer des champs de tir pour les matériels à grande portée adoptés successivement et organiser des ateliers pour le chargement, dès les premiers jours de la mobilisation, des munitions de toute nature qu'il n'est pas indispensable de posséder dès le premier jour et dont la conservation n'est pas indéfinie.

Expériences, dépenses diverses.

Les dépenses comprises sous cette rubrique ont été utilisées pour des études de matériel de toute nature et la mise en essai de ces matériels dans les commissions d'expériences, ainsi que pour les essais en grand dans certains corps de troupe. Elles ont également servi à la confection des instruments de précision et des instruments vérificateurs, dont il a été reconnu nécessaire de doter certains établissements.

Caisses à poudre pour magasins à poudre.

Ces dépenses ont été motivées par l'emploi des caisses en cuivre étanches qui peuvent seules assurer convenablement la conservation des poudres dans les magasins souterrains.

b) GÉNIE

Le tableau suivant donne la récapitulation, par programme, des prévisions de dépenses ainsi que les crédits ouverts et les dépenses effectuées :

PROGRAMMES.	DOTATIONS ou PRÉVISIONS des programmes.	CRÉDITS OUVERTS (compte tenu des reports et annulations).	DÉPENSES faites SUR LES CRÉDITS législatifs.	DÉPENSES SUR FONDS de concours.
	fr. c.	fr. c.	fr. c.	fr. c.
Programme de 1875 (1872-1892).	(1) 651.631.569 57	(1) 655.025.505 75	(1) 651.245.236 28	116.810.036 49
Programme de 1888 (1887-1903).	186.583.000 »	164.675.748 50	148.260.973 46	9.982.989 07
Amorce du programme de 1894 (1891-1893)......	146.030.000 »	45.764.100 »	39.351.873 15	1.216.055 69
Programme de 1894 (1894-1900).	89.476.659 »	81.305 24 0 »	79.284.497 82	4.374.220 79
Programme de 1900 (1901-1905).	439.827.000 »	82.893.546 10	82.226.335 19	9.696.726 11
Total.....	1.513.548.228 57	1.029.664.100 35	1.000.308.915 90	142.110.039 05

(1) Dans ces prévisions, crédits et dépenses, on a introduit celles relatives à la télégraphie inscrite au dépôt de la guerre), à l'aérostation et aux colombiers.

La dépense totale de 1.000.308.915 fr. 90 effectuée pour l'organisation du système défensif du territoire au cours de l'exécution des différents programmes se répartit par nature de dépense conformément aux indications du tableau suivant :

PROGRAMMES.	FORTIFICATIONS.			BATIMENTS MILITAIRES.		
	DÉFENSES de terre.	DÉFENSES des côtes.	CHEMINS stratégiques.	CASERNEMENTS.	ÉTABLISSEMENTS de l'intendance.	ÉTABLISSEMENTS du service de santé.
	fr. c.	fr. c.	fr. c.	fr. c.	fr. c.	fr. c.
Programme de 1875 (1872-1892).	437.115.671 29	»	»	181.023.594 75	»	»
Programme de 1888...........	74.213.252 »	11.034.889 21	»	40.608.086 83	»	»
Amorce du programme de 1894 (1891-1893).....	8.461.488 79	2.889.394 30	244.952 74	15 842.858 27	4.896.175 41	»
Programme de 1894 et de 1900.	41.466.824 09	31.543.856 85	1.391.967 03	37.465.648 86	1.762.116 19	2.141.761 17
TOTAL.....	561.257.236 17	45.468.140 36	1.636.919 77	274 340.188 71	6.658.291 60	2.141.761 17

Fortifications. — Programme de 1874.

Au lendemain de la guerre de 1870-1871, la réorganisation du système défensif de la France s'imposait avec d'autant plus de force que la frontière artificielle qui résultait du traité de Francfort était plus complètement dépourvue d'obstacles naturels. Il fallait, en outre, dans cette réorganisation, tenir compte des éléments nouveaux de la guerre moderne, tels que les effectifs considérables mis en œuvre, le perfectionnement de l'artillerie, l'emploi des chemins de fer, etc.

La décision présidentielle du 28 juillet 1872 confia au *Comité de défense*, présidé par le maréchal Canrobert, la mission d'élaborer le plan d'ensemble du système défensif de la France, c'est-à-dire d'arrêter le programme des travaux à exécuter, d'une part, dans les nouvelles places à créer de toutes pièces ; d'autre part, dans les anciennes places pour leur permettre de résister aux nouvelles méthodes de l'attaque.

Le Comité posa en principe que les nouvelles défenses. devaient remplir les trois conditions suivantes :

CONSTRUC-TION DE MAGASINS À poudre.	MATÉRIEL DE GUERRE DU GÉNIE.		CHAMPS DE MANŒUVRES et de tir, stands, manèges, camps, d'instruction.	CHEMINS de FER.	RÉSERVE, procès, transports.	TOTAL.
	Parcs, outils, ponts, etc.	Télégraphie et aérostation.				
fr. c.	fr. c.	fr. c.	fr. c.	fr. c.	fr. c.	fr. c.
»	3.988.933 94	5.187.891 54	1.381.640 83	22.547.503 93	»	651.245.236 28
15.944.226 36	3.579.346 15	3.421.212 91	»	»	»	148.200.973 46
»	1.270.578 18	522.286 84	5.108.077 38	»	115.161 24	39.351.873 15
»	1.533.102 62	4.055.712 71	33.716.211 35	»	6.435.632 14	161.510.833 01
15.944.226 36	10.371.920 89	13.185.104 »	40.206.820 56	22.547.503 93	6.550.793 38	1.000.308.915 90

a) Maîtriser les voies ferrées d'invasion et les points stratégiques ;

b) Constituer de solides points d'appui pour les diverses lignes de défense tracées entre la frontière et Paris pour arrêter l'ennemi ou pour servir à la reprise de l'offensive ;

c) Assurer des points de concentration et des pivots de manœuvres pour nos armées, sur les flancs et l'arrière de la ligne d'invasion.

Mais il ne pouvait être question de maîtriser toutes les voies de pénétration sans être conduit à multiplier à l'infini les ouvrages. Il fallait se borner : on chercha donc le plus en avant possible et en travers des routes naturelles d'invasion, les régions qui se prêtaient le mieux, par leurs accidents naturels, à une défense énergique, et on s'efforça de les rendre impénétrables. On obtint ainsi des *régions fortifiées*, entre lesquelles on ne laissait que des intervalles peu nombreux, sortes de couloirs dans lesquels les armées ennemies seraient forcées de s'engager. Les armées françaises, concentrées à l'abri des régions fortifiées, avaient ainsi toute liberté, soit de manœuvrer sur les flancs de l'ennemi, s'il prenait l'initiative de l'attaque, soit de se porter en avant, si leur concentration était terminée à temps.

Frontière du Nord-Est. — Le programme du Comité comportait : dans la zone du Nord-Est une *première* ligne de défense constituée :

a) Sur la frontière du Nord, par les places de Dunkerque, Lille, Valenciennes et Maubeuge ;

b) Sur la frontière de l'Est, par les forts des Hauts de Meuse (Génicourt, Troyon, Camp des Romains, Liouville et Gironville) appuyés à deux solides musoirs : Verdun et Toul, que l'on transformerait en grandes places à forts détachés.

Un deuxième barrage était organisé plus au sud au moyen des places d'Epinal et de Belfort appuyant les deux extrémités de la ligne de la Haute-Moselle (forts d'Arches, de Remiremont, de Rupt, de Château-Lambert et du ballon de Servance).

En résumé, on créait sur la frontière de l'Est deux barrages délimitant nettement des trouées d'invasion que l'ennemi ne pourrait éviter, à moins de faire un effort considérable et d'amener du matériel de siège pour percer la ligne fortifiée.

En outre, les voies ferrées les plus importantes étaient barrées par des forts d'arrêt (Hirson, les Ayvelles, Manonviller, Bourlemont).

Une seconde ligne de défense devait être constituée :

1° Par le cours de la Somme dont l'organisation comportait la création d'ouvrages extérieurs autour de Péronne, Abbeville et Amiens ;

2° Par la ligne des collines de la Champagne comportant les trois groupes distincts de la Fère-Laon-Soissons ; de Reims-Epernay et de Nogent-sur-Seine ;

3° Par les places de Besançon et de Langres.

Enfin, la création de la place de Dijon répondait à l'idée d'une retraite de flanc sur le Morvan.

Positions centrales de défense. — Le Comité reconnut la nécessité de fortifier les objectifs décisifs et obligés de l'ennemi, à savoir : Paris, objectif d'une invasion se prononçant par la frontière du Nord-Est, et Lyon qui joue le même rôle dans le cas d'une invasion italienne.

Frontière du Sud-Est. — La frontière du Sud-Est devait être protégée par les places d'Albertville, Chamousset, Briançon, Grenoble, et par l'organisation défensive des Alpes centrales et maritimes, comprenant Mont-Dauphin, Tournoux, Saint-Vincent, Nice et Toulon.

Tel était, dans ses grandes lignes, le programme élaboré par le Comité de défense au cours de l'année 1873. La loi du 17 juillet 1874 l'approuva en principe et autorisa la construction des nouveaux ouvrages à élever autour de Verdun et de Toul ; entre ces deux places le long du cours de la Meuse ; autour d'Epinal ; dans la vallée de la Haute-Moselle ; autour de Belfort et de Besançon ; à Dijon ; à Chagny ; à Reims ; à Epernay ; à Nogent-sur-Seine ; autour de Langres, Lyon et Grenoble ; dans la vallée de l'Isère ; à Albertville ; à Chamousset ; autour de Briançon.

Quant aux nouveaux forts à élever autour de Paris, leur construction avait été autorisée par une loi précédente du 27 mars 1874.

Les travaux de défense furent immédiatement entrepris au moyen des crédits ouverts par l'Assemblée nationale. Le programme fut l'objet de modifications successives résultant de nouvelles études du Comité de défense. On renonça aux projets de fortifier la vallée de la Somme, Epernay, Nogent, Chagny.

Programme de 1888. — La réorganisation de notre système défensif à l'abri duquel nous avions pu travailler en sécurité à reconstituer les forces nationales se trouvait presque terminée, lorsqu'en 1886 l'apparition des obus-torpilles rendit insuffisantes la plupart des dispositions réalisées et imposa la nécessité de modifications profondes dans l'organisation de la frontière, soit comme installation d'abris pour les hommes, les munitions et les poudres, soit comme répartition de l'armement.

Une place ne pouvait désormais résister aux attaques convergentes d'une artillerie munie de ces nouveaux projectiles qu'à la condition de lui opposer un grand nombre de batteries réparties sur un front étendu, dissimulées aussi bien que possible et abondamment pourvues de magasins à munitions, d'abris et de communications faciles.

Il devenait indispensable de renoncer aux vastes magasins à poudre, pour leur substituer des magasins à l'épreuve de moindre capacité, disséminés sur un grand espace. Il fallait enfin remettre en valeur les ouvrages existants.

Dès 1887, une instruction ministérielle fixa les principes généraux qu'il convenait d'adopter pour la défense des places. Au groupement des moyens défensifs dans les organes puissants qu'étaient les forts, était substitué un ordre dispersé moins exposé aux projectiles ennemis. L'artillerie de gros calibre devait être placée en dehors des forts, sauf les exceptions qui pourraient être admises en raison des circonstances locales. Les magasins devaient être éloignés des positions de combat et dissimulés aux vues de l'ennemi. Il devenait nécessaire de construire sur la ligne de défense dans l'intervalle des forts, pour protéger l'artillerie, des ouvrages d'infanterie pour une compagnie ou pour une demi-compagnie.

Enfin, la liaison des ouvrages et batteries aux magasins exigeait la construction de voies ferrées d'un écartement entre rails assez réduit pour épouser les formes du sol. Les prévisions de dépenses afférentes à l'exécution de ce programme furent fixées par les lois des 26 juin 1888 et 30 décembre 1888.

Programme de 1894. — Ces prévisions n'étaient pas entièrement réalisées lorsqu'à la fin de 1890 l'Administration de la guerre reconnut la nécessité d'exécuter divers travaux qui avaient été réservés ou écartés lors de la fixation du programme de 1888. Ces travaux concernaient principalement les cuirassements et les bétonnages ainsi que la défense de certains forts.

Le Parlement donna satisfaction aux demandes de crédits présentées pour ces travaux, en même temps qu'il continuait à alimenter la dotation du programme de 1888.

Les nouvelles dépenses, ainsi engagées en dehors de ce programme, s'appliquèrent principalement à l'amélioration des forts isolés et aux travaux de cuirassements.

Pour régulariser l'exécution de ces travaux, l'Administration de la guerre fut conduite à grouper les prévisions correspondantes dans un programme destiné surtout à servir de guide. C'est ce qu'on peut appeler le programme de 1894.

Tout en s'appliquant à des travaux déterminés, ce programme reposait sur les mêmes bases que celui de 1888. On continua à appliquer les mêmes principes généraux pour la remise en valeur des ouvrages.

Programme de 1900. — En 1899, le Ministre créa la Commission des places fortes pour uniformiser les méthodes de défense — tout en tenant compte des circonstances locales — et pour codifier en quelque sorte les principes qui doivent guider les gouverneurs et les services locaux dans la réorganisation des places. Les années qui s'étaient écoulées depuis la crise de 1886 avaient permis aux idées de se préciser : une nouvelle doctrine en matière de fortification s'était peu à peu créée dans les milieux techniques. C'est cette doctrine que la Commission des places fortes fut invitée à traduire dans des instructions spéciales.

En même temps, la Commission fut spécialement chargée d'adresser au Ministre des propositions sur l'amélioration de nos grandes places de l'Est : Verdun, Toul, Epinal et Belfort. Il restait encore beaucoup à faire pour qu'elles fussent à hauteur des besoins. La remise en valeur des forts n'était pas terminée. En outre et surtout, les études entreprises pour l'emploi des canons à tir rapide, des mitrailleuses et des engins cuirassés avaient abouti. Divers travaux de cuirassement avaient même déjà été entrepris sur les dépenses réservées du programme de 1888. On pouvait donc, sans hésiter, s'en servir pour accroître la valeur défensive des places.

Après des études minutieuses faites sur les lieux, la Commission reconnut qu'il était nécessaire, pour mettre les quatre forteresses en état de résister, soit à une attaque brusquée, soit à un siège prolongé, d'y affecter un crédit global de plus de 90 millions.

Devant l'importance de ce chiffre, le Ministre décida de réserver pour ces places la presque totalité des sommes mises à sa disposition par le Parlement pour les fortifications des frontières de terre. Le reliquat restant devait servir uniquement aux travaux reconnus de toute première urgence dans les autres places, à ceux qui ne peuvent absolument être différés.

Indépendamment des travaux spéciaux aux quatre grandes places de l'Est et déterminés par la Commission des places fortes, le programme de 1900 comprenait, en effet, d'autres travaux de toute nature intéressant les fortifications, le casernement, le matériel de guerre du génie, la défense des côtes.

La modicité des crédits *demandés* chaque année au budget par le Ministre est la seule cause des retards apportés à l'exécution complète de ce programme. Mais on ne doit pas oublier que la fortification est essentiellement transformable.

En ce qui concerne la défense des côtes, elle avait passé au second plan après la guerre de 1870-1871. On ne s'en préoccupa de nouveau que lorsque la défense des frontières de terre se trouva assurée. En 1888, la Commission de défense du littoral élabora, à cet effet, un programme qui fut introduit dans le programme général. Ce programme comportait la protection des cinq ports militaires au moyen de batteries susceptibles de résister et de répondre au tir des pièces des différents calibres de l'artillerie des navires, et l'organisation défensive proportionnée au rôle et à l'importance de nos principaux ports de commerce, de l'embouchure des grands fleuves, des îles et des mouillages les plus accessibles à l'ennemi.

Cette œuvre fut continuée pendant la période d'exécution du programme de 1894.

Puis, à la suite des événements qui marquèrent la fin de 1898, on fit de nouveaux efforts pour augmenter la défense du littoral. Une étude complète de la question fut faite ; elle aboutit au dépôt, le 30 janvier 1900, d'un projet de loi qui prévoyait une dépense totale de 85 millions pour tous les services à répartir sur quatre ou cinq exercices. Mais ce projet de loi, rapporté le 11 juin 1900, ne vint pas en discussion.

Le tableau suivant donne l'indication des places fortes existant actuellement comparativement à celles existant en 1869 et 1892.

Tableau des places fortes (frontière de terre) existant en 1869, en 1892 et 1905.

1869 (d'après l'annuaire)	1892 (d'après le décret du 23 mars 1887).	1905 (d'après le décret du 17 septembre 1893).
Paris.	Paris.	Paris.
Lyon.	Lyon.	Lyon.
Maubeuge, Condé, Bouchain, Le Quesnoy, Landrecies, Cambrai.	Maubeuge (Maubeuge, Condé, Bouchain, Le Quesnoy, Landrecies, Cambrai, forts de Maulde, de Flines).	Maubeuge (Maubeuge, Condé (1), Le Quesnoy (1), forts de Maulde, de Flines, de Curgies).
Lille.	Lille.	Lille.
Dunkerque.	Dunkerque (Dunkerque, Montreuil, Aire).	Dunkerque (Dunkerque, citadelle de Montreuil (2) Bergues, Gravelines (2), Calais, batteries de côte de Boulogne).
Laon, La Fère, Péronne, Guise.	Laon (Laon, La Fère, Péronne, Guise, forts de Hirson, de Montbérault, de Laniscourt, de Bruyères, de la Malmaison, de Condé-sur-Aisne).	La Fère (La Fère, Laon, Péronne (3), fort de Hirson, de Montbérault, de Laniscourt, de Bruyères, de Condé-sur-Aisne).
Verdun.	Verdun (Verdun, forts de Génicourt, de Troyon, des Paroches, du Camp des Romains, de Liouville, de Gironville et batteries).	Verdun (Verdun (4), forts de Troyon, des Paroches, du Camp des Romains, de Liouville, de Gironville.
Toul.	Toul (Toul, forts de Frouard, Pont-Saint-Vincent, Manonviller, Pagny-la-Blanche-Côte).	Toul (Toul, forts de Frouard, Pont Saint-Vincent, Manonviller, Pagny-la-Blanche-Côte).
Epinal.	Epinal (Epinal, forts d'Arches, de Remiremont, de Rupt, de Château-Lambert, de Bourlémont, et batteries).	Épinal (Épinal (5), forts de Remiremont, de Rupt, de Château-Lambert, de Bourlémont).
Reims, Rocroy, Montmédy, Longwy.	Reims (Reims, Rocroy, Montmédy, Longwy, fort des Ayvelles).	Reims (Rocroy (6), Montmédy, fort des Ayvelles, Longwy).
Arras.	»	»

(1) Déclassée en principe sous réserve que le déclassement ne deviendra définitif que par décret, après fixation des voies et moyens de démantèlement.

(2) id.

(3) id.

(4) Le fort de Génicourt est rattaché à la place de Verdun.

(5) Le fort d'Arches est rattaché à la place d'Epinal.

(6) Déclassée en principe sous réserve que le déclassement ne deviendra définitif que par décret, après fixation des voies et moyens de démantèlement.

1869 (d'après l'annuaire).	1892 (d'après le décret du 23 mars 1887).	1905 (d'après le décret du 17 septembre 1893).
Béthune.	»	»
Saint-Venant.	»	»
Abbeville.	»	»
Amiens.	»	»
Péronne.	»	.»
Ham.	»	»
Saint-Omer.	»	»
Calais.	»	»
Boulogne.	»	»
Bergues.	»	»
Gravelines.	»	»
Douai.	»	»
Valenciennes.	»	»
Avesnes.	»	»
Mézières.	»	»
Sedan.	»	» .
Givet.	»	»
Soissons.	»	»
Châlons-sur-Marne.	»	»
Vitry-le-François.	»	»
Commercy.	»	»
Metz.	»	»
Bitche.	»	»
Thionville.	»	»
Marsal.	»	»
Dieuze.	»	»
Phalsbourg.	»	»
Strasbourg.	»	»
La Petite Pierre,	»	»
Lichtenberg.	»	»
Haguenau.	»	»
Wissembourg.	»	»
Schlestadt.	»	»
Neuf-Brisach.	»	»
Lauterbourg.	»	»
Belfort.	Belfort (Belfort, forts du Ballon de Servance, de Giromagny, de la Chaux, de Montbart, du Lomont et batteries).	Belfort (Belfort (1), forts du Ballon (de Servance, de Montbart, du Lomont).
Besançon, fort de Joux, fort de l'Écluse, les Rousses.	Besançon (Besançon, forts du Larmont, de Joux, de Saint-Antoine, du Risoux, des Rousses, de l'Écluse).	Besançon (Besançon, forts du Larmont, de Joux, de Saint-Antoine, du Risoux, des Rousses, de l'Écluse).
Langres.	Langres.	Langres.
Dijon, Auxonne.	Dijon (Dijon, Auxonne).	Dijon.
Briançon, Mont-Dauphin, Queyras, St-Vincent, Sisteron, Tournoux.	Briançon (Briançon, Mont-Dauphin, forts de Queyras, de Saint-Vincent et de Tournoux; Sisteron).	Briançon (Briançon, Mont-Dauphin, forts de Queyras, Saint-Vincent, Tournoux).

(1) Les forts de Giromagny et de la Chaux sont rattachés à la place de Belfort.

1869 (d'après l'annuaire).	1892 (d'après le décret du 23 mars 1887).	1905 (d'après le décret du 17 septembre 1893).
Grenoble, fort Barraux, Colmars.	Grenoble (Grenoble, forts Barraux, d'Aiton, de Montgilbert, de Montperché, du Mont-de-Tamié, de Villard Dessous, de Lestal, de Lesseillon, ouvrages de Modane).	Grenoble (Grenoble, forts Barraux, Bourg-Saint-Maurice, Albertville, Aiton, Montperché, forts de Montgilbert, du Télégraphe, Modane).
Nice, Entrevaux.	Nice (Nice, Antibes, Entrevaux, forts du Barbonnet, du Picciarvet, Chiuses).	Nice (Nice, ouvrages de l'Authion, ouvrages du golfe Jouan, Entrevaux, forts du Barbonnet, du Picciarvet et de Saint-Jean-la-Rivière, Colmars).
Ajaccio, Bonifacio, Calvi, Bastia, Rogliano, Prunelli, Saint-Florent.	Corse (tous les ouvrages de l'île).	Corse (tous les ouvrages de l'île).
Perpignan, Port-Vendres, Bellegarde, Fort-les-Bains, Prats-de-Mollo, Montlouis, Villefranche.	Perpignan (Perpignan, Cette, Port-Vendres, Collioure, Bellegarde, Fort-les-Bains, Prats-de-Mollo, Montlouis, Villefranche).	Perpignan (citadelle de Perpignan, fort de Richelieu, Port-Vendres, Collioure (1), Bellegarde, Fort-les-Bains (1), Prats-de-Mollo (1), Villefranche).
Bayonne, Lourdes, Le Portalet, Saint-Jean-Pied-de-Port.	Bayonne (Bayonne, Lourdes, le Portalet, Saint-Jean-Pied-de-Port).	Bayonne (Bayonne (2), le Portalet, Saint-Jean-Pied-de-Port).
Alger.	Alger.	Alger.
Montbéliard.	»	»
Salins.	»	»
Bourg.	»	»
Embrun.	»	»
Chambéry.	»	»
Albertville.	»	»
Montmélian.	»	»
Annecy.	»	»
Thonon.	»	»
Villefranche.	»	»
Avignon.	»	»
Valence.	»	»
Pont-Saint-Esprit.	»	»
Narbonne.	»	»
Carcassonne.	»	»
Fort-Socoa.	»	»
Navarreins.	»	»

(1) Proposée pour être déclassée.
(2) Proposée pour être déclassée à l'exception de la citadelle.

La loi du 6 juillet 1901 a déclassé en principe, sous la réserve que le déclassement ne deviendra définitif que par décret, après que les Chambres auront inscrit au budget les crédits nécessaires au démantèlement, les places et ouvrages suivants : Condé-sur-l'Escaut, Le Quesnoy, Péronne, lunette 41 de Besançon, enceinte de Perpignan, à l'exception de la citadelle.

La loi du 7 avril 1902 a déclassé en principe, sous les mêmes réserves que ci-dessus :

Gravelines, les fronts de terre de Lorient (y compris la batterie de Pen-Mané), l'enceinte de La Rochelle, l'enceinte de Rochefort.

La même loi a déclassé immédiatement et sans réserve :

Les ouvrages de Cette (moins le fort de Richelieu), le fort de Vizzanova (Corse).

Parmi les déclassements conditionnels susvisés, celui de l'enceinte de Perpignan a été rendu définitif par un décret du 20 avril 1904.

Un projet de loi, présenté le 17 mars 1904 à la Chambre des députés et qui a fait l'objet d'un rapport du 14 décembre suivant de notre collègue M. Gervais, prévoit le déclassement par décrets, après fixation des voies et moyens de démantèlement, des places et ouvrages dont les noms suivent : Prats-de-Mollo, Fort-les-Bains; Villefranche-de-Conflens; Saint-Jean-Pied-de-Port; Bayonne, à l'exception de la citadelle; la batterie du Serrat-d'En-Vaquer, à Perpignan; le fort Carré, le fort Miradour, la Tour de l'Etoile, la redoute Dugommier et le fort Saint-Elme, à Collioure; la redoute de Béar, à Port-Vendres.

L'Administration de la guerre aura le devoir de proposer d'urgence le déclassement de certaines places ou de certains ouvrages dont l'intérêt stratégique n'est plus aujourd'hui démontré. Il en résultera une meilleure répartition du personnel et du matériel.

Bâtiments militaires.

Les travaux concernant le casernement ont fait l'objet de prévisions dans tous les programmes. En outre, ils ont été dotés par des fonds de concours importants qui se sont élevés à environ 140 millions.

La réorganisation du casernement, à laquelle il a été procédé depuis 1871, a comporté non seulement l'augmentation de places d'hommes (380.000 en 1870, 659.000 en 1903) et de chevaux (75.000 en 1870, 129.000 en 1903), mais encore l'introduction progressive d'une série d'améliorations dans les types de casernement, dont les unes se rapportent à l'hygiène (augmentation du cube d'air, amélioration des systèmes de latrines, installations de filtres, puis de stérilisateurs) et les autres (création de bibliothèques, salles de jeux, salles d'astiquage, réfectoires) aux nécessités qui résultent du changement profond apporté par le principe de la nation armée dans la composition des contingents.

D'autre part, les services de l'intendance ont été dotés d'installations répondant aux besoins du temps de paix et aux nécessités du temps de guerre (parcs à fourrages, magasins pour les approvisionnements divers, stations-magasins, etc...).

Le service hospitalier a été réorganisé en vue d'assurer son fonctionnement régional. (Voir ci-dessous pages 67 et suivantes.)

Camps d'instruction. — Champs de manœuvres, etc.

La réduction de la durée du service a conduit, dès 1889, et conduira, de plus en plus, à poursuivre l'instruction de la troupe d'une manière intensive et ininterrompue, sans tenir compte des intempéries, d'où la nécessité d'augmenter le nombre des manèges (en principe, 3 par régiment de cavalerie et 2 par régiment d'artillerie), d'organiser dans les quartiers mêmes, des stands de tir et de manœuvres pour les différentes armes.

En outre, la constitution, dès le temps de paix, de grandes unités (divisions et corps d'armée) comprenant toutes les armes, exigeait la création, dans les différentes régions, de vastes camps d'instruction analogues au camp de Châlons, avec baraquements, magasins et accessoires divers.

L'étude des conditions d'installation des camps d'instruction a été confiée à une Commission constituée en 1897 par le Ministre, sous la présidence du chef d'état-major général.

D'après les conclusions de cette Commission, la solution complète de la question comporterait la création d'un camp d'instruction pour les trois armes par corps d'armée ou tout au moins par deux corps d'armée. Mais, en raison de la difficulté de trouver des terrains inhabités d'une étendue de 6.000 à 7.000 hectares, on a décidé de s'en tenir au minimum strictement indispensable ; création de 3 grands camps d'instruction pour toutes armes, de 6.000 à 7.000 hectares au moins (9 à 10 kilomètres de longueur sur 6 à 7 kilomètres de largeur), avec installation pour une division de manœuvres : création de 3 camps destinés spécialement à l'infanterie, de 2.500 à 3.000 hectares ; agrandissement des camps antérieurement existants qui n'ont pas cette surface.

Les mesures déjà prises pour la réalisation de ce programme ont reçu un commencement d'exécution dès 1891, en dehors des prévisions fixées en 1888. Ces travaux n'ont pas cessé depuis cette date d'être dotés et compris dans les programmes de dépenses ; les prévisions ont pris une grande place dans le programme de 1900, où l'on voit les camps d'instruction figurer pour 50 millions.

Les résultats obtenus jusqu'à présent sont les suivants :

On a organisé à Mailly (Aube) un camp d'instruction pour toutes armes de 11.000 hectares et à la Courtine (Creuse) un camp de 6.300 hectares ; l'emplacement du troisième camp d'instruction, qui n'est pas encore déterminé, devra être choisi dans la région de l'Ouest ou du Centre.

On a créé le camp d'instruction d'infanterie au Larzac, dans le 16ᵉ corps d'armée et on a entrepris cette année l'acquisition des terrains du camp de Valdazon, dans le 7ᵉ corps d'armée. On a agrandi le camp de Sissonne (2ᵉ corps d'armée) et on étudie l'extension des camps de Coëtquidan (10ᵉ et 11ᵉ corps d'armée) et de la Valbonne (14ᵉ corps d'armée).

Matériel des parcs.

L'arsenal de construction qui était à Metz avant 1870 est remplacé aujourd'hui par « l'établissement central du matériel de guerre du génie » à Versailles.

Cet établissement est rattaché à la « direction des services du matériel du génie », qui a son siège à Paris et comprend, en outre, « l'établissement central du matériel de la télégraphie militaire » et « l'établissement central du matériel de l'aérostation militaire ».

L'établissement central du matériel de guerre du génie est chargé de l'achat, de la vérification et de l'expédition, aux établissements secondaires et aux corps de troupe, du matériel technique autre que celui de la télégraphie et de l'aérostation dont il est question plus loin et du matériel des chemins de fer qui ressortit à un établissement spécial « l'école des chemins de fer », placé sous la direction du colonel commandant le 5ᵉ régiment du génie (sapeurs des chemins de fer).

Le matériel de guerre du génie a été reconstitué de toutes pièces après 1871, et a figuré dans tous les programmes de dépenses qui ont été élaborés.

Il comprend aujourd'hui :

Les outils de l'infanterie ;

Les outils de la cavalerie ;

Les outils et parcs du génie (y compris les équipages de ponts) ;

Les outils et parcs de chemins de fer,

Et enfin les approvisionnements de défense des places fortes.

Télégraphie et aérostation militaires.

Le service de la télégraphie s'est trouvé, jusqu'en 1890, réparti entre le service du génie, l'état-major de l'armée et l'administration des postes et télégraphes.

L'aérostation est rentrée dans les attributions du service du génie en 1888.

Télégraphie. — Le matériel de la télégraphie ressortit aux attributions de « l'établissement central du matériel de la télégraphie militaire » à Paris, qui constitue, répare, vérifie et expédie ce matériel aux établissements secondaires et aux corps de troupe.

Il a été constitué, en outre, un « dépôt de télégraphie » au Mont-Valérien, auprès du bataillon de sapeurs-télégraphistes et, dans diverses places, des « colombiers militaires ».

Le matériel de la télégraphie militaire comprend les différentes catégories ci-après :

Matériel de la télégraphie des armées en campagne;

— des réseaux télégraphiques du territoire;

— de la télégraphie optique;

— de la télégraphie sans fil (actuellement à l'essai);

Les pigeons voyageurs.

Ce matériel a fait l'objet de prévisions dans tous les programmes mis en œuvre depuis 1870.

Aérostation. — Le matériel d'aérostation est construit, vérifié, réparé et expédié aux établissements secondaires et au bataillon d'aérostiers par « l'établissement central du matériel de l'aérostation militaire » à Chalais-Meudon.

L'étude des modifications et perfectionnements dont ce matériel est susceptible ressortit aux attributions d'un établissement spécial, le « laboratoire des recherches relatives à l'aérostation militaire ».

Ce dernier établissement, installé à Chalais-Meudon également, est placé sous l'autorité d'un directeur.

Les établissements centraux du matériel de la télégraphie et de l'aérostation sont rattachés, avec l'établissement central du matériel de guerre du génie, à la direction des services du matériel du génie.

Le matériel de l'aérostation militaire comprend :

1° Des parcs aérostatiques de campagne ;

2° Des parcs aérostatiques de place ;

3° Le matériel des usines fixes de production de l'hydrogène ;

4° Un matériel d'ascension libre réparti dans différentes places.

c) CHEMINS DE FER

Le tableau suivant donne la récapitulation, par programme, des dépenses faites, ainsi que les crédits ouverts et les dépenses effectuées.

PROGRAMMES.	DOTATIONS ou prévisions des programmes.	CRÉDITS ouverts (compte tenu des reports et annulations).	DÉPENSES faites sur les crédits législatifs.	DÉPENSES sur fonds de concours.
	francs.	fr. c.	fr. c.	fr. c.
Programme de 1875.....	Compris dans la dotation du génie et du dépôt de la guerre.	33.000.000 »	(1) 32.562.287 16	»
— de 1888.....	18.140.000	20.216.055 93	15.908.379 50	»
Dépenses réservées du programme de 1888..	2.000.000	»	»	»
Programme de 1891...'	9.495.852	5.785.000 »	5.283.718 99	»
— de 1900.....	10.191.800	3.360.000 »	3.301.593 02	»
Total...........	»	62.361.055 93	57.055.978 47	»

(1) Dont 22.547.503 93 sur la dotation du génie et 10.014.783 33 sur la dotation du dépôt de la guerre.

Depuis l'organisation du service militaire des chemins de fer en 1874, les prévisions de dépenses faites par le Département de la guerre ont eu pour but d'assurer l'exécution de différents travaux qui peuvent se résumer ainsi :

1° Amélioration et aménagement des lignes existantes de la France, de l'Algérie et de la Tunisie, en vue des transports stratégiques (quais, chantiers, alimentations, parcs à machines, raccordements militaires, haltes-repas, etc.) ;

2° Aménagement des wagons pour le transport des hommes et des chevaux, création de trains sanitaires, approvisionnement de rampes mobiles pour les embarquements et débarquements ;

3° Constitution du matériel de parc des troupes de chemins de fer et parcs sur rails, ponts métalliques démontables, parcs de section de chemins de fer de campagne ;

4° Travaux d'étude en vue de l'exécution des transports stratégiques. Expériences diverses. Établissement, mise à jour et réfection des documents nécessaires pour l'application des divers plans de transport.

Ces travaux se poursuivent chaque année ; car toute amélioration réalisée sur les voies ferrées pour les besoins de l'exploitation commerciale oblige le Département de la guerre à effectuer une amélioration correspondante sur les raccordements, quais, chantiers ou autres installations militaires dont la mise en service ne doit avoir lieu qu'au moment de la mobilisation.

d) SUBSISTANCES

Le tableau suivant donne la récapitulation, par programme, des prévisions de dépenses, ainsi que des crédits votés et des dépenses effectuées.

PROGRAMMES.	DOTATIONS ou prévisions des programmes.	CRÉDITS ouverts (compte tenu des reports et des annulations).	DÉPENSES faites sur les crédits législatifs.	DÉPENSES sur fonds de concours.
	fr. c.	fr. c.	fr. c.	fr. c.
Programme de 1875.....	75.844.455 22	77.592.682 75	75.844.455 22	»
— de 1888.....	5.613.000 »	5.681.724 97	5.612.161 35	»
Prévisions en sus du programme de 1888...	9.600.000 »	1.013.000 »	588.000 »	»
Programme de 1891.....	17.380.901 »	4.184.153 »	4.177.308 83	»
— de 1900.....	4.303.100 »	3.039.125 »	2.728.298 07	»
Total............	112.741.456 22	91.510.685 72	88.950.225 47	»

La constitution des approvisionnements de mobilisation du service des subsistances militaires fut entreprise dès 1872. Elle fit l'objet de prévisions importantes dans le premier programme.

Ce programme comportait la création d'approvisionnements de réserve en denrées, matières et matériel nécessaires pour faire face, concurremment avec les ressources du territoire national, aux divers besoins des troupes en cas de mobilisation :

1° Pendant leur séjour dans les lieux de mobilisation ou villes de garnison ;

2° Pendant leur transport des lieux de mobilisation sur les points de concentration ou les places fortes ;

3° Après le débarquement,
4° Pendant la concentration,
5° Pendant les opérations actives, } en ce qui concerne les troupes de campagne ;

6° Pendant la durée présumée du siège, en ce qui concerne les troupes affectées à la garnison des places fortes et des forts.

Dans les places fortes, les approvisionnements devaient également permettre de faire face aux besoins de la partie de la population civile que l'on suppose devoir rester dans la place.

Selon la nature des besoins qu'ils sont destinés à assurer, les approvisionnements de réserve sont actuellement désignés comme suit :

Approvisionnements des 20 jours, destinés à assurer l'alimentation des troupes qui se trouveront réunies momentanément ou d'une manière permanente dans les lieux de mobilisation ou les villes de garnison pendant les 20 premiers jours de la mobilisation.

Approvisionnements pour les transports en chemin de fer (alimentation des troupes transportées par voies ferrées à la mobilisation).

Approvisionnements de vivres de débarquement, emportés des lieux de mobilisation et destinés à assurer l'alimentation des troupes pendant les premiers jours qui suivront leur débarquement sur les points de concentration.

Approvisionnements de première ligne comprenant les vivres du sac, les vivres des trains régimentaires, les vivres des convois administratifs. Ces approvisionnements sont portés par les hommes ou transportés à leur suite et constituent la réserve intangible d'opérations (on ne doit y recourir que lorsque tout autre moyen d'alimentation fait défaut).

Approvisionnements de concentration, en vue de l'alimentation des troupes pendant la période de rassemblement après leur débarquement.

Approvisionnements des stations-magasins, destinés à fournir aux troupes les quantités de denrées qu'il sera impossible de se procurer sur les territoires traversés.

Approvisionnements de siège, destinés à assurer l'alimentation de la garnison et de la population civile des places fortes en cas d'investissement.

Ces divers approvisionnements comprennent toutes les denrées entrant dans l'alimentation des hommes et des chevaux, le combustible et les matières nécessaires pour la cuisson des aliments, la fabrication du pain, le chauffage et l'éclairage des casernements, des cantonnements, des forts, etc.;

enfin, le matériel de toute nature nécessaire tant dans les établissements du territoire qu'à la suite des troupes, pour la fabrication du pain, les réceptions, manutentions, transformations, distributions et expéditions de denrées, liquides et combustibles, la réception et l'abat du bétail, etc.

Le programme ainsi prévu fut entièrement réalisé et, lorsqu'il prit fin, les approvisionnements constitués correspondaient aux besoins.

Les prévisions qui furent inscrites dans les programmes ultérieurs eurent surtout pour but d'apporter des améliorations dans la composition du matériel existant, ou de faire face à des besoins divers résultant de nouvelles études ou de l'application de nouveaux plans de mobilisation.

Les opérations effectuées au moyen de la dotation du programme de 1888 et au titre des prévisions qui avaient été réservées lors de la fixation de ce programme se rapportent notamment :

a) A l'augmentation du nombre des fours des boulangeries de campagne;

b) A l'introduction des chariots-fournils dans le matériel de ces boulangeries;

c) A l'achat de caisses pliantes pour le transport du pain;

d) A la constitution d'approvisionnements de bâches et de prélarts pour les voitures de réquisition;

e) A la constitution de harnachements de selle pour les fonctionnaires de l'intendance du cadre auxiliaire et les officiers d'administration;

f) A la constitution d'une usine frigorifique à la Villette;

g) A la constitution de compléments d'approvisionnements en denrées diverses.

Quant au programme arrêté en 1894 par le Ministre, il comportait :

1° L'achat de fours roulants et de chariots-fournils;

2° La création d'usines frigorifiques à Verdun, Belfort, Toul et Epinal;

3° L'achat de caisses pliantes pour les stations-magasins;

4° L'achat de presses à fourrages;

5° La constitution de divers approvisionnements complémentaires en denrées et matériel.

Par suite de l'insuffisance des crédits, ce programme n'était pas achevé lorsque se réunit en 1900, sous la présidence de M. le général Hervé, une commission chargée de recenser les besoins relatifs au matériel de guerre et aux approvisionnements. Des quatre usines frigorifiques qui devaient être créées, celle de Verdun seule avait été construite.

La Commission de 1900 reprit et introduisit dans le nouveau programme des dépenses extraordinaires à engager pour le service des subsistances militaires quelques-unes des dispositions non réalisées du programme de 1894.

Ce nouveau programme comportait :

1° L'achat de matériel nécessaire pour la fabrication du pain de guerre ainsi que l'achat de pétrins mécaniques ;

2° La création d'usines frigorifiques à Toul, Belfort, Épinal, Nice, Toulon et dans les camps retranchés de Paris et de Lyon ;

3° Le rehaussement des approvisionnements de sucre et de café pour les troupes de campagne (ration forte) ;

4° Le remplacement de 210 fours roulants, l'achat de pétrisseuses pour les boulangeries de campagne, la transformation des chariots-fournils pour recevoir ces pétrisseuses;

5° La constitution d'un complément d'approvisionnement de siège pour les places fortes, notamment pour Toul. Épinal, Verdun, Besançon, Nice et Tournoux ;

6° L'augmentation des approvisionnements constitués pour les troupes de campagne ;

7° La constitution d'approvisionnements complémentaires en Algérie et en Tunisie ;

8° La transformation de tentes baraques.

Depuis l'époque à laquelle ce programme a été arrêté, les opérations prévues par les six dernières rubriques sont devenues sans objet à la suite de nouvelles études entreprises.

Les crédits alloués *normalement* au titre de chaque exercice n'ont pas permis, en raison de leur peu d'importance, de poursuivre la réalisation de ce programme d'ensemble. Ces crédits ont été employés, notamment, à l'amélioration du matériel (achat de pétrins mécaniques pour les stations-magasins, de fours portatifs, de moulins de forteresse, d'outillage pour la fabrication du pain de guerre, d'outils de boucher, etc.) et enfin à la constitution de compléments d'approvisionnements en denrées diverses.

En dehors de ces opérations, il a été procédé au moyen de crédits spéciaux :

1° En 1899, à la constitution d'approvisionnements de siège dans les îles du littoral de la Manche et de l'Océan et en Tunisie ;

2° En 1900, au rachat, par mesure d'économie lors du renouvellement des marchés, d'une partie des approvisionnements de concentration et de stations-magasins entretenus par l'entreprise ;

3° En 1902, à une opération identique ;

4° Enfin, en 1904, un crédit de 1.556.250 francs, dont 516.250 francs revenant au service de l'intendance, à été accordé par la loi du 24 juillet, en vue de la création d'installations pour la fabrication du pain de guerre à la mobilisation, afin de permettre de supprimer les quantités de ce produit entretenues dans les stations-magasins. Ces installations seront incessamment terminées.

e) HABILLEMENT

Le tableau suivant donne la récapitulation, par programme, des prévisions de dépenses, ainsi que les crédits ouverts et les dépenses faites.

PROGRAMMES.	DOTATIONS ou prévisions des programmes.	CRÉDITS ouverts (compte tenu des reports et des annulations).	DÉPENSES faites sur les crédits législatifs.	DÉPENSES sur fonds de concours.
	fr. c.	fr. c.	fr. c.	fr. c.
Programme de 1875....	239.619.022 19	245.161.019 21	239.619.022 19	»
Programme de 1888....	»	»	»	»
Prévisions en sus du programme de 1888...	3.650.000 »	10.000.000 »	9.974.138 35	»
Programme de 1894.....	14.703.747 »	9.352.600 »	9.027.992 22	»
Programme de 1900.....	41.214.000 »	618.000 »	556.592 56	»
Total..........	299.186.769 19	265.131.619 21	279.177.745 32	»

La dotation du premier programme a servi à constituer les approvisionnements, en se basant, d'une part, sur les prescriptions de la tenue de campagne pour la nature et le nombre des effets à faire entrer dans lesdits approvisionnements et, d'autre part, sur les tableaux d'effectifs de guerre arrêtés par l'état-major de l'armée afin de déterminer, pour chaque formation, les quantités d'effets à acheter.

Au moyen de cette dotation de 239 millions, on avait constitué, à la fin de 1888, les approvisionnements nécessaires aux réservistes et aux territoriaux compris dans les tableaux d'effectifs de guerre, et, de plus, les approvisionnements nécessaires aux hommes des dépôts, ainsi qu'à la plus jeune classe à appeler dès la mobilisation.

Mais le plan idéal élaboré en 1889, par l'état-major de l'armée, augmenta considérablement les effectifs de guerre et on se trouva dès lors dans la nécessité d'approvisionner, en sus des unités déjà pourvues, plus de 300.000 hommes. (Bataillons complémentaires de l'armée territoriale, auxiliaires d'artillerie, unités nouvelles créées dans la cavalerie, l'artillerie, le train des équipages et le génie.)

Pour faire face aux nouveaux besoins, au moins dans la partie la plus essentielle, un crédit de 17 millions était nécessaire.

Des mesures furent prises pour constituer, en attendant les crédits nécessaires, les nouveaux approvisionnements, sans engager de dépense.

A cet effet, on a réduit la proportion d'effets qui était prévue à cette époque pour la majoration d'essayage et on a employé pour la constitution des nouveaux approvisionnements les approvisionnements constitués pour les dépôts et l'approvisionnement entretenu dans les magasins administratifs pour une classe de jeunes soldats.

Toutefois, les effets de grand équipement figurant dans ces deux derniers approvisionnements y ont été maintenus, en raison de l'impossibilité de se procurer lesdits effets à la mobilisation.

De 1891 à 1894, le service de l'habillement, qui n'avait pas été compris dans le programme de 1888, obtint des crédits pour lui permettre de réaliser certaines prévisions éventuelles qui avaient été écartées lors de la fixation du programme de 1888.

Inscrit au programme ministériel de 1894, il n'obtint pas l'intégralité des sommes prévues.

Les crédits ainsi accordés ont été employés à atténuer des manquants dans les approvisionnements de réserve, lesquels provenaient, soit de modifications dans la tenue de campagne (notamment attribution de bretelles de suspension de cartouchières et d'une troisième cartouchière, équipement et habillement des vélocipédistes), soit d'augmentations d'effectifs de certaines unités.

En 1899, on se rendit compte que, dans l'intérêt de la défense nationale, il convenait de reconstituer, dès le temps de paix, les approvisionnements des dépôts actifs et de réserve qui avaient été employés à la constitution d'approvisionnements d'unités nouvelles créées d'après le plan idéal de 1889.

En effet, pour faire entrer ces dépôts en campagne dans un délai rapproché, il est absolument indispensable d'avoir à sa disposition, dès le temps de paix, tous les approvisionnemants permettant de les habiller et de les chausser.

En outre, ce programme comportait la constitution d'effets pour les troupes alpines.

Ce programme fut repris par la Commission de 1900, qui l'introduisit dans le programme général élaboré par elle, après y avoir apporté les modifications suivantes :

Augmentations. — Création de batteries ;
Bataillons de réserve de chasseurs alpins ;
Aménagement des magasins pour loger les approvision-nements ;
Sections de chemins de fer de campagne ;
Augmentations d'effectifs.

Diminutions. — Non-constitution de tentes individuelles pour les troupes de campagne ;

Les crédits peu importants des exercices 1901-1904 n'ont pas permis d'atténuer dans une proportion sensible les déficits existants.

f) SERVICE DE SANTÉ

Le tableau suivant donne la récapitulation, par pro-gramme, des prévisions de dépenses, ainsi que les crédits ouverts et les dépenses faites :

PROGRAMMES.	DOTATIONS ou prévisions des programmes.	CRÉDITS ouverts (compte tenu des reports et annulations).	DÉPENSES faites sur les crédits législatifs.	DÉPENSES sur fonds de concours.
	fr. c.	fr. c.	fr. c.	fr. c.
Programme de 1875.....	19.391.583 99	19.657.903 38	19.391.883 99	»
Programme de 1888.....	4.000.000 »	4.000.000 »	3.913.806 62	»
Prévisions de dépenses en dehors du programme de 1888......	»	200.000 »	199.981 11	»
Programme de 1891.....	8.590.961 »	4.031.800 »	(1)3.934.399 46	87.000 »
Programme de 1900.....	2.335.000 »	1.704.000 »	(2)1.588.468 66	95.000 »
Total..........	34.317.544 99	29.593.703 38	29.027.939 84	132.600 »

(1) Dont 2.759.462 fr. 38 pour améliorations aux hospices civils des départements.
(2) Dont 1.233.968 fr. 35 pour amé iorations aux hospices civils des départements.

La dépense de 29.027.939 fr. 84 a été effectuée en vue de la constitution d'approvisionnements de matériel et de médicaments et en vue des améliorations à apporter aux hospices civils des départements.

Constitution d'approvisionnements. — En 1872, le service de santé ne possédait que quelques approvisionnements incomplets, constitués avec un matériel en assez mauvais état provenant des formations sanitaires disloquées après la guerre de 1870-1871.

La plus grande partie des approvisionnements destinés aux formations sanitaires à créer par suite de la réorganisation générale de l'armée était donc à constituer.

Cette œuvre fut entreprise dès 1872 et fit l'objet de prévisions de dépenses inscrites au programme d'ensemble sanctionné par les décrets de 1876.

On réussit ainsi à constituer les approvisionnements ci-après :

a) Formations sanitaires de l'avant (corps de troupes, ambulances et hôpitaux de campagne) ;

b) Formations sanitaires de l'arrière (hôpitaux d'évacuation, trains sanitaires et stations-magasins) ;

c) Formations sanitaires des places fortes (hôpitaux temporaires et infirmeries de fort).

Ce programme a été complètement terminé en 1891.

L'adoption par le service de santé de l'armée de nouvelles méthodes chirurgicales ayant nécessité le remplacement, dans tous les approvisionnements constitués avant 1889, des anciennes matières de pansement (charpie, compresses et bandes en toile, linge fenêtré, etc.) par des matières antiseptiques, un nouveau programme de dépenses fut préparé dans ce but et approuvé par le Ministre. Ce programme, qui permit d'effectuer à partir de 1889 toutes les substitutions nécessaires dans les formations de 1re ligne, fit partie du programme général arrêté par la loi du 30 décembre 1888.

Un 3e programme portant sur divers travaux de transformation et d'additions de matériel, dus principalement aux progrès de la science, fut approuvé par le Ministre en 1894.

Ce programme comprenait :

a) Constitution de paquets individuels de pansement;

b) Constitution d'approvisionnements de réserve pour corps de troupe, à introduire dans les ambulances des quartiers généraux ;

c) Transformation des ambulances n° 3 ;

d) Création de tentes-fourgons pour ambulances.

e) Remplacement des manches en bois des instruments de chirurgie des formations sanitaires par des manches métalliques.

f) Complément de stations-magasins et constitution de nouveaux appareils de suspension de brancards.

Les crédits accordés sur la dotation de ce programme ont permis, en utilisant au service courant les ressources disponibles à la réserve de guerre, ainsi que les anciennes matières de pansement remplacées dans les unités collectives de mobilisation, d'exécuter partiellement ledit programme qui, par suite de changements de plans de mobilisation et pour diverses causes, a dû être remplacé par un nouveau programme en 1900.

Ce dernier programme, qui fut présenté le 6 août 1900 à la commission présidée par M. le général Hervé et approuvé par elle, comprend toutes les dépenses extraordinaires à engager pour achever de mettre au point les approvisionnements de guerre du service de santé.

En résumé, les quelques approvisionnements sanitaires dont disposait l'armée en 1871 se composaient exclusivement de matériel suranné et impropre à tout service de guerre.

Depuis 1872, le service de santé, au moyen des crédits successivement accordés par le Parlement (comptes de liquidation 1re et 2e parties. — Budget sur ressources extraordinaires, 2e et 3e sections du budget) a porté tous ses efforts sur l'organisation des formations de l'avant et des places fortes à créer, par suite de la réorganisation générale de l'armée.

Les approvisionnements nécessaires à toutes ces formations (corps de troupe, ambulances, hôpitaux de campagne et d'évacuation, trains sanitaires, stations-magasins, hôpitaux temporaires des places fortes et des villes ouvertes, constitution de paquets individuels de pansement, unités collectives destinées aux réapprovisionnements) ont été constitués et sont tenus à la hauteur des nouvelles méthodes chirurgicales et des progrès de la science.

Hôpitaux et hospices civils. — En ce qui concerne les bâtiments du service de santé, le programme unique suivi pour remédier aux très graves inconvénients que présentait le fonctionnement du service, a été tracé par la loi du 7 juillet 1877 et le décret du 1er août 1879. Il n'y a donc pas eu, pour les bâtiments du service de santé, de programmes successifs analogues à ceux qui ont été élaborés pour l'armement, les fortifications, ou l'organisation défensive proprement dite du territoire : le programme tracé par la loi du 7 juillet 1877 a seulement donné lieu, chaque année, à l'établissement d'un ordre d'urgence successif des travaux à entreprendre, au fur et à mesure de l'allocation des crédits spéciaux par les Chambres.

Les principes posés par cette loi sont les suivants : création dans chaque région de corps d'armée et, autant que possible au chef-lieu, d'un établissement hospitalier militaire, dit régional ; suppression de tous les autres hôpitaux militaires (sauf les hôpitaux des gouvernements de Paris et de Lyon et les établissements d'eaux minérales) quand, dans les villes où ils existent, les hospices civils seront en état de recevoir les malades militaires ; organisation de salles militaires spéciales dans les hospices civils des villes de garnison.

La première partie de ce programme (création d'hôpitaux régionaux) a fait l'objet de longues études et a donné lieu à l'établissement de projets ; mais en raison de l'absence de crédits nécessaires (1 million environ par hôpital, soit 12 à 14 millions pour les huit hôpitaux régionaux à créer) il n'a pu être donné suite à aucun projet.

Quant aux hôpitaux non régionaux à supprimer, il a été procédé dans chaque place à une étude très détaillée ; ces suppressions demeurent, en effet, subordonnées à la possibilité d'assurer le service hospitalier des garnisons au moyen des ressources que fournissent les hospices civils ; or, dans plusieurs places, il n'existe pas d'hospice ; dans d'autres, ils sont complètement insuffisants et ne peuvent, par leur situation même, recevoir aucune extension. Enfin, des considérations concernant les besoins du temps de guerre s'opposent absolument à la suppression d'un certain nombre d'hôpitaux militaires situés dans des places voisines des frontières. En résumé, trois hôpitaux militaires ont pu être supprimés par application de la loi du 7 juillet 1877: ceux de Valenciennes, de Nice et de Rocroi.

Les travaux de construction ou d'amélioration des

hôpitaux militaires étant exécutés par le génie, les dépenses qui ont été faites pour cet objet ont été comprises dans les programmes du génie. (Voir ci-dessus page 54.)

Si les longues études faites en vue de la création d'hôpitaux régionaux et de la suppression d'hôpitaux militaires n'ont pu aboutir qu'à la suppression de ces trois hôpitaux, par contre les prescriptions de la loi de 1877 et du décret du 1er août 1879 concernant les hospices mixtes ou militarisés ont été exactement appliquées dans presque toutes les villes de garnison. Les crédits successivement alloués depuis 1881 ont permis d'installer les salles militaires dans de bonnes conditions, et, bien qu'il reste encore quelques améliorations à réaliser dans certains hospices et quelques services à réorganiser, la plupart des salles militaires ne donnent plus lieu à aucune critique sérieuse.

g) REMONTE ET HARNACHEMENT

Le tableau ci-dessous donne la récapitulation, par programme, des prévisions de dépenses ainsi que les crédits ouverts et les dépenses faites :

PROGRAMMES,	DOTATIONS ou prévisions des programmes.	CRÉDITS ouverts (compte tenu des reports et annulations).	DÉPENSES faites sur les crédits législatifs.	DÉPENSES sur fonds de concours.
	francs.	fr. c.	fr. c.	fr. c.
Programme de 1875 (1)..	29.539.000	29.193.527 48	28.838.148 08	»
Programme de 1888.....	195.000	215.000 »	119.076 33	»
Prévisions en dehors du programme de 1888...	»	1.077.000 »	965.037 88	»
Programme de 1894.....	1.520.000	1.337.400 »	1.317.374 52	»
Programme de 1900.....	»	»	»	»
Total..........	31.254.000	31.822.927 48	31.239.636 81	»

(1) Y compris le harnachement de la cavalerie.

En 1873 et pendant les années suivantes, lorsqu'il s'est agi de déterminer l'importance des dépenses à effectuer pour la reconstitution de l'armée, ainsi que pour pourvoir aux besoins de la mobilisation, il a été reconnu que les services du harnachement de la cavalerie et de la remonte générale avaient à faire face aux nécessités suivantes :

1° Harnachement de la cavalerie.

Achat de 25.000 harnachements complets pour porter le nombre des effets existants au chiffre des nécessaires.

Achat de 10.000 harnachements complets, pour le remplacement d'effets anglais achetés pendant la guerre, qui étaient de qualité défectueuse.

2° Remonte générale. Pour l'évaluation des besoins à assurer, on a pris pour base le nombre de chevaux prévu par la loi des cadres et qui s'élevait à 106.000. L'effectif déterminé au budget de 1875 étant de 84.100, il y avait donc lieu de combler un incomplet de 21.900 chevaux. Mais de ce chiffre il convenait de déduire 4.400 chevaux en dépôt chez les éleveurs, il restait donc à acheter 17.500 chevaux.

D'autre part, les dépenses du recensement et du classement des chevaux n'étaient pas prévues au budget de 1874 et de 1875 ; elles ont été comprises dans le programme pour l'exercice 1875.

Ce programme a été définitivement arrêté par le décret du 26 juillet 1876. La dépense totale prévue s'élevait à :

Pour le harnachement...............	6.059.000 fr.
Pour la remonte...................	17.500.000 »
Pour le recensement et le classement..	918.000 »
Total..........	24.477.000 fr.

La loi du 8 août 1881 ayant remonté les capitaines des compagnies d'infanterie, une dépense de 2.000.000 de francs pour 2.000 chevaux à acheter dans ce but fut ajoutée aux prévisions du programme primitif.

(Le chiffre nécessaire pour cette remonte était de 3.000 chevaux ; 1.000 ont été achetés sur le budget ordinaire.)

En 1884, la création de nouvelles unités de mobilisation dans la cavalerie rendit nécessaire la préparation de 3.000 harnachements complets ; l'adoption d'un nouveau paquetage nécessita la transformation des effets existants dans les approvisionnements.

En outre, la confection de 18.011 harnachements complets fut jugée nécessaire en 1888 pour relever les approvisionnements existants dans les corps et les magasins. La dépense fut chiffrée à 3.062.000 francs pour les effets de harnachement, et vint s'ajouter aux prévisions du programme primitif qui s'élevaient à 26.477.000 francs. Ces sommes furent sanctionnées par la loi du 30 juin 1888.

Quelques mois après, la loi du 30 décembre 1888 portant fixation du programme général de 1888 arrêta à 195.000 francs les prévisions de dépenses pour divers accessoires.

En 1892, on reconnut la nécessité de reconstituer le matériel de harnachement de précaution existant dans les magasins administratifs et qui consistait en effets de vieux modèles ; ce qui donna un programme de 15.850 effets à confectionner.

Aucune prévision de dépense n'avait été faite pour cet objet, ni dans le programme de 1888, ni en dehors de ce programme. Néanmoins, en raison de l'urgence, le Parlement accorda les crédits pour la reconstitution du matériel en question.

h) SERVICE GÉOGRAPHIQUE

PROGRAMMES.	DOTATIONS ou prévisions de dépenses.	CRÉDITS ouverts (compte tenu des reports et annulations).	DÉPENSES sur les crédits législatifs.	DÉPENSES sur fonds de concours.
	francs.	fr. c.	fr. c.	fr. c.
Programme de 1875.....	Compris dans la dotation du dépôt de la guerre.	359.932 60	383.773 62	»
Programme de 1888.....	230.000	242.000 »	241.983 90	»
Prévisions en dehors du programme de 1888...	»	»	»	»
Programme de 1894....	»	»	»	»
Programme de 1900.....	»	440.000 »	439.871 95	»
Total.............	»	1.071.932.60	1.065.629 47	»

Avant 1870, aucun approvisionnement de cartes n'était constitué en vue de la mobilisation et la carte au 1/80.000° n'était pas tenue à jour.

Depuis cette époque, cette carte a été soumise à des revisions successives et organisées méthodiquement. En outre, on a établi une deuxième carte de guerre au 1/200.000° en couleurs. La carte d'Algérie et de Tunisie a été mise en œuvre à partir de 1878. Enfin on a constitué pour la première fois, en 1882, des approvisionnements de cartes de mobilisation ; on les a renouvelés une seconde fois avec des cartes d'une exécution plus parfaite, comprenant les différents théâtres d'opérations ainsi que les territoires étrangers limitrophes ; tous les officiers en sont pourvus : ce renouvellement sera terminé incessamment.

i) DÉFENSES DE BIZERTE

PROGRAMMES.	DOTATIONS ou prévisions de dépenses.	CRÉDITS ouverts (compte tenu des reports et annulations).	DÉPENSES sur les crédits législatifs.	DÉPENSES sur fonds de concours.
	francs.	francs.	fr. c.	fr. c.
Programme de 1894.....	»	7.863.000	7.760.424 72	568.261 70
— 1900.....	8.000.000	20.524.700	19.967.001 08	975.039 31
Total..........	8.000.000	28.387.700	27.727.425 80	1.545.301 01

La dépense totale de 27.727.425 fr. 80 se rapporte à l'armement de la place, ainsi qu'aux travaux de fortification. Elle se répartit de la façon suivante entre les deux services de l'artillerie et du génie.

Artillerie : 14.022.161 fr. 44; génie, 13.705.264 fr. 36.

RÉSUMÉ

En résumé, les efforts poursuivis depuis la guerre de 1870 pour reconstituer notre matériel de guerre et nos approvisionnements de réserve, pour donner à nos frontières une force de résistance qui avait à peine été accrue depuis Vauban, ont occasionné une dépense globale de **3 milliards 622 millions**, soit seulement **une moyenne par an** d'un peu plus de **100 millions**.

Les sacrifices faits par le pays depuis trente ans pour sauvegarder son indépendance sont évidemment considérables et la France républicaine, en jetant un regard sur l'œuvre accomplie depuis 1870, peut se glorifier d'avoir su atteindre un degré de puissance militaire inconnu des régimes antérieurs.

Toutefois, on ne doit pas oublier que dans le domaine militaire, comme dans tout autre d'ailleurs, les progrès sont incessants et que, pour maintenir cette puissance acquise au prix de tant d'efforts et de sacrifices, le pays se trouve dans l'obligation impérieuse de perfectionner chaque année son matériel de guerre et ses moyens de défense.

Le Parlement a d'ailleurs compris son devoir, quelles qu'aient été les éventualités de la politique intérieure ; et *jamais* la Chambre n'a refusé d'accorder au Gouvernement les crédits du budget extraordinaire et de la 3ᵉ section actuelle, comme le démontre le tableau ci-dessous que nous avons cru intéressant d'établir depuis l'année qui a suivi le programme de 1888.

Crédits du budget extraordinaire et de la 3ᵉ section actuelle 1889-1904.

ANNÉES. 1	CRÉDITS au PROJET de budget. 2	CRÉDITS soutenus en séance par le Gouvernement. 3	CRÉDITS votés par la Chambre. 4	CRÉDITS votés définitivement. 5	CRÉDITS EXTRAORDINAIRES ou supplémentaires demandés en cours d'exercice. 6	CRÉDITS EXTRAORDINAIRES ou supplémentaires soutenus en séance par le Gouvernement. 7	CRÉDITS EXTRAORDINAIRES ou supplémentaires votés par la Chambre. 8	CRÉDITS EXTRAORDINAIRES ou supplémentaires votés définitivement. 9	TOTAUX des COLONNES 2 et 6. 10	TOTAUX des COLONNES 3 et 7. 11	TOTAUX des COLONNES 4 et 8. 12	TOTAUX des COLONNES 5 et 9. 13	ANNULATIONS prononcées en cours d'exercice sur les crédits législatifs. 13 bis	RESTE en crédits définitifs (Différences entre les colonnes 13 et 13 bis). 13 ter

Si des insuffisances existent, la responsabilité ne saurait donc en incomber aux Chambres.

Peut-être une meilleure gestion des crédits accordés eût-elle permis d'y remédier en partie.

Il est permis, en effet, de constater et de regretter les *annulations* trop fréquentes opérées sur les crédits de la 3ᵉ section; et nous faisons remarquer que, notamment sur les dépenses engagées au 31 décembre 1904, il a été fait pour **1.281.000** francs d'annulation. (*Voir la situation du budget général de l'exercice 1904*, parue en juillet dernier, page 33.)

On prétendrait à tort que le régime des douzièmes provisoires est la cause de cette situation. Comme les Départements ministériels ne sont pas tenus dans leur cahier de proposer le *douzième mathématique*, les Ministres de la guerre devraient ne pas hésiter à y inscrire les sommes correspondant aux besoins permanents de la 3ᵉ section.

Nous croyons intéressant de publier le tableau des crédits de la 3ᵉ section depuis 1870, qui fera constater le montant de ces annulations et l'importance de l'effort accompli par les pouvoirs publics pour améliorer notre situation défensive.

Etat des crédits de la

EXERCICES.	CRÉDITS		TOTAL DES CRÉDITS.	A DÉDUIRE : CRÉDITS REPORTÉS à des exercices ultérieurs ou annulés.	
	LÉGIS-LATIFS primitifs.	ADDITIONNELS ou provenant de reports antérieurs.		Reportés.	Annulés.
1	2	3	4	a	b
	francs.	fr. c.	fr. c.	fr. c.	francs.
1872	45.350.000	»	45.350.000	»	»
1873	66.785.000	»	66.785.000	»	»
1874	162.800.000	»	162.800.000	»	»
1875	245.463.000	61.220.221 »	346.683.223	61.346.511 20	»
1876	352.462.600	91.392.781 01	443.854.781 01	191.632.572 79	»
1877	329.181.848	181.512.101 46	510.694.009 46	361.946.932 52	»
1878	224.680.600	241.555.533 35	465.215.533 35	357.614.217 15	»
1879	187.060.600	242.715.731 83	429.776.235 83	241.171.001 92	»
1880	230.350.000	213.361.521 64	439.710.521 63	280.846.803 61	»
1881	21.000.000	357.900.907 83	370.900.907 83	331.465.903 70	»
1882	81.410.000	89.195.776 73	170.195.774 71	19.617.421 81	»
1884	81.400.000	47.270.286 77	128.670.286 77	5.842.270 22	»
1884	110.000.000	5.842.270 22	115.842.270 22	10.805.224 66	»
1885	87.492.000	131.312 80	88.035.312 80	29.719.390 84	»
1886	73.369.860	30.661.005 76	104.070.865 76	27.880.100 »	»
1887	191.400.000	56.761.851 77	247.761.853 77	72.896.008 87	40.100.000 »
1888	23.000.000	19.721.136 16	215.721.136 16	61.174.005 00	»
1889	138.555.309	70.189.149 41	208.744.460 41	30.896.732 42	»
1890	154.053.000	47.316.566 69	201.369.569 10	43.252.399 43	»
1891	108.460.000	44.538.899 43	152.998.899 43	»	12.579.000 »
1892	66.105.100	29.521.305 57	95.629.695 57	»	11.071.971 »
1893	52.474.000	4.228.410 »	56.702.100 »	»	189.000 »
1894	50.180.288	5.670.000 »	55.710.288 »	»	3.692.000 »
1895	43.889.811	1.905.000 »	45.805.813 »	»	1.061.000 »
1896	35.719.340	248.100 »	35.967.310 »	»	1.190.500 »
1897	21.297.560	31.035.000 »	55.332.700 »	»	940.000 »
1898	21.433.760	69.864.000 »	91.299.760 »	12.172.827 36	893.900 »
1899	24.943.770	92.478.480 30	117.422.230 30	8.270.487 91	80.000 »
1900	26.444.730	69.645.087 91	96.089.737 91	10.833.778 60	20.000 »
1901	60.708.100	11.297.226 00	71.961.378 00	»	2.000.000 »
1902	49.136.475	5.015.000 »	53.161.475 »	»	1.942.000 »
1903	31.003.000	395.100 »	31.438.100 »	»	126.730 »
1904	28.721.000	5.061.200 »	33.781.250 »	»	1.281.000 »
1905	26.917.110	1.412.683 10	28.329.832 10	1.302.836 »	»

RESTE en CRÉDITS NETS.	CRÉDITS SUR FONDS de concours.	TOTAL GÉNÉRAL des crédits.	OBSERVATIONS.
6	7	8	9
fr. c.	fr. c.	fr. c.	
45.350.000	47.000 »	45.397.000 »	
66.785.000	80.691.81 »	66.765.691 84	
101.483.488 80	4.925.705 10	106.409.292 90	
213.575.369 65	22.131.532 94	235.706.902 46	
250.222.208 22	40.659.559 76	290.881.768 »	(1) Y compris les crédits reportés du premier compte de liquidation et les fonds de concours versés à ce compte.
218.716.976 94	31.161.704 49	282.911.681 43	(2) Y compris les crédits reportés au second compte de liquidation jusqu'en 1881 inclus et les fonds de concours versés à ce compte.
208.601.310 20	5.028.555 81	214.529.872 01	
188.605.232 91	2.650.990	191.236.213 »	(3) Y compris les crédits votés et les dépenses faites au titre du compte spécial créé par la loi du 17 février 1888 en vue du perfectionnement du matériel d'armement.
158.861.718 02	953.809 69	159.817.521 71	
149.131.904 33	706.491 95	150.231.486 27	
150.968 3.4 92	688.450 »	151.665.764 92	
122.825.056 55	550.831 »	123.378.787 55	
103.647.046 66	272.400 »	103.949.646 66	(4) Les chiffres pour 1905 ne sont pas encore définitivement connus.
98.976.111 96	1.760.210 »	99.774.321 16	
76.124.963 96	2.416.784 08	78.267.590 64	Nota. — Dans les crédits des deux comptes de liquidation et du budget sur ressources extraordinaires, on n'a indiqué que ceux se rapportant à la reconstitution proprement dite du matériel (fabrications de l'artillerie, travaux du génie et du casernement, subsistances, hôpitaux, remontes et harnachement, habillement et campement, transports généraux de matériel, dépôt de la guerre, indemnités pour armes relintégrées aux arsenaux, secours aux masses et mémoires d'entretien). On a exclu les crédits qui ont été accordés pour d'autres objets au titre des deux comptes et du budget extraordinaire (solde des officiers à la suite, entretien des troupes allemandes d'occupation, recrutement du matériel, masse de secours à la gendarmerie, etc...).
131.894 984 90	1.194.160 »	136.0 9.441 90	
152.149 131 25	1.153.456 65	153.302.180 90	
158.816 676 99	1.626.308 28	170.474.985 27	
158.437.167 07	3.353.784 07	161.480.918 14	
140.019 899 13	2.631.813 65	142.651.717 »	
84.574 831 37	2.449.588 83	86.974.403 40	
56.553.110 »	996.474 47	57.550.578 47	
52.017.288	1.491.325 35	53.508.613 3.	Les chiffres donnés ont été pris dans les lois de règlement du deux comptes (lois des 23 et 24 janvier 1905) et dans les comptes généraux.
44.799.813 »	412.096 41	45.201.879 47	
34.370.840 »	93.163 14	34.465 463 14	
54.392.510 »	962.713 31	55.355.213 31	
81.533.022 61	177.230 93	81.410 253 60	
109.062.742 43	498.025 02	109.560.767 47	
85.233.950 31	1.392.085 70	86.626.013 01	
69.905.378 50	3.084.665 60	72.921.043 1f	
51.130.475 »	3.790.032 43	54.929.507 43	
30.031.770 »	2.966.660 33	33.508.430 37	
31.399.414 »	1.221.879 16	32.421.293 14	
26.329.832 10	»	28.329.832 10	

Il nous semble utile également de mettre sous vos yeux le tableau des dépenses complètes du budget de la guerre depuis 1871, d'après les comptes définitifs.

Dépenses du budget de la guerre depuis 1871
(d'après les comptes définitifs).

EXERCICES.	DÉPENSES ORDINAIRES brutes.	DÉPENSES ORDINAIRES nettes (1).	DÉPENSES EXTRAORDINAIRES (2).	TOTAL DES DÉPENSES nettes ordinaires et des dépenses extra-ordinaires.
	fr. c.	fr. c.	fr. c.	fr. c.
1871.........	883.450.995 62	883.450.995 62	»	883.450.995 62
1872.........	477.578.675 18	449.635.370 81	} 112.258.451 03	1.047.074.348 73
1873.........	485.449.742 02	485.160.52 89		
1874.........	477.191.150 03	477.111.035 01	106.409.292 99	583.524.328 02
1875.........	499.002.864 19	499.002.864 59	235.706.902 06	734.709.766 5
1876.........	525.269.437 24	525.269.437 24	290.881.768 »	816 151.205 24
1877.........	543.954.149 75	543.954.149 75	282.911.681 43	826.865.841 18
1878.........	558.192.520 38	558.192.520 38	214.529.872 01	772.722.392 39
1879.........	540.867.423 56	540.867.423 56	191.256.213 »(3)	742.123.636 56
1880.........	539.694.835 24	539.694.835 24	149.817.524 71(3)	719.512.459 95
1881 (Tunisie)...	627.179.735 98	58 .776.654 94	146.490.326 06(3)	733.276.981 »
1882 id. ..	611.449.243 69	607.222.052 53	111.666.754 92	718.888.807 45
1883 id. ...	617.021.882 61	596.510.328 79	123.378.787 55	719.889.116 34
1884 id. ...	591.731.930 47	582.374.171 52	105.3 9.046 66	687.683.218 18
1885 (Tonkin)...	606.058.884 42	565.593.099 88	59.776.321 96	625.369.421 84
1886 id.	584.200.276 34	555.885.807 31	66.195.388 39	622.081.195 70
1887.........	576.578.849 2.	566.578.879 24	128.818.217 02	695.397.066 26
1888.........	549.527.034 49	549.527.034 49	146.687.542 39	696 214.576 88
1889.........	568.153.850 01	568.153.850 01	163.055.151 19	731.209.001 20
1890.........	585.125.101 59	585.125.101 59	146.189.174 94	731.314.276 53
1891.........	588.705.959 54	588.705.959 54	124.378.867 73	713.084.847 27
1892.........	597.767.954 60	597.767.954 60	85.799.379 14	683.567.333 74
1893.........	596.362.707 57	596.362.707 57	58.298.760 22	654.661.476 79
1894(Madagascar)	608.306.958 88	606.806.958 89	53.557.751 37	660.364.710 26
1895 id.	628.054.670 04	599.502.575 58	44.388.302 93	6 3 890.878 51
1896 id.	659.047.414 40	611.071.170 12	36.081.548 08	647.152.718 60
1897 id.	635.137.398 97	629.712.654 14	55.219.859 45	684.932.473 59
1898 id.	631.370.538 94	631.155.565 49	81.948.231 79(4)	713.103.796 88
1899 id.	625.968.488 20	625.957.483 42	109.062.332 88(4)	735.019.816 30
1900 id.	647.521.530 79	647.206.095 19	86.392.402 48(4)	733.599.100 07
1901 id.	666.734.524 69	666.731.416 16	71.801.986 29(4)	738.533.402 45
1902.........	678.203.187 22	678.203.187 22	54.543.693 79	732.746.881 01
1903.........	675.240.877 13	675.240.877 13	33.455.835 59	708.696.712 72
1904.........	673.921.413 37(5)	673.921.413 37(5)	32.422.293 14(5)	706 343.706 51
1905.........	684.834.489 »(5)	684.834.489 »(5)	28.329.832 10(5)	713.164.321 10

NOTA. — Les chiffres de cet état ont été pris dans les lois de règlement des deux comptes de liquidation (lois des 23 et 24 janvier 1895) et dans les comptes généraux.

Les dépenses accusées comprennent également celles qui ont été effectuées sur les crédits provenant de fonds de concours.

(1) Par dépenses nettes, il faut entendre les dépenses brutes diminuées de celles qui se rapportent aux expéditions de Tunisie (1881-1884), du Tonkin (1885-1886), de Madagascar (1894-1901), et de celles qui, de 1871 à 1874 inclus, ont été faites à titre de secours aux familles des militaires, marins et gardes mobiles en campagne.

(2) Non compris les dépenses occasionnées par l'entretien des troupes allemandes d'occupation en 1872 et 1873.

(3) Y compris les dépenses faites au moyen des sommes reportées du 2e compte de liquidation au budget sur ressources extraordinaires.

(4) Y compris les dépenses faites au titre du compte spécial créé par la loi du 17 février 1898 en vue du perfectionnement du matériel d'armement.

(5) Ces chiffres représentent les crédits votés, le compte n'étant pas encore arrêté pour ces deux années.

ENSEIGNEMENTS
DE LA GUERRE RUSSO-JAPONAISE

Il importe, à l'heure présente, de jeter un coup d'œil rapide sur les enseignements essentiels que peut faire apparaître la dernière guerre russo-japonaise.

Le dépouillement et l'étude des renseignements recueillis par la mission française ne sont pas encore assez avancés pour qu'on puisse en tirer dès maintenant toutes les leçons qu'elle comporte et formuler des conclusions relativement à l'organisation des armées, au commandement et aux procédés tactiques.

Tout ce qu'il est possible de faire actuellement, c'est de signaler quelques observations spéciales à l'armée japonaise et se rapportant, d'une part, à son éducation morale; d'autre part, à l'utilisation au cours de la campagne de certains moyens matériels.

a) *Observations relatives à l'éducation morale du soldat japonais.*

Les succès des Japonais sont principalement dus à la force morale de leurs soldats. La preuve en a été maintes fois fournie au cours des opérations par l'esprit d'offensive des chefs et des troupes, par la fermeté avec laquelle ces dernières ont subi des pertes souvent considérables et par leur endurance à supporter les souffrances cruelles résultant des conditions de la campagne.

Il est donc intéressant de rechercher par quels moyens la force morale de ce peuple s'est développée. Ce résultat semble provenir à la fois des qualités de race du Japonais et de l'éducation spéciale qu'il reçoit à l'école.

Doués d'un orgueil extrême, d'une vanité presque maladive et d'une intelligence vive, les Japonais sont, en outre, d'un naturel discipliné. Ils considèrent le fait de porter les armes comme un honneur.

Ce sont ces dons naturels que le Japon s'est efforcé de mettre en valeur, en donnant au peuple une forte instruction patriotique. Cette mission est avant tout celle du maître d'école; la première idée que celui-ci doit s'efforcer d'inculquer aux enfants, c'est l'amour et le dévouement absolus à la patrie japonaise. Dans toutes les fêtes patriotiques ou militaires, dans toutes les cérémonies funèbres en l'honneur des soldats morts pour la patrie, une place est réservée aux enfants des écoles. Aucune occasion n'est négligée de frapper les jeunes esprits des enfants par des spectacles militaires. On leur inculque que le Japon est la nation privilégiée, le centre de l'univers; qu'elle a reçu la mission de dominer et de régénérer le monde. C'est ainsi que, peu à peu, se forme et s'exalte leur patriotisme et qu'ils se préparent à tous les sacrifices.

L'homme de recrue arrive ainsi au régiment moralement façonné et ayant d'ailleurs reçu également à l'école un entraînement physique sérieux.

La tâche des officiers instructeurs se trouve ainsi considérablement simplifiée. Les rapports entre eux et leurs soldats sont empreints d'une familiarité bienveillante de la part du chef, respectueux de la part du subordonné qui rend la discipline légère.

Tous ces facteurs réunis ont produit une armée véritablement nationale, profondément imprégnée d'esprit patriotique et d'abnégation.

b) *Observations relatives à l'emploi*
de certains moyens matériels.

Si les témoins des événements de la dernière guerre attribuent unanimement les succès des armes japonaises à des causes d'ordre moral, par contre ils n'ont signalé aucune innovation sérieuse en ce qui concerne le matériel.

Il ne faut, du reste, pas perdre de vue que l'armée japonaise a été organisée, armée et instruite sur le modèle des armées européennes et spécialement de l'armée allemande. Son matériel n'offre aucune particularité saillante et les observations auxquelles son emploi a donné lieu ne font que confirmer des opinions déjà reçues.

Cependant, il n'est pas sans intérêt de passer rapidement en revue les quelques points suivants :

1° *Munitions d'infanterie.* — L'approvisionnement en munitions du fantassin japonais, sur le champ de bataille, comprenait au début :

Sur l'homme........	120 cartouches dans les cartouchières.	
—	30 — dans le sac.	
Sur les chevaux de bât de bataillon ...	60 — par homme.	
Aux sections de munitions..........	60 — —	
	270	

Avec le fusil à tir rapide de 6 millimètres et demi dont il est armé, cet approvisionnement a été tout à fait insuffisant. Il a fallu, d'une part, le porter au chiffre de 300 et 350 cartouches par homme ; d'autre part, constituer un échelon de parc avancé sur roues, approvisionné à 150 cartouches par homme et destiné à ravitailler les sections de munitions.

2° *Munitions d'artillerie.* — Un nombre considérable de projectiles a été échangé dans chaque bataille, et ce nombre dépasse toutes les prévisions antérieures.

3° *Outils portatifs.* — L'outil portatif a joué un rôle considérable. Le soldat japonais, bien qu'imbu de l'esprit d'offensive, a dû reconnaître qu'il est indispensable de se couvrir au feu, sous peine de destruction totale et de se fortifier pas à pas sur le terrain conquis. Cette nécessité est telle que, pendant la bataille de Moukden, la terre étant gelée, les Japonais s'étaient munis de sacs et de nattes remplis de terre et les portaient sur la ligne de feu pour suppléer aux tranchées-abris qu'ils ne pouvaient creuser.

Au début de la guerre, l'approvisionnement de la compagnie japonaise en outils portatifs était faible ; mais, dès les premiers engagements, les fantassins s'empressèrent de ramasser les pelles-bêches des Russes : à la fin de la campagne, ils étaient presque tous porteurs d'un outil.

4° *Chargement du fantassin.* — Le fantassin japonais est petit, mais robuste. Habitué à porter des fardeaux, il a pu recevoir un chargement considérable s'élevant en moyenne à 30 kilogrammes. Bien qu'il n'ait pas eu l'occasion, au cours de la guerre, de fournir de longues étapes, le port du havresac a été reconnu incommode et l'on a dû, pour certaines opérations, constituer aux hommes des paquetages de combat composés d'une pièce d'étoffe portée en bandoulière et renfermant quelques rechanges, les vivres et les cartouches.

5° *Habillement.* — Des précautions minutieuses ont été prises pour diminuer la visibilité des troupes. Les hommes, en temps de paix, étaient habillés en bleu foncé ; leurs vêtements ont été, pendant la campagne, soit recouverts avec des cache-poussière en coton khaki, soit remplacés par d'autres en toile ou en drap khaki. Dans le même but, les fourreaux de sabre étaient revêtus d'un étui de cuir ou de ficelle tressée et les insignes de grades étaient aussi peu apparents que possible. Les troupes se confondaient littéralement avec le sol.

6° *Mitrailleuses.* — Les Japonais ont constaté, par les pertes cruelles qu'ils ont subies, notamment devant Liao-Yang, les effets meurtriers des mitrailleuses ; aussi, pendant l'automne de 1904, ont-ils doté leur armée de mitrailleuses Hotchkiss, montées sur affûts à roues et pourvues de boucliers ; à la deuxième armée, il y avait, en moyenne, un groupe de trois de ces engins par régiment.

Ces mitrailleuses n'ont guère pu être employées dans l'offensive, leur affût et leur bouclier les rendant trop visibles ; mais elles ont été d'une grande utilité dans l'occupation des points d'appui, en particulier pour arrêter les retours offensifs de l'adversaire.

7° *Artillerie lourde.* — L'artillerie lourde a été utilisée en rase campagne par les Japonais. En outre des obusiers de 95 ᵐ/ᵐ montés sur plates-formes à roulettes et portés sur des haquets, qui n'ont pas donné de bons résultats, ils ont employé des obusiers de 120 et 150, système Krupp, des canons longs de 105 et des obusiers de 150 pris aux Russes, et même des mortiers de côte de 280.

A la bataille de Moukden, en particulier, la 2ᵉ armée disposait d'une brigade de 12 batteries lourdes.

8° *Matériel de télégraphie.* — Le large emploi des communications électriques, pendant toute la durée de la bataille, par le commandement japonais, est une des caractéristiques de la campagne.

Le commandant d'une armée était toujours relié télégraphiquement avec le grand quartier général, les armées voisines et chacune des divisions sous ses ordres. De son côté chaque général de division était relié de même avec les divisions voisines et, souvent, avec ses deux brigades.

Des appareils très portatifs, à la fois télégraphiques et téléphoniques, se prêtaient à des installations rapides.

9° *Compagnies de brancardiers.* Les compagnies spéciales de brancardiers (2 compagnies par division), chargées de relever les blessés sur le champ de bataille, ont rendu les plus grands services.

10° *Boucliers.* — Le génie japonais, ayant fait des pertes cruelles, en cherchant à détruire sous le feu de l'ennemi les défenses accessoires, a été doté de boucliers portatifs en acier pour la protection des travailleurs.

La destruction des réseaux de fil de fer nécessite l'emploi de bons ciseaux spéciaux; les cisailles insuffisantes des sapeurs japonais durent être remplacées par un meilleur modèle.

11° *Cuisines roulantes.* — Les services rendus par les cuisines roulantes, destinées à fournir des repas chauds aux hommes jusque sur le champ de bataille, ont été fort appréciables.

Ainsi que nous l'avons dit, nous nous sommes borné à un simple exposé de constatations. Il ne paraît pas possible d'aller plus loin actuellement et de formuler des conclusions définitives.

Il convient, d'ailleurs, de remarquer que les différents points visés ont fait l'objet, dans toutes les armées, d'études approfondies.

C'est ainsi qu'en France on s'est depuis longtemps préoccupé d'alléger la charge du fantassin. Le système du paquetage de combat a déjà été expérimenté; en outre, l'instruction relative à l'emploi des voitures de compagnie indique un procédé pratique pour décharger l'homme de tout ce qui ne lui est pas indispensable au combat ; enfin, la question d'un modèle de sac allégé est sur le point d'être résolue par le comité technique de l'infanterie.

A cette question se rattache celle du nombre de cartouches que l'homme est susceptible de porter et celle concernant la proportion des outils portatifs d'infanterie, dont l'importance sera d'ailleurs prochainement augmentée.

De même, des études sont en cours pour doter l'armée française d'uniformes moins visibles.

Quant au développement du service télégraphique, la loi du 24 juin 1900 sur l'organisation du bataillon de sapeurs télégraphistes a donné à nos armées le moyen d'assurer dans la limite reconnue nécessaire les liaisons télégraphiques et téléphoniques, en marche, au stationnement et au combat.

Enfin, toutes les armées se sont préoccupées de l'utilisation de l'artillerie lourde dans les opérations de campagne; elles ont constitué le matériel nécessaire ou sont sur le point de le faire.

COMPARAISON DES DÉPENSES MILITAIRES

ET DES EFFECTIFS EN FRANCE ET EN ALLEMAGNE

Une semblable étude ne serait pas complète, si nous ne comparions maintenant l'effort de la France avec l'effort de l'Allemagne.

Tout d'abord, publions le tableau comparatif des dépenses du budget de la guerre des six grandes puissances européennes.

Tableau comparatif des dépenses du budget de la guerre des six grandes puissances européennes.

ANNÉES.	FRANCE.	ANGLE- TERRE.	ALLEMA- GNE.	AUTRICHE- HONGRIE.	ITALIE.	RUSSIE.
	francs.	francs.	francs.	francs.	francs.	francs.
1894....	633.653.091	»	772.206.625	»	»	735.924.853
1895....	637.774.820	462.000.000	703.396.000	347.938.534	352.412.348	721.288.982
1896....	633.757.006	454.000.000	707.292.250	356.333.928	275.929.519	767.468.437
1897....	622.551.397	488.000.000	738.716.375	366.353.538	266.756.789	756.450.886
1898....	639.987.987	502.000.000	760.252.625	373.729.580	246.647.646	768.874.702
1899....	649.496.036	1.077.000.000	803.125.662	380.557.449	240.882.296	861.284.848
1900....	659.237.500	2.288.000.000	831.948.134	389.283.364	247.449.417	862.754.204
1901....	720.034.666	2.317.000.000	842.079.457	394.552.517	252.567.894	861.906.056
1902....	715.482.368	1.721.000.000	817.158.500	405.383.026	244.404.153	858.218.398
1903....	687.803.242	924.000.000	810.468.608	414.703.891	249.931.000	877.597.323
1904... .	676.329.916	721.000.000	807.684.488	416.626.350	239.881.000	959.616.524
1905....	684.834.489	745.325.000	881.439.608	418.226.572	286.050.000	976.365.946

L'étude suivante nous permettra de comparer de près les budgets de la guerre français et allemand.

Allemagne.

Le projet de budget pour 1905 s'élevait à 885.004.741 francs. Il a été réduit par le Reichstag à 881.489.608 francs, savoir :

Budget ordinaire.............. 744.929.244 francs.
Budget extraordinaire .... 136.560.364 —

Les crédits votés présentent, dans leur ensemble, par rapport à ceux de la loi de finances de 1904, une augmentation de 73.800.000 francs résultant, en majeure partie, de la mise en vigueur en 1905 de la loi instituant définitivement le service de deux ans dans les armes à pied, ainsi que des premières mesures d'application de la nouvelle loi militaire.

Une part importante des dépenses accidentelles résultant du nouveau quinquennat (casernements destinés aux formations nouvelles, armements, remonte, etc.) pèse en effet sur l'exercice 1905.

Le précédent quinquennat entré en vigueur le 1er avril 1899, prorogé d'un an en 1904, expirait le 1er avril 1905.

L'effectif des hommes de troupe, non compris les sous-officiers, doit progressivement passer de 495.500 à 505.839 avant le 31 mars 1910, soit une augmentation de 10.339 gefreite et soldats.

Pour l'exercice en cours, la première étape est marquée par la création de :

2 bataillons d'infanterie;
7 escadrons de cavalerie;
1 compagnie d'artillerie;
1 groupe d'attelages;
1 compagnie d'expériences (génie),

soit une augmentation de 2.076 soldats avec une augmentation correspondante d'officiers et fonctionnaires, puis de sous-officiers.

On remarque en même temps que l'Allemagne tend à

réduire encore ses incomplets : la pléthore de ses contingents lui permet de les abaisser de 3,4 0/0 à 0,1 0/0.

France.

En France, le projet de budget des dépenses du Ministère de la guerre s'élevait pour

1905 à...................... 623.326.072 fr. (1re section)

plus...................... 27.367.150 fr. (3e section).

A la suite des modifications subies par ce projet, le budget a été, par la loi de finances du 22 avril 1905, arrêté aux chiffres de................ 629.289.545 fr. (1re section).

et........................ 26.917.150 fr. (3e section).

Les incomplets dans les effectifs des armes sont prévus à raison de 9,5 0/0.

Composition des différentes armes en Allemagne et en France au 1ᵉʳ octobre 1905.

ALLEMAGNE.	FRANCE.
Infanterie. 216 régiments (177 à 3 bataillons, 39 à 2 bataillons). 18 bataillons de chasseurs. 16 détachements de mitrailleuses.	*Infanterie.* 163 régiments à 4 bataillons moins 272 compagnies. 30 bataillons de chasseurs à 6 compagnies. 4 régiments de zouaves à 5 bataillons de 4 compagnies plus 2 compagnies de dépôt. 4 régiments de tirailleurs algériens à 6 bataillons de 4 compagnies plus 1 compagnie de dépôt. 2 régiments étrangers à 4 bataillons de 4 compagnies plus 2 compagnies de dépôt. 5 bataillons d'infanterie légère d'Afrique à 6 compagnies. 4 compagnies de fusiliers de discipline.
Cavalerie. 97 régiments à 5 escadrons. 4 escadrons de chasseurs à cheval.	*Cavalerie.* 79 régiments à l'intérieur; 6 régiments de chasseurs d'Afrique; 4 régiments de spahis, tous à 5 escadrons dont un de dépôt incomplet; 8 compagnies de cavaliers de remonte.
Artillerie de campagne. 94 régiments et un régiment d'instruction formant un total de 583 batteries dont 42 à cheval et 63 batteries d'obusiers. *Artillerie à pied.* 18 régiments formant 38 bataillons, 1 compagnie d'expériences, et 10 groupes d'attelages.	*Artillerie.* 40 régiments de campagne. 18 bataillons d'artillerie à pied. 10 compagnies d'ouvriers et 3 d'artificiers.
Génie et troupes de communication. 26 bataillons de pionniers; 3 régiments et 1 bataillon de chemins de fer. 3 bataillons et 1 compagnie de télégraphistes. 1 bataillon et 1 section d'aérostiers. 1 compagnie d'expériences.	*Génie.* 6 régiments de sapeurs-mineurs. 1 régiment de chemins de fer, 1 bataillon de télégraphistes.
Train. 23 bataillons et 7 groupes d'attelages. *Districts de recrutement.* 295.	*Train.* 20 escadrons et 12 compagnies mixtes. *Troupes d'administration.* 21 sections de secrétaires (État-major. — Recrutement). 25 sections de commis et ouvriers d'administration. 25 sections d'infirmiers.

Effectifs budgétaires des officiers assimilés et personnels assimilables en 1905.

ALLEMAGNE.						FRANCE.	
DÉSIGNATION DES ARMES.	Officiers.	Payeurs.	Médecins.	Vétérinaires.	Total.	DÉSIGNATION DES ARMES.	Officiers et assimilés.
Infanterie	12.563	639	1.269	1	14.472	Infanterie	12.771
Cavalerie	2.471	39	215	327	3.112		
Artillerie de campagne.........	3.062	202	307	285	3.856	Cavalerie	3.571
Artillerie à pied..	970	39	64	»	1.073	Artillerie	3.172
Pionniers et troupes de communication	855	41	74	»	970	Génie	541
Train...........	342	23	28	23	416	Train	391
Recrutement.....	864	2	21	»	887		
Formations spéciales........	574	12	37	19	642	Troupes d'administration....	129
Officiers non enrégimentés.....	2.821	1	204	28	3.054	Etats-majors. — Services divers. — Écoles. Établissements.......	(1) 7.769
Totaux....	24.522	1.058	2.219	683	28.482		
Fonctionnaires et employés militaires correspondant aux personnels administratifs assimilés en France aux officiers et totalisés avec eux au budget français.	Intendance. Pharmaciens. Justice militaire. Écoles. Services administratifs. Services de l'artillerie et du génie, etc..				4.627	Total......	28.344
						(1) Défalcation faite des officiers généraux du cadre de réserve.	
Total des officiers et assimilables.....					33.109		

Effectifs budgétaires des hommes de troupe en 1905.

DÉSIGNATION DES ARMES.	ALLEMAGNE.					FRANCE.	
	Sous-offi-ciers.	Soldats.	Armuriers et selliers	Volontaires d'un an.	Totaux	DÉSIGNATION DES ARMES.	Sous-offi-ciers, capo-raux et soldats.
Infanterie	45.976	335.453	641	6.542	388.612	Infanterie..	352.081
Cavalerie	9.858	58.083	194	1.234	69369.		
Artillerie de campagne	11.909	53.278	202	1.192	} 92.144	Cavalerie..	64.172
Artillerie à pied..	4.029	21.038	39	457			
Pionniers et troupes de communication	3.373	18.502	40	425	22.340	Artillerie..	72.456
Train	1.750	5.994	»	150	7.894		
Recrutement	3.209	2.818	»	»		Génie	14.209
Formations spéciales	1.498	2.408	1	»	} 10.916		
Services non enrégimentés	980	2	»	»		Train	9.863
Totaux	82.542	497.576	1.117	10.000	591.285	Troupes d'adminis-tration	14.419

Personnels subalternes dont les fonctions sont remplies en France par des sous-officiers et soldats, et qui, en Allemagne, ne sont mentionnés qu'aux chapitres du budget concernant leurs services respectifs (Intendance. Justice militaire. Services de l'artillerie, du génie, de santé, écoles et établissements)............ 2.792

Services en dehors des corps de troupe.... 4.195

Total général............ 594.077   Total.... 531.395

Effectif des chevaux en 1905.

	ALLEMAGNE.	FRANCE.
Chevaux d'officiers	19.732	21.744
Chevaux de troupe	107.747	107.767
Chevaux de corvée (Krümper) nourris sur les économies de fourrages	3.918	»
Totaux	131.397	129.511

Non compris les 1.500 chevaux environ des volontaires d'un an, dont la nourriture est à la charge des détenteurs; ce qui porte en réalité le nombre des chevaux en service dans l'armée allemande à 132.800 environ.

ALLEMAGNE.			FRANCE.		
Officiers.	Hommes.	Chevaux.	Officiers.	Hommes.	Chevaux.
Récapitulation des effectifs budgétaires en 1905.					
33.109	594.077	132.800	28.344	531.395	120.511
Effectifs nets correspondants.					
32.719	593.483		27.616	481.200	»

On peut récapituler la progression des effectifs, ainsi que celle des chiffres des budgets ordinaires depuis 1875, dans les tableaux ci-dessous :

1° Progression des effectifs.

	EFFECTIFS BUDGÉTAIRES.				EFFECTIFS NETS.			
	ALLEMAGNE.		FRANCE.		ALLEMAGNE.		FRANCE.	
	Officiers	Troupe.	Officiers	Troupe	Officiers	Troupe.	Officiers	Troupe.
1875......	21.744	402.311	23.532	386.470	21.488	372.187	23.326	361.590
1881......	23.218	428.023	23.604	459.419	22.945	395.922	23.441	414.325
1888......	25.520	469.305	26.086	485.392	25.512	425.053	25.251	420.041
1892......	27.727	487.931	27.237	486.376	27.355	457.312	25.872	453.956
1894......	27.955	558.255	27.821	503.688	27.626	538.826	26.777	475.399
1898......	31.212	558.541	28.006	564.509	30.844	538.789	27.031	514.723
1900......	32.180	572.806	28.644	532.495	31.801	552.739	27.906	489.175
1902......	32.722	577.589	28.507	526.253	32.337	557.364	27.773	484.384
1904......	32.807	578.679	28.462	538.997	32.464	558.327	27.723	478.443
1905......	33.109	581.285 (1)	28.344	531.395	32.719	580.704 (1)	27.616	481.200

(1) Les effectifs allemands présentés comme nets doivent, pour comparaison avec la France, être majorés de l'effectif des volontaires d'un an, et de celui des employés militaires subalternes. Exemple pour 1905 : Effectif budgétaire 581.285+10.000+2 792=594.077. Effectif net : 580.704+10.000+2.779=593.483. Chiffres qui se retrouvent aux deux pages précédentes.

Progression des budgets de la guerre.

	ALLEMAGNE.		FRANCE.	
	Budgets ordinaires.	Budgets extraordinaires.	Budgets ordinaires.	Budgets extraordinaires.
	francs.	francs.	francs.	francs.
1875..........	389.243.216	152.500.000	499.002.864	427.314.614
1881..........	427.738.731	79.949.000	627.570.735	145.603.834
1888..........	453.674.078	234.495.319	549.527.034	145.534.087
1892..........	544.611.750	176.166.125	597.767.954	83.380.085
1894..........	602.772.250	169.434.375	606.806.958	52.006.426
1898..........	630.865.625	120.387.000	631.370.530	27.943.829
1900..........	676.869.579	155.078.555	647.221.530	25.889.510
1902..........	710.592.050	106.566.470	638.440.070	49.136.475
1904..........	722.662.741	85.021.747	619.031.102	28.720.000
1905..........	744.029.244	136.560.364	629.289.545	26.917.180

Comparaison des dépenses des budgets ordinaires pour 1905.

BUDGET ALLEMAND.		BUDGET FRANÇAIS.	
DÉSIGNATION DES DÉPENSES.	MONTANT DES dépenses.	DÉSIGNATION DES DÉPENSES.	MONTANT DES dépenses.
Pour comparer les dépenses des budgets ordinaires en France et en Allemagne, il faut faire subir à l'un et à l'autre budget les additions ou déductions exposées et expliquées ci-après :		Les chapitres ou articles ci-après n'ont aucun équivalent dans l'organisation allemande ou, tout au moins, dans les dépenses du budget de la guerre allemand. Ils doivent donc être écartés de la comparaison, soit à déduire :	
		1° Chap. 2, art 1er. — Affaires indigènes et interprètes..........	637.893
A) à déduire :		2° Chap. 21. — Subvention aux territoires du sud de l'Algérie......	4.237.178
1° Les dépenses afférentes à l'aumônerie militaire. (Ce service n'existe plus dans l'armée française.).......	1.491.658	3° Chap. 22. — Gendarmerie départementale................ Chap. 23. — Garde républicaine.... Chap. 57. — Gendarmerie de Tunisie.	38.681.926 4.711.020 325.722
2° La subvention à la caisse des veuves. (Dépense qui, en France, incomberait au budget des pensions.).....	4.700.000	4° Chap. 24. — Solde des officiers de cadres de réserve, etc...... 5° Chap. 38 et 39. — Poudres et salpêtres.	5.014.721
3° Les traitements pour décorations.(Dépense qui, en France, est à la charge du budget spécial de la Légion d'honneur.)	183.781	Les poudrières militaires allemandes sont, comme celle du Bouchet en France, des établissements techniques de l'artillerie.	6.828.640
		6° Chap. 52 et 53. — Dépenses des Invalides. (Ces dépenses font en Allemagne l'objet d'un budget spécial.).	183.846
Total à déduire.....	6.375.439	7° Chap. 54 et 55. — Secours. — Allocations après 14 ans de service..	6.866.360
B) à ajouter :		8° Chap. 13. — Écoles militaires. — De ce chapitre il y a lieu de retrancher les dépenses qui, à l'École polytechnique, sont afférentes aux élèves non destinés à l'armée....	450.000
1° Le supplément de solde alloué aux troupes stationnées en Alsace-Lorraine.(Dépense inscrite au budget extraordinaire et reproduite chaque année depuis 31 ans,)..........	670.356	9° Chap. 44. — Fourrages. — Le montant du chapitre afférent aux fourrages de la gendarmerie doit être défalqué du total dudit chapitre, soit, en y comprenant la masse des fourrages.............	5.900.000
2° Le montant du budget spécial du tribunal militaire de l'Empire........	962.636	Il y a donc à écarter de la comparaison, ce qui réduit le total des sommes comparables au budget allemand à.	68.867.306 560.422.239
3° La subvention au service géographique fournie par l'État prussien..........	1.000.000	Du budget ainsi réduit par des déductions apportées à des chapitres déterminés, on doit encore défalquer des dépenses qui pèsent sur la plupart des chapitres sans avoir aucune corrélation en Allemagne, savoir : Dépenses résultant de l'occupation de l'Algérie et de la Tunisie................	
4° Les recettes provenant de l'exploitation des dépôts de remonte............	2.473.235		7.340.720
5° Les recettes intérieures des écoles de cadets....... (Les sommes mentionnées sous les n° 3, 4, 5 sont portées en atténuation de dépenses au budget.)	1.216.445	10° Retenue de 5 0/0 sur la solde des officiers et des fonctionnaires civils. Soit ensemble............	6.350.000 13.690.720
Total à ajouter.......	6.322.672	Le budget français doit donc, pour être comparé au budget allemand, être ramené à : 629.289.545 — 68.867.306 — 13.690.720 =	346.731.519
Report des sommes à déduire..............	6.375.439	et le budget allemand rendu comparable au budget français devient :	
Soit à déduire du budget allemand..............	52.867	744.929.244 — 52.867 =	744.876.377

Dans ces conditions, le tableau de comparaison des budgets ordinaires, des effectifs nets et de la dépense moyenne par homme et par unité, se constitue pour 1905, par les données suivantes :

EXERCICE.	DÉPENSES EFFECTIVES.	SOMMES à ajouter ou à déduire.	DÉPENSES COM- PARABLES.	EFFECTIFS ENTRETENUS NETS.		TOTAL des COLONNES 5 et 6.	DÉPENSE MOYENNE par homme, par unité de troupe.	
				Hommes	Chevaux		Hommes	Chevaux
1	2	3	4	5	6	7	8	9
	francs.	francs.	francs.				fr.	fr.
Allemagne.								
1905.	744.919.244	62.867	744.876.377	593.483	131.397	724.880	1.255	1.026
France.								
1905.	629.289.545	82.558.026	546.731.519	481.200	129.511	610.711	1.136	895

La progression depuis 1875 du prix de revient de l'homme et de l'unité en France et en Allemagne, traduite d'ailleurs par les courbes ci-après, devient ainsi jusqu'en 1905.

	ALLEMAGNE. DÉPENSE MOYENNE		FRANCE. DÉPENSE MOYENNE.	
	par homme.	par unité.	par homme.	par unité.
	francs.	francs.	francs.	francs.
1875...............................	1.051	875	1.242	985
1881...............................	1.087	866	1.242	981
1888...............................	1.074	862	1.121	874
1892...............................	1.193	955	1.162	902
1894...............................	1.121	918	1.123	882
1898...............................	1.189	972	1.082	862
1900...............................	1.226	990	1.128	890
1902...............................	1.275	1.034	1.152	906
1904...............................	1.205	1.050	1.143	854
1905...............................	1.255	1.026	1.136	895

La décroissance notable du prix de revient en Allemagne pour 1905 ne doit pas être considérée comme absolument problématique. A la suite d'échange de vues entre l'état-major de l'armée et la direction du contrôle, il a été reconnu logique d'introduire dans la comparaison deux modifications nouvelles du côté allemand, savoir :

1° Compter les 10.000 volontaires d'un an et les 2.750 employés subalternes dans l'effectif réellement entretenu et présent ;

2° Déduire du budget allemand le chapitre aumônerie militaire ; soit par rapport aux données afférentes aux exercices précédents une addition de 12.750 hommes à l'effectif et une soustraction de 1.491.658 francs à la dépense.

A titre d'indication permettant de relier la dépense moyenne calculée en 1905 à la progression antérieurement établie, on peut présenter ci-dessous les résultats que donne pour 1905 le calcul effectué d'après les éléments identiques à ceux des calculs concernant l'exercice précédent.

	DÉPENSE COMPARABLE au budget français.	EFFECTIF NET		TOTAL des COLONNES 5 et 6.	DÉPENSE MOYENNE	
		HOMMES.	CHEVAUX.		par homme.	par unité.
	francs.				francs.	francs.
Allemagne 1905.	716.368.035	580.704	131.397	712.101	1.285	1.048

Décomposition du budget allemand d'après la contexture du budget français.

La contexture du budget allemand différant essentiellement de celle du budget français a rendu nécessaire pour la comparaison la décomposition des éléments de chaque chapitre, puis une classification de ces éléments correspondant autant que possible aux chapitres français. Toutefois, comme le libellé de certaines rubriques allemandes exclut la possibilité de les décomposer, c'est sur les chapitres français correspondants que l'on a dû opérer quelques transpositions, de manière à constituer des groupes comparables. Les modifications ainsi effectuées sont expliquées en leur place dans le développement des chapitres ci-après.

Deux chapitres attirent spécialement l'attention en raison de l'écart que l'on constate chaque année entre les crédits allemands et les crédits français destinés à un service qui, *a priori*, semble le même : ce sont les chapitres allemands 37 et 38, correspondant aux chapitres 33, 34 et 35 du budget français (*Etablissements de l'artillerie*).

EXEMPLES.	FRANCE.	ALLEMAGNE
	francs.	francs.
1898	19.320.605	45.433.6^6
1900	22.631.140	55.624.855
1902	25.075.635	60.366 828
1904	25.152.063	75.906.298
1905	28.028.304	69.251.525

La dépense allemande ne doit évidemment pas comprendre seulement les crédits que détaillent les rubriques des chapitres français précités. La distinction entre les dépenses dites permanentes et celles dites « pour une fois » n'étant pas aussi rigoureuse en Allemagne qu'en France, on peut admettre que le chapitre 37 allemand supporte concurremment avec le budget extraordinaire des dépenses de fabrication d'armes et de munitions correspondant à celles que nous trouvons à la 3° section de notre budget (chapitres 81 à 88) pour un total de 10.228.000 francs.

Au budget extraordinaire allemand (chapitres 5 et 3) est porté en 1905 un crédit de 64.324.514 francs pour les services du matériel de l'artillerie.

La comparaison entre les dépenses ne présente donc un intérêt réel que si l'on groupe en deux blocs les dépenses pour matériel d'artillerie inscrites aux deux budgets, sans tenir compte de leur classement dans telle ou telle section.

On obtient ainsi pour 1905 :

	FRANCE.	ALLEMAGNE
	francs.	francs.
Aux budgets ordinaires..........................	28.028.364	69.251.525
Aux budgets extraordinaires	10.228.000	64.324.514
Soit comme totaux	38.256.364	133.576.039

La dépense allemande était, jusqu'à présent, *triple* de la dépense française ; exemple en 1904 :

France...................... 38.256.364 fr.
Allemagne .... 99.195.998 »

Elle atteint presque le *quadruple* en 1905 en raison de la décision prise d'activer la réfection du matériel de l'artillerie allemande.

ALLEMAGNE.		FRANCE.	
DÉSIGNATION DES SERVICES.	MONTANT des crédits.	DÉSIGNATION DES SERVICES.	MONTANT des crédits.
	francs.		francs.

Chapitre 1er. — *Traitement du Ministre et Etat-major de l'armée.*

ALLEMAGNE		FRANCE	
Traitement des quatre Ministres de la Guerre..	138.750	Traitement du ministre.......................	60.000
Grand Etat-major. — Solde....................	1.307.733	Etat-major de l'armée.......................	690.140
Indemnité de logement	504.727		
— de monture...	130.912		
Corps des Feldjäger (courriers de cabinet)	32.952		
Crédit afférent à l'étude des langues vivantes...	120.519		
Total..................	2.236.593	Total..................	750.140

Chapitre 2. — *Administration centrale (Personnel).*

ALLEMAGNE		FRANCE	
Solde ou traitement des personnels militaire et civil................................	4.083.419		
Indemnités de logement, de monture et de bureau...................................	501.343		
Total..................	4.584.762	Total..................	2.971.940

Chapitre 3. — *Administration centrale (Matériel).*

ALLEMAGNE		FRANCE	
Dépenses de matériel et de bureau.............	353.564		265.420

Chapitres 4 et 5. — *Frais généraux d'impressions — Bibliothèques et Musée.*

ALLEMAGNE		FRANCE	
Dépenses de publications ou achats d'ouvrages..	757.431		690.530

Chapitre 6. — *Etat-major général et service d'Etat-major.*

ALLEMAGNE		FRANCE	
Solde des officiers généraux..................	6.273.173	Etat-major général......................	6.506.370
— d'État-major...............	3.971.231	Service d'Etat-major.......................	5.011.782
Indemnités de logement......................	2.284.281		
— de monture...............	311.784		
Total..................	12.840.469	Total..................	11.518.152

Chapitres 7 et 9. — *Services du Contrôle et de l'Intendance.*

ALLEMAGNE		FRANCE	
Service des caisses militaires..................	709.437	Contrôle................................. ...	748.687
— de l'intendance..................	4.663.947	Intendance..................................	2.174.724
— des subsistances.................	1.879.500		1.722.342
— de l'habillement.................	939.062	Subsistances...............................	1.344.614
— de l'administration de garnison........	5.393.269	Habillement et campement...................	369.680
Indemnités diverses..........................	464.360	Indemnités.— Stages, etc....................	909.483
— de logement......................	1.975.125		
Total..................	16.024.700	Total..................	7.269.530

Chapitre 8. — *Etats-majors particuliers de l'artillerie et du génie.*

ALLEMAGNE		FRANCE	
Personnel du service de l'artillerie.............	7.144.611	Etat-major particulier de l'artillerie...........	7.136.417
— — du génie.............	4.654.516	— — du génie..........	4.611.026
Indemnités de logement......................	2.663.800		
— de monture...............	50.821		
Total..................	14.507.748	Total......	11.747.443

ALLEMAGNE.		FRANCE.	
DÉSIGNATION DES SERVICES.	MONTANT des crédits.	DÉSIGNATION DES SERVICES.	MONTANT des crédits.
	francs.		francs.

Chapitre 10. — Service de santé.

ALLEMAGNE		FRANCE	
Médecins en dehors des troupes...............	1.104.562	Service de santé. — Médecins...................	2.008.840
Indemnités de monture.....................	2.700	— — Pharmaciens...............	493.223
Pharmaciens et officiers d'administration......	1.017.026	Officiers d'administration......................	1.068.402
Indemnités de logement (officiers et pharmaciens).....................	375.000	Indemnités diverses, etc......................	383.987
TOTAL..................	2.499.288	TOTAL..................	3.954.452

Chapitre 11. — Service du recrutement, de la justice militaire et services divers.

ALLEMAGNE		FRANCE	
Recrutement. — Soldes et indemnités spéciales..	1.572.492	Recrutement...............................	1.434.956
Vétérinaires et remontes......................	628.878	Vétérinaires et remontes............,........	776.949
Justice militaire............................	2.794.747	Justice militaire............................	996.781
Indemnités de logement.....................	1.887.363	(Défalcation est faite de l'art. 1er (637.893 fr.).	
— pour secours et assurances.........	56.104	(Affaires indigènes.— Interprètes militaires).	
TOTAL..................	6.939.584	TOTAL (défalcation faite de l'art. 1er).......	3.208.656

Chapitre 12. — Ecoles militaires (Personnel).

ALLEMAGNE		FRANCE	
Traitement du personnel (cadres et personnel civil)..............................	7.645.184	Solde, traitements, abonnements et indemnités..	8.904.251
Indemnités de logement, secours et assurances..	1.408.834		
— de monture.......................	517.626		
TOTAL..................	9.571.644	TOTAL..................	8.904.251

Chapitre 13. — Ecoles militaires (Matériel).

ALLEMAGNE		FRANCE	
Dépenses de matériel et d'entretien...........	4.413.993	Ecoles militaires (matériel)...................	1.592.359
Recettes des écoles de cadets........	1.216.445	Masse d'habillement des écoles (défalcation du chap. 47 et de la somme de 450.000 francs	511.157
		Ecole polytechnique).......................	
TOTAL..................	5.630.438	TOTAL..................	2.103.516

Chapitre 14. — Solde de l'infanterie.

ALLEMAGNE		FRANCE	
Officiers.		*Officiers.*	
Soldes et supplément de fonctions.............	36.981.705	Solde et indemnité de monture...............	48.231.878
Indemnité de table.........................	787.882		
— de logement.......................	24.460.566	TOTAL (officiers)..........	48.231.878
— de monture.......................	1.060.478		
TOTAL (officiers)..........	63.290.631	*Troupe.*	
Troupe.		Solde..	18.563.506
Solde proprement dite et suppléments.........	57.175.073	Indemnités et abonnements...................	22.133.723
Allocations globales.		TOTAL du chapitre 14.....	88.929.107
A) (Concernant les officiers). — Convocations. — Stages et indemnités......................	2 693.218		
B) (Concernant la troupe). — Convocations. — Indemnités, gratifications, masse des écoles, etc.................................	5.113.544	A déduire : la masse de chauffage reportée au chapitre 45.................................	4.207.025
C) (Primes de rengagements)..................	4.538.312		
TOTAL..................	132.810.778	Reste à comparer...............	84.632.082

ALLEMAGNE.		FRANCE.	
DÉSIGNATION DES SERVICES.	MONTANT des crédits.	DÉSIGNATION DES SERVICES.	MONTANT des crédits.
	francs.		francs.

Chapitre 15. — *Solde de la Cavalerie.*

ALLEMAGNE.		FRANCE.	
Officiers.		*Officiers.*	
Solde et suppléments de fonctions.............	7.793.708	Solde et indemnité de monture.................	13.580.925
Indemnité de table...........................	162.960		
— de logement...................... ..	3.692.715	TOTAL (officiers)..........	13.580.925
— de monture.......................	517.248		
TOTAL (officiers)..........	12.166.634	*Troupe.*	
Troupe.		Solde et suppléments.........................	4.025.309
Solde et suppléments.........................	12.667.677		
		Indemnités et abonnements...................	4.669.022
Allocations globales.		TOTAL du chapitre 15.....	22.275.256
A) (Concernant les officiers), comme pour l'infanterie.............................	537.894		
B) (Concernant la troupe), comme pour l'infanterie.............................	913.939	A déduire: la masse de chauffage reportée au chapitre 45 (826.074 fr.) et la masse de harnachement (79.973 fr.) reportée au chapitre 48...	906.047
C) (Primes de rengagement), comme pour l'infanterie.............................	811.412		
TOTAL...............	27.097.575	Reste à comparer...........	21.369.209

Chapitre 16. — *Solde de l'artillerie.*

ALLEMAGNE.		FRANCE.	
Officiers.		*Officiers.*	
Solde et suppléments de fonctions......	13.761.086	Solde et indemnité de monture.................	12.324.793
Indemnité de table...........................	271.725	TOTAL (officiers)...... ...	12.324.793
— de logement.......................	5.221.875		
— de monture.......................	901.741	*Troupe.*	
TOTAL (officiers)..........	20.155.427	Solde et suppléments.....................	4.408.912
Troupe.		Indemnités et abonnements...................	6.304.500
Solde et suppléments........	16.898.280	TOTAL du chapitre 16.....	23.038.205
Allocations globales.			
A	807.053	A déduire: la masse de chauffage reportée au chapitre 45..............................	1.026.618
B } Comme pour l'infanterie..................	1.183.229		
C	1.074.100		
TOTAL....................	40.119.198	Reste à comparer...........	22.011.587

Chapitre 17. — *Solde du Génie.*

ALLEMAGNE.		FRANCE.	
Officiers.		*Officiers.*	
Solde et suppléments.........................	2.261.824	Solde et indemnité de monture..	1.934.263
Indemnité de table...........................	61.466	TOTAL (officiers)..........	1.934.263
— de logement.......................	1.114.312		
— de monture.......................	67.648	*Troupe.*	
TOTAL (officiers)..........	3.505.250	Solde et suppléments........:	772.718
Troupe.			
Solde et suppléments.........................	3.815.242	Indemnités et abonnements...................	1.151.418
Allocations globales.		TOTAL du chapitre 16.....	3.858.399
A	169.245		
B } Comme pour l'infanterie..................	472.504	A déduire : la masse de chauffage reportée au chapitre 45..............................	172.938
C	256.850		
TOTAL....................	8.219.151	Reste à comparer........... ..	3.685.461

ALLEMAGNE.		FRANCE.	
DÉSIGNATION DES SERVICES.	MONTANT des crédits.	DÉSIGNATION DES SERVICES.	MONTANT des crédits.
	francs.		francs.

Chapitre 18. — *Solde du Train.*

ALLEMAGNE.		FRANCE.	
Officiers.		*Officiers.*	
Solde et suppléments....................	899.935	Solde et indemnité de monture..............	1.433.996
Indemnité de table.......................	27.172		
— de logement................	585.000	TOTAL (officiers)..........	1.433.996
— de monture	17.798		
TOTAL (officiers)..........	1.529.005	*Troupe.*	
Troupe.		Solde et suppléments....................	511.683
Solde et suppléments....................	1.913.496	Indemnités et abonnements..................	746.493
Allocations globales.		TOTAL du chapitre 18.....	2.692.172
A B C Comme pour l'infanterie..................	74.924 91.018 93.400	A déduire : la masse de chauffage reportée au chapitre 45.............................	142.889
TOTAL..................	3.702.743	Reste à comparer...............	2.549.283

Chapitre 19. — *Solde des troupes d'administration.*

ALLEMAGNE.		FRANCE.	
Troupe.		*Officiers et troupe.*	
Solde et suppléments....................	3.937.645	Solde..............................	1.707.918
Allocations globales.		Indemnités et abonnements................	1.556.627
A B C Comme pour l'infanterie..............	27.783 54.628 128.425	TOTAL du chapitre 19....	3.264.545
		A déduire: la masse de chauffage reportée au chapitre 45.............	166.054
TOTAL.................	4.148.423	Reste à comparer	3.088.491

Chapitre 20. — *Manœuvres et exercices techniques.*

ALLEMAGNE.		FRANCE.	
Manœuvres et tirs de combat.................	3.015.500	Manœuvres et exercices techniques............	9.497.354
Manœuvres spéciales des troupes du génie......	2.717.542		
TOTAL..................	5.733.042	TOTAL..................	9.497.354

Chapitre 25. — *Frais de déplacements.*

ALLEMAGNE.		FRANCE.	
Frais de route............................	16.956.431	Frais de route...........................	10.254.188

Chapitre 29. — *Transports.*

ALLEMAGNE.		FRANCE.	
Transports.............................	5.781.361	Transports.............................	3.127.500

Chapitre 26. — *Frais divers des réserves et du recrutement.*

ALLEMAGNE.		FRANCE.	
	430.073		549.045

Chapitre 27. — *Frais de la Justice militaire.*

ALLEMAGNE.		FRANCE.	
	1.051.659	Frais de la justice et réparations civiles.........	556.120

ALLEMAGNE.		FRANCE.	
DÉSIGNATION DES SERVICES.	MONTANT des crédits.	DÉSIGNATION DES SERVICES.	MONTANT des crédits.
	francs.		francs.

Chapitre 28. — *Établissements pénitentiaires.*

Suppléments et indemnités au personnel.......	3.315	Indemnités, gratifications, salaires. dépenses de matériel, de nourriture, chauffage et éclairage......................................	669.220
Dépenses de matériel.........................	967.770		
TOTAL...................	971.085	TOTAL...................	669.220

Chapitre 30. — *Service géographique* (Personnel).

Solde des officiers et traitement du personnel civil...............................	1.694.639	Solde des officiers, traitement du personnel civil, titulaire et auxiliaire.......................	1.272.388
Indemnités de logement........................	12.593		
Indemnités de monture........................	3.152		
TOTAL...................	1.710.384	TOTAL...................	1.272.388

Chapitre 31. — *Service géographique* (Matériel).

Dépenses de matériel.........................	709.343	Dépenses de matériel.........................	192.100
Subvention de l'État prussien...................	1.000.000		
TOTAL...................	1.709.343	TOTAL...................	192.100

Chapitre 33. — *Établissements de l'artillerie* (Personnel).

| Salaires et gratifications................... | 553.754 | Traitements et salaires....................... | 2.638.565 |

Chapitre 34. — *Établissements de l'artillerie* (Matériel).

| | 23.588.300 | Entretien, remplacement, réparation du matériel, des armes, etc., bâtiments, transports........ | 8.331.280 |
| | | TOTAL................... | 8.331.280 |

Chapitre 35. — *Munitions pour l'instruction du tir.*

| | 41.601.507 | Munitions d'artillerie, d'armes portatives, explosifs, etc.................................... | 17.058.549 |

Chapitre 36. — *Établissements du génie* (Personnel).

| Salaires et gratifications................... | 223.552 | Rétributions, salaires, primes de travail........ | 1.265.000 |

Chapitres 32 et 37. — *Chemins de fer, service du génie* (Matériel).

	41.173.058	Chemins de fer.............................	366.500
		Établissements:.............................	16.842.850
		TOTAL	16.209.350

Chapitre 40 — *Remonte et recensement des chevaux.*

Achat et transport de chevaux................	14.813.953	Remonte générale.............................	18.032.777
Matériel des dépôts de remonte...............	5.034.767	Recensement et classement des chevaux et voitures....................................	66.500
Produits de l'exploitation des dépôts de remonte..	2.473.235		
TOTAL...................	22.321.955	TOTAL...................	18.099.277

ALLEMAGNE.		FRANCE.	
DÉSIGNATION DES SERVICES.	MONTANT des crédits.	DÉSIGNATION DES SERVICES.	MONTANT des crédits.
	francs.		francs.

Chapitre 41. — *Service des subsistances* (Personnel).

Indemnités diverses au personnel.............	160.257	Salaires et gratifications.....................	556.718

Chapitre 42. — *Vivres* (Matériel).

	38.174.861	Matériel d'exploitation. — Dépenses d'exploitation.................................	33.891.089

Chapitre 43. — *Ordinaires de la troupe.*

Masse d'alimentation.....................	97.818.822	Masse d'alimentation.....................	103.767.926

Chapitre 44. — *Fourrages.*

Achat de fourrages.........................	67.972.660	Chapitre 44, moins 5.900.000 francs pour fourrages de la gendarmerie. Reste.................	54.407.359

Chapitres 45 et 49. — *Chauffage, éclairage, couchage.*

	19.801.756	Chapitre 45, plus : les masses de chauffage, 6.631.598 francs (chapitre 49), lits militaires, 11.371.620 francs......	18.275.898

Chapitre 46. — *Habillement* (Personnel).

Salaires et gratifications.....................	282.995		1.748.731

Chapitre 47. — *Habillement* (Matériel).

Masse d'habillement des corps de troupe.......	2.291.826	Chapitre 47.............................	53.754.235
Masse d'entretien de l'armement	1.171.978	A déduire : masse d'habillement des écoles reportée au chapitre 13.....................	961.157
	46.003.327		
Total..................	49.466.131	Reste à comparer...........	52.793.078

Chapitre 48. — *Harnachement.*

Masse de harnachement et ferrage	961.315	Montant du chapitre 48.....................	5.105.042
Entretien des bicyclettes.....................	305.208	A ajouter : Masse de harnachement de la cavalerie retirée du chapitre 15..................	79.973
Total...	1.266.523	Reste à comparer...........	5.185.015

Chapitre 50. — *Hôpitaux* (Personnel).

Salaires, gratifications, subsides, etc..........	1.301.206	Salaires et gratifications.....................	393.426

Chapitre 51. — *Hôpitaux* (Matériel).

Achat, entretien du matériel, bâtiments, etc....	12.365.097	Frais de traitement, achat de matériel, loyers, etc.................................	8.622.950

Chapitre 56.

Dépenses secrètes...........................	474.375	Dépenses secrètes	53.000

Tableau récapitulatif des dépenses allemandes correspondant aux chapitres comparables du budget français.

NUMÉROS des CHAPITRES.	DÉSIGNATION DES SERVICES.	ALLEMAGNE. MONTANT des dépenses.	FRANCE. MONTANT des dépenses.
		francs.	francs.
1	Ministre. Etat-major de l'armée...............	2.236.593	750.140
2	Administration centrale (Personnel)..........	4.584.762	2.971.940
3	Administration centrale (Matériel)...........	353.564	265.420
4 et 5	Frais d'impressions, bibliothèques, musée....	757.431	690.530
6	Etat-major général. Service d'état-major.....	12.840.469	11.518.152
7 et 9	Contrôle. Intendance...............	16.024.700	7.269.530
8	Etat-major particulier. Artillerie. Génie.....	14.507.748	11.747.443
10	Service de santé....................	2.499.288	3.054.152
11	Recrutement. Justice. Remonte, etc..........	6.939.584	3.208.656
12	Ecoles militaires (Personnel)..............	9.571.044	8.904.251
13	Ecoles militaires (Matériel)	5.630.438	2.103.516
14	Solde de l'infanterie.....................	132.810.778	84.632.082
15	Solde de la cavalerie....	27.097.576	21.369.209
16	Solde de l'artillerie.....................	40.119.198	22.011.587
17	Solde du génie......................	8.219.151	3.085.461
18	Solde du train des équipages militaires......	3.702.743	2.549.283
19	Solde des troupes d'administration..........	4.148.423	3.098.491
20	Manœuvres. Exercices techniques...........	5.733.042	9.497.354
25	Frais de déplacements....................	16.956.431	10.254.488
29	Transports........................	5.781.361	3.127.500
26	Frais divers des réserves et du recrutement..	430.073	439.045
27	Frais de la justice militaire	1.051.659	556.120
28	Etablissements pénitentiaires	971.085	669.220
30	Service géographique (Personnel)..........	1.710.384	1.272.388
31	Service géographique (Matériel)...........	1.709.343	192.100
33	Etablissements de l'artillerie (Personnel).....	523.754	2.638.565
34	Etablissements de l'artillerie (Matériel)......	23.528.300	8.831.280
35	Munitions........................	41.601.607	17.058.519
36	Etablissements du génie (Personnel)........	225.552	1.265.000
32 et 37	Etablissements du génie (Matériel). Chemins de fer...............	41.173.058	16.209.350
40	Remonte. Recensement des chevaux	22.321.955	18.099.277
41	Services des subsistances (Personnel).,......	160.257	556.718
42	Vivres.......................	38.174.861	33.891.089
43	Ordinaires de la troupe..	97.848.822	103.767.926
44	Fourrages.......................	67.972.660	54.407.359
45 et 49	Chauffage. Eclairage. Couchage	19.801.756	18.275.898
46	Habillement (Personnel).................	282.995	1.748.731
47	Habillement (Matériel).................	49.466.131	52.793.078
48	Harnachement.................	1.266.523	5.185.015
50	Hôpitaux (Personnel).................	1.301.206	393.426
51	Hôpitaux (Matériel).................	12.365.097	8.522.950
56	Dépenses secrètes.................	474.375	530.000
	TOTAUX.................	744.876.377	560.422.239
	Déduction justifiée, page 97	52.867	68.867.306
	TOTAL égal aux budgets.....	744.929.244	629.289.545

Groupement par service des dépenses allemandes et françaises.

	ALLEMAGNE.		FRANCE.	
	PERSONNEL.	MATÉRIEL.	PERSONNEL.	MATÉRIEL.
	francs.	francs.	francs.	francs.
Ministère. — États-majors, Chapitre 1 à 6 : 30, 31, 56.......	21.372.208	3.294.715	16.512.620	1.678.050
Écoles militaires (12 et 13).....	9.571.644	5.630.438	8.904.251	2.103.516
Corps de troupe (14 à 19).......	216.097.869	»	137.346.113	»
Manœuvres. — Déplacements, transports (20, 25, 29)........	16.956.431	11.514.403	10.251.138	12.624.854
Service de l'artillerie et du génie (8, 32 à 37)...................	15.257.154	106.302.865	15.651.703	41.599.149
Services administratifs (7, 9, 41 à 49).....................	16.467.912	»	9.571.979	»
Vivres.....................	»	38.174.861	»	33.891.089
Ordinaires des troupes........	»	97.848.822	»	103.767.926
Fourrages..................	»	67.972.660	»	54.407.359
Chauffage, éclairage, couchage.	»	19.801.756	»	18.275.898
Habillement...............	»	49.466.131	»	52.793.078
Harnachement.............	»	1.266.523	»	5.185.015
Service de santé (10, 50, 51).....	3.800.494	12.365.697	4.347.578	8.722.930
Services divers. — Recrutement, justice, remonte (11, 26, 27, 28, 40)...................	6.939.584	24.774.772	3.208.656	19.773.662
	306.463.336	438.413.041	205.799.693	354.622.546
Sommes en dehors de la comparaison..................	744.876.377		560.422.239	
	52.867		68.867.306	
Totaux égaux aux budgets.	744.929.244		629.289.545	

Tableau de l'effectif budgétaire et de l'effectif net des officiers, hommes de troupe et chevaux en France et en Allemagne, de 1875 à 1905.

ANNÉES	EFFECTIFS BUDGÉTAIRES.				EFFECTIFS NETS.					
	ALLEMAGNE.		FRANCE.		ALLEMAGNE.			FRANCE.		
	Officiers.	Troupe.	Officiers.	Troupe.	Officiers.	Troupe.	Chevaux.	Officiers.	Troupe.	Chevaux.
1875....	21.744	402.311	23.532	386.470	21.488	372.187	98.832	23.326	361.500	94.097
1881....	23.218	428.023	23.604	459.419	22.945	395.922	100.906	23.441	414.325	110.108
1888....	25.520	469.305	26.081	485.392	25.512	425.053	104.271	25.251	429.941	120.906
1892....	27.727	487.931	27.237	486.376	27.315	457.312	114.008	25.872	453.936	130.720
1894....	27.955	558.235	27.821	503.688	27.626	538.826	119.176	26.777	475.399	129.682
1898....	31.212	558.541	28.096	564.509	30.844	538.789	120.460	27.031	514.723	130.887
1900....	32.180	572.806	28.644	532.495	31.801	552.739	125.341	27.906	489.175	130.743
1902....	32.722	577.589	28.507	526.253	32.337	557.364	129.908	27.773	484.384	130.866
1904....	32.807	578.679	28.452	538.997	32.464	558.327	130.650	27.723	478.443	130.191
1905....	33.109	581.286	28.344	531.395	32.719	580.704	131.397	27.616	481.200	129.511

Et pour en revenir à une observation relative à la 3e section actuelle, vérifions-la plus particulièrement dans les deux pays.

Tableau comparatif des dépenses extraordinaires en France et en Allemagne de 1875 à 1905.

ANNÉES.	ALLEMAGNE.	FRANCE.
1875	152.500.000	427.314.614
1881	79.949.000	145.693.834
1888	234.495.319	145.534.087
1892	176.166.125	83.380.085
1894	169.434.375	52.066.426
1898	120.387.000	24.943.829
1900	155.078.555	25.889.510
1902	106.566.470	49.136.475
1904	85.021.747	28.723.000
1905	136.560.364	26.917.150

On observera que la dépense allemande qui, en 1904, était du triple est, en **1905,** *du* **quintuple,** *pour les dépenses extraordinaires, constructions neuves et approvisionnements de réserve.*

Comment se fait-il que nous ayions ralenti notre effort? Et comment le Parlement pourra-t-il le poursuivre, tout en exerçant son droit de contrôle? C'est ce que nous allons maintenant examiner.

DE LA RÉSERVE DE GUERRE

ET DU CONTROLE DU PARLEMENT

Historique.

Le Parlement ne doit pas se borner à voter les crédits qui lui sont demandés pour les besoins de notre armement. Il doit aussi veiller à ce que les immenses sacrifices qu'il n'a jamais marchandés au Gouvernement soient employés conformément à leur destination et au mieux des intérêts de la défense nationale; il doit surtout pouvoir contrôler facilement l'importance de notre réserve de guerre et s'assurer qu'au cas de mobilisation notre armée trouverait, dans nos magasins et dans nos arsenaux, tout le matériel dont elle aurait besoin. Et son attention en ce qui concerne la réserve de guerre doit être d'autant plus en éveil que sa consistance est moins apparente et que les gouvernements pourraient être plus tentés de faire sur ce stock invisible des économies plus apparentes que réelles — véritables ajournements de dépenses — ce qui pourrait créer le plus sérieux danger.

La nécessité de ne jamais confondre ce qui appartient à la réserve et ce qui appartient au service courant s'était dès s longtemps fait sentir et, depuis 1852, la Cour des comptes souhaitait un mode de comptabilité qui lui permît de distinguer nettement les deux domaines. Pourtant, avant 1870, l'article 10 de la loi du 14 avril 1833 et l'article 14 de celle du 6 juin 1843 étaient les seuls textes législatifs en vertu desquels tant le Parlement que la Cour des comptes pouvaient tenter d'exercer un si nécessaire contrôle. Le premier de ces deux textes stipulait : « Les comptes des matières appartenant à l'Etat sont, chaque année, imprimés et soumis au Sénat et au Corps législatif, à l'appui des comptes généraux »; et l'autre : « Les comptes en matière sont soumis au contrôle de la Cour des comptes. » C'était notoirement insuffisant.

C'est surtout après la guerre que le Parlement se montra vivement et constamment préoccupé d'assurer l'exercice de son contrôle sur l'emploi des crédits accordés par lui et sur l'état de la réserve de guerre, de maintenir très nettement la distinction entre les réserves jugées nécessaires aux exigences d'une mobilisation et les approvisionnements destinés aux besoins du service courant.

D'immenses dépenses étaient à faire : il fallait regarnir nos arsenaux épuisés; il fallait reconstituer notre frontière de l'Est. On jugea ces dépenses trop considérables, trop exceptionnelles aussi, pour leur affecter des crédits au budget ordinaire ; on les inscrivit à un compte spécial, qu'on appela — nous l'avons indiqué plus haut — compte de liquidation, ouvert en 1872.

L'Assemblée nationale chargée de faire une enquête sur le matériel de guerre reconnut la nécessité d'établir un moyen de contrôle sur l'emploi de ces importants crédits et d'assurer, par un système de double comptabilité, la distinction entre la réserve et le service courant.

Les représentants du ministère des finances et les intendants généraux insistèrent dans le même sens. Ces efforts furent impuissants à vaincre d'anciennes habitudes. L'article 7 de la loi du 23 mars 1874 imposait au Ministre l'obligation de rendre compte annuellement au Parlement, chapitre par chapitre, de l'emploi des crédits votés. Les Ministres ne paraissaient guère tenir compte de cette obligation.

En 1876, le gouvernement demandant au Parlement un nouveau crédit supplémentaire de 32.510.308 francs, la Commission du budget de la Chambre pensa qu'elle aurait plus de chances d'obtenir cette utile réforme en faisant de cette obligation une condition du crédit demandé.

D'où la loi du 23 août 1876 qui, dans son article 4, prescrit une comptabilité spéciale pour distinguer le matériel du service courant de celui de la réserve, qui, par son article 5, impose de nouveau au Ministre l'obligation de rendre compte chaque année au Parlement de l'emploi des crédits, chapitre par chapitre ; qui, enfin, donne au Parlement un moyen de contrôle plus direct et susceptible de plus d'efficacité en disposant dans son article 6 : *Chaque année les Commissions des finances de la Chambre des députés et du Sénat pourront déléguer chacune deux de leurs membres pour vérifier sur pièces et sur place l'état du matériel.*

Un décret du 16 septembre 1876 vint, en application de la loi du 23 août, préciser de quelle façon devaient être tenues les écritures des deux services distincts et prescrivit même, pour les deux sortes d'approvisionnements, des magasins séparés.

C'était un louable effort, et l'on devait être autorisé à penser que ce serait, sur les errements antérieurs, un notable progrès.

Pourtant il s'en fallait de beaucoup que l'on eût atteint le résultat qu'on se proposait.

En 1888, à l'occasion du budget extraordinaire du ministère de la guerre, M. Cavaignac, rapporteur général du budget, formula de très vives critiques contre ce système de comptabilité adopté en 1876. Ces critiques trouvèrent d'éloquents échos au Sénat et dans son rapport sur le budget portant fixation du budget extraordinaire de la guerre, tout en tenant compte des circonstances exceptionnelles dans lesquelles le gouvernement avait dû procéder à la réfection de notre armement et en y trouvant quelque excuse à certaines irrégularités budgétaires, M. le sénateur Roger insista énergiquement, à maintes reprises, sur la nécessité d'un contrôle parlementaire très sérieux : « Les efforts de votre commission devaient avoir pour objet d'assurer dans les meilleures conditions possibles la garantie du contrôle parlementaire... Il appartient au Parlement actuel, éclairé par l'expérience du passé, de prendre toutes les précautions qu'il jugera bonnes pour que les nouveaux et importants crédits qui lui sont demandés soient dépensés de la manière la plus utile pour la défense du pays et la plus économique pour ses finances... En pareille matière on ne saurait organiser un service trop multiple... »

Pourquoi le système de la loi de 1876 ne donna-t-il pas ce qu'on attendait de lui, et que lui reprochait-on ?

M. de Freycinet, alors Ministre de la guerre, dans un rapport au Président de la République du 9 septembre 1888, résuma ainsi les griefs formulés à la Chambre et au Sénat : « On reprochait à ce système de ne pas fournir de justifications suffisantes de l'emploi des crédits, de ne pas mettre en évidence, avec la précision nécessaire, la situation des approvisionnements et enfin d'occasionner des complications d'écriture résultant de l'obligation imposée à l'Administration de la guerre de tenir des comptes distincts pour le matériel du service courant et celui du service de réserve. »

En instituant la double comptabilité de la loi de 1876, « on espérait que, par la comparaison des deux comptes, on arriverait à trouver dans les existants du service courant et du service de réserve l'équivalent en valeur des crédits consommés » (1); qu'on pourrait établir, en un mot, une « corrélation rigoureuse entre la comptabilité-matières et la comptabilité-deniers » (2).

Or, on ne tarda pas à s'apercevoir que cette corrélation était parfaitement impossible.

Pour obtenir un tel résultat, en effet, il eût fallu que chaque dépense de deniers eût son expression sensible, trouvât

(1) Rap. Roger. Sénat. Session 1888, n° 386.
(2) Rap. Raiberti. Chambre, 8° législature. Session extraordinaire 1902, n° 377.

son corrélatif en valeur dans le compte-matières. Or, d'importantes dépenses sont nécessaires qui n'affectent nullement le compte-matières, qui sont absolument inapparentes : telles les dépenses de salaires, de transports, etc.

Si ce système de la double comptabilité n'avait donc pas tous les avantages qu'on avait escomptés, il avait par contre de graves inconvénients : d'énormes complications d'écritures, coûteuses et de négligeable utilité. Aussi était-il, en 1888, universellement abandonné.

Le Ministre de la guerre constitua, pour étudier la question de la comptabilité-matières, une Commission extraparlementaire. Les travaux de cette Commission, que présida le général Campenon, aboutirent au règlement du 9 septembre 1888.

Le Parlement, d'ailleurs, par quatre articles insérés dans la loi de finances du 26 juin 1888, avait abrogé et remplacé le système de la double comptabilité.

L'article 7 de cette loi abrogeait purement et simplement l'article 4 de la loi du 23 août 1876. Les articles 8 et 9 étaient ainsi conçus :

ART. 8. — Le Ministre de la guerre déterminera, dans un délai de six mois à partir du vote de la présente loi, pour l'ensemble de chaque service du Département de la guerre, pour chaque place et chaque gestion, la nature et la quantité du matériel à entretenir comme réserve de guerre.

Les fixations ainsi arrêtées pour l'ensemble de chaque service seront communiquées aux Chambres dans le délai ci-dessus spécifié.

ART. 9. — L'existence et l'état du matériel de réserve seront constatés par des recensements opérés par le corps du Contrôle de l'Administration de l'armée.

L'article 10 (modifié ensuite par l'article 61 de la loi des finances du 26 janvier 1892) stipulait :

Le 1er octobre de chaque année, le Ministre de la guerre communiquera aux Chambres :

1° Un état, dit état des nécessaires, indiquant les fixations de la réserve de guerre arrêtées pour l'ensemble de chaque service, au 1er mai de l'année courante et les modifications apportées à ces fixations depuis le 1er mai précédent ; l'emploi des approvisionnements supprimés ou les crédits au moyen desquels ils auraient été augmentés ;

2o Un état indiquant pour l'ensemble de chaque service les existants de la réserve de guerre au 1er mai de l'année courante, avec l'indication des modifications apportées à ces existants depuis le 1er mai précédent, et le relevé des avaries et des manquants qui auraient été constatés dans les recensements de la réserve de guerre depuis le 1er octobre précédent.

Ces dispositions donnèrent lieu à des incertitudes d'interprétation et, par la façon dont on les appliqua, on en arriva à ne plus distinguer la comptabilité du service courant de celle du service de la réserve. Pour avoir voulu éviter les complications du système de 1876, qui constituaient certainement un sérieux inconvénient, on tombait dans une confusion qui était un grave danger.

L'honorable M. Boudenoot, dans un rapport de 1899, insista avec raison sur cette importante question. Il montra qu'une regrettable confusion était résultée de l'absence d'une définition suffisamment précise des *nécessaires*, des *fixations* et des *existants*. On confondait habituellement les nécessaires avec les fixations.

Il demandait : que le service courant et le service de la réserve de guerre fussent suivis, en comptab'lité-matières, sur deux comptes de gestions distincts ; que le passage d'un objet d'un compte à l'autre donnât lieu à des mouvements réels d'entrée et de sortie et que, sauf le cas de remplacement, nombre pour nombre, les pièces de comptabilité donnassent lieu à remboursement et fussent décomptées au prix de la nomenclature.

Dans son rapport de 1902, l'honorable M. Berteaux se préoccupa à son tour de cette importante question, en s'étonnant des lenteurs que l'administration avait mises à la solutionner.

Une Commission extraparlementaire, instituée à la fin de 1899, élabora un projet qui est devenu la loi du 9 décembre 1902, ainsi conçue :

ARTICLE PREMIER.

A partir du 1er janvier 1903, les gestionnaires du matériel du Département de la guerre inscriront distinctement et totaliseront séparément dans leur compte de gestion les opérations affectant l'avoir réel de la réserve de guerre.

ART. 2.

Le 1er octobre de chaque année, le Ministre de la guerre communiquera aux Chambres des états sur lesquels seront portés pour l'ensemble de chaque service :

1° Les quantités, par nature de matériel, qui ont été reconnues nécessaires pour les besoins du temps de guerre, d'après le programme communiqué aux Chambres ; ces quantités comprendront non seulement les quantités réalisées ou en cours de réalisation, mais encore celles qui resteront à constituer dans le cours des années suivantes pour l'achèvement du programme ;

2° Les quantités, par nature de matériel, auxquelles devaient s'élever les réalisations au 31 décembre de l'année précédente, d'après les crédits accordés par le Parlement et utilisés ;

3° Les quantités existant réellement à la réserve de guerre au 31 décembre de l'année précédente.

Pour chacune de ces catégories (nécessaires, quantités devant exister, existants) ces états devront faire ressortir les différences par rapport aux quantités accusées par les états fournis l'année précédente et expliquer ces modifications, notamment indiquer l'emploi des approvisionnements supprimés ou les crédits au moyen desquels des approvisionnements auraient été créés ou augmentés.

A ces états sera joint le relevé des avaries et manquants constatés dans les recensements de la réserve de guerre effectués conformément aux prescriptions de l'article 9 de la loi du 26 juin 1888 pendant l'année considérée.

ART. 3.

L'article 10 de la loi du 26 juin 1888, modifié par l'article 61 de la loi du 26 janvier 1892, est abrogé.

Le décret du 26 décembre 1902 et l'instruction du 30 du même mois ont posé les règles d'application de ces prescriptions.

Tout mouvement de matériel entre la réserve de guerre et le service courant doit faire l'objet d'une pièce comptable justificative portant la preuve du payement, comme s'il s'agissait d'un versement entre services différents.

Les pièces relatives au passage du matériel en excédent à la réserve de guerre au service courant portent la justification du versement au Trésor de la valeur de ce matériel, à moins que la consommation n'en ait été escomptée par une réduction corrélative au budget du service.

Enfin, dans le cas, d'ailleurs exceptionnel, où le service courant compense, en versant à la réserve de guerre du matériel qui fait défaut à celle-ci, un versement de matériel que lui a fait la réserve de guerre où il était en excédent, cette compensation est dûment justifiée par pièces décomptées.

Tous ces documents justificatifs sont soumis, avec les comptes de gestion, au contrôle de la Cour des comptes.

Le point capital de la réforme de 1902, c'est la liaison qu'on a établie entre les documents fournis aux Chambres et ceux qui sont dus à la Cour des comptes ; on a ainsi donné aux premiers toute la valeur que tirent les seconds de leur nature de pièces comptables.

Du mode d'entretien des approvisionnements de réserve.

Les principes qui président à l'entretien des approvisionnements de réserve ont été posés par les articles 7 et 8 du décret du 26 décembre 1902 sur la comptabilité des matières appartenant au Département de la guerre.

Ces approvisionnements doivent être constamment en état d'être employés à leur destination spéciale. Les matières ou objets qui ne sont pas susceptibles de faire un service de guerre doivent être immédiatement remplacés, par échange avec des matières ou objets de même espèce existant au service courant ; cette substitution doit d'ailleurs, en règle générale, être faite de manière qu'aucune sortie ne se produise dans la réserve de guerre avant remplacement effectif du matériel à reconstituer. La conservation, l'entretien et le renouvellement des approvisionnements de la réserve sont à la charge des crédits alloués au titre du service courant.

Lorsqu'il y a lieu d'augmenter l'importance du matériel de la réserve à entretenir dans l'ensemble d'un service, il ne peut être pourvu à la dépense qui en résulte qu'au moyen de crédits spéciaux. Lorsqu'il y a lieu à réduction, le matériel en excédent est immédiatement versé au service courant et la valeur d'utilisation de ce matériel est ordonnancée au profit du Trésor par imputation sur les crédits alloués pour le service courant.

Dans la pratique, les consommations du service courant sont mises à profit toutes les fois qu'il est possible pour effectuer le rafraîchissement systématique des approvisionnements de la réserve : quoique achetées au titre du service courant et reçues en écritures au titre de ce service, les matières neuves sont versées à la réserve en échange de matières similaires de la date la plus ancienne et ce sont ces dernières qui, en réalité, sont mises en consommation. Il est ainsi procédé pour l'habillement, le harnachement, les munitions, les vivres autres que la farine, etc.

De la sorte il n'y a pas à faire de dépenses spécialement destinées au renouvellement des approvisionnements de réserve, sauf celles relativement peu importantes, qui sont nécessaires pour assurer la bonne conservation du matériel ou des denrées.

Ce n'est que lorsque les consommations courantes sont insuffisantes pour assurer le remplacement intégral de tous les éléments arrivant au terme de leur conservation que des dépenses effectives de renouvellement ou de remise en état tombent à la charge des crédits ordinaires. Le cas se produit, par exemple, pour certaines poudres qui nécessitent des radoubages au bout d'une période déterminée, et pour certains objets du service de santé, notamment ceux en caoutchouc, etc.

Enfin, quand il s'agit de denrées dont le renouvellement donnerait lieu ou à des dépenses vraiment exagérées ou à des difficultés particulières, il est pris des dispositions spéciales. Ainsi, dans les places où le service est assuré à l'entreprise, la farine, le foin, la paille et l'avoine sont entretenus par les entrepreneurs de la fourniture à la ration qui, de ce fait, perçoivent une allocation comprise dans leurs frais généraux. Dans les stations-magasins et magasins de concentration, pour les approvisionnements de denrées qui sont d'une importance telle que leur écoulement ne pourrait être assuré dans les délais voulus par voie de mise en consommation en temps de paix, comme la farine, le riz, les haricots, l'avoine, l'Administration de la guerre passe avec des entrepreneurs, par voie d'adjudication publique, des marchés d'une durée de trois années aux termes desquels, moyennant le payement d'une prime annuelle par nature de denrée, lesdits entrepreneurs s'engagent à tenir en tous temps à la disposition du Département de la guerre, dans les magasins lui appartenant ou loués par ses so'ns, les quantités de denrées déterminées pour chacune de ces places. En cas de mobilisation, ces denrées deviendraient sa propriété moyennant payement alors aux entrepreneurs à un prix fixé lors de la passation des marchés.

Le même système d'entretien est appliqué pour le blé et la farine nécessaires à la garnison de la Corse, ainsi qu'à sa population civile en cas de guerre.

Nous croyons intéressant de publier :

1° Un état A indiquant les prélèvements effectués depuis 1898 sur les approvisionnements de la réserve de guerre.

2° Un état B donnant les renseignements de même nature en ce qui concerne le service courant.

3° Un état C faisant ressortir l'économie annuelle et permanente réalisée du fait de réduction dans les approvisionnements.

A. — État indiquant les prélèvements effectués, depuis 1898,
sur les approvisionnements de la Réserve de guerre.

A. — État indiquant les prélèvements effectués, depuis 1898, sur les approvisionnements de la Réserve de guerre.

DÉSIGNATION des CHAPITRES.	NATURE DES PRÉLÈVEMENTS.	1898.		1899.		1900.		1901.		1902.		1903.		1904.		1905.		TOTAUX GÉNÉRAUX	OBSERVATIONS.
		QUANTITÉS prélevées.	VALEUR des prélèvements.	QUANTITÉS prélevées.	VALEUR des prélèvements.	QUANTITÉS prélevées.	VALEUR des prélèvements.	QUANTITÉS prélevées.	VALEUR des prélèvements.	QUANTITÉS prélevées.	VALEUR des prélèvements.	QUANTITÉS prélevées.	VALEUR des prélèvements.	QUANTITÉS prélevées.	VALEUR des prélèvements.	QUANTITÉS prélevées.	VALEUR des prélèvements.		
		quint.	francs.	quint.	fr.	quint.	francs.	quint.	francs.	quint.	francs.	quintaux.	francs.	quint.	francs.	quint.	fr.	francs.	
Chapitre 25. (vres.—Matériel Chap. 42 en 1901 et 1905.)	Pain de guerre......	»	»	»	»	8.330	365.200	12.946 2.000	300.000(1) 48.360	12.560	287.622(3)	4.470	164.650	16.150	360.870(8)	»	»	1.514.765	(1) La valeur totale des 14.496 quintaux de pain de guerre indiqués ci-contre est de..... 541.000 fr. mais il y a lieu de déduire de ce chiffre le prix du blé nécessaire[10.702 quintaux]pour remplacer 7.895 quint.ux de pain de guerre reconstitués à la mobilisation 241.000 » Reste... 300.000 fr.
(2) Approvisionnement des places fortes à déclasser.
(3) La valeur totale des 18.150 quintaux de pain de guerre indiqués ci-contre est de.... 547.520 fr. mais il y a lieu de déduire de ce chiffre le prix du blé nécessaire(11.334 quintaux) pour remplacer 8.340 quintaux de pain de guerre reconstitués à la mobilisation 259.895 » Reste... 287.625 fr.
(4) De soldat, bleu foncé. (5 De soldat, garance. (6) En lin. (7) En coton. (8) La valeur totale des 16.150 quintaux de pain de guerre indiqués ci-contre e-t de..... 720.450 fr. mais il y a lieu le déduire de ce chiffre le prix du blé (19.980 quintaux)nécessaire pour remplacer 14.450 quintaux de guerre reconstitués à la mobilisation... 419.580 » Reste... 300.870 fr.
	Blé................	11.614	1.084.904	»	»	»	»	»	»	3.302	65.216	»	»	83.000	1.743.000	»	»	2.890.180	
	Farine..............	17.170	1.483.871	»	»	»	»	»	»	8.652	224.902	»	»	»	»	»	»	1.710.834	
	Sel................	704	10.620	»	»	»	»	»	»	»	»	»	»	»	»	»	»	10.626	
	Sucre..............	2.000	247.146	»	»	»	»	»	»	»	»	»	»	1.000	90.000	»	»	327.840	
	Café...............	2.361	62.468	»	»	»	»	»	»	450	105.648	»	»	800	164.440	»	»	924.E.0	
	Légumes secs........	1.168	26.032	»	»	»	»	»	»	»	»	»	»	»	»	»	»	26.032	
	Vin................	840 hectol.	21.840	»	»	»	»	»	»	»	»	»	»	»	»	»	»	21.840	
	Vin................	1.068	26.770	»	»	»	»	»	»	»	»	»	»	»	»	»	»	26.866	
	Diverses............	»	»	»	»	»	»	»	75.000(2)	»	»	»	»	»	»	»	»	75.100	
	Totaux pour le chapitre 25......	»	3.141.361	»	»	»	365.200	»	423.360	»	683.431	»	164.650	»	2.362.310	»	»	7.541.312	
Chapitre 26. (andes, conserves ou salaisons, Chap. 41 en 1901 et 1905.) (ordinaires de la troupe).	Conserves de viande...	quint. 14.455	3.565.845	»	»	»	»	»	»	8.000	1.977.600	4.500	1.111.500	1.200	300.000	»	»	6.954.945	
	Porc salé...........	3.921	412.020	»	»	»	»	»	»	»	»	»	»	»	»	»	»	412.020	
	Totaux pour le chapitre 26......	»	3.977.865	»	»	»	»	»	»	»	1.977.600	»	1.111.500	»	300.000	»	»	7.366.965	
Chapitre 27. (ourrages. — Matériel. Chap. 44 en 1901 et 1905.)	Foin...............	»	»	»	»	»	»	»	»	»	»	»	»	5.000	35.000	»	»	35.000	
	Paille..............	»	»	»	»	»	»	»	»	»	»	»	»	6.000	30.000	»	»	30.000	
	Avoine.............	43.352	815.429	»	»	»	»	»	»	»	»	»	»	8.000	136.000	»	»	951.429	
	Totaux pour le chapitre 27......	»	815.429	»	»	»	»	»	»	»	»	»	»	»	201.000	»	»	1.016.429	
Chapitre 33. (Habillement et campement.— Matériel. Chap. 47 en 1901 et 1905.)	Draps..............	»	»	»	»	»	»	»	»	mètres. 160.00 (4)) 120.00 (5)	1.730.000	mètres. 200.000	2.000.000	65.660	500.000	»	»	4.230.000	
	Toiles à doublure.....	»	»	»	»	»	»	»	»	420.00 (6)) 340.00(7)	610.000	»	»	»	»	»	»	600.000	
	Souliers du modèle général.	»	»	»	»	»	»	»	»	paires. 120.000	1.000.000	»	»	»	»	»	»	1.000.000	
	Souliers du modèle général avec guêtres de toile..	»	»	»	»	»	»	»	»	paires. 65.000	566 60	»	»	11.700	1.000.000	»	»	1.566.500	
	Totaux pour le chapitre 33......	»	»	»	»	»	»	»	»	»	1.000.000	»	2.916.560	»	3.100 000	500.000	»	7.416.500	
Chapitre 29. (rvice de santé. — Matériel. Chap. 51 en 1901 et 1905.)	Instruments et objets de pansement..........	»	»	»	»	»	»	»	»	»	»	»	33.793	»	»	»	»	39.793	
	Matériel général......	»	»	»	»	»	»	»	»	»	»	»	29.015	»	»	»	»	29.015	
	Objets de couchage...	»	»	»	»	»	»	»	»	»	»	»	39.068	»	»	»	»	39.068	
	Médicaments et accessoires de pharmacie......	»	»	»	»	»	»	»	»	»	»	»	3.157	»	»	»	»	3.157	
	Totaux pour le chapitre 29....	»	»	»	»	»	»	»	»	»	»	»	111.023	»	»	»	»	111.126	
	TOTAUX par exercice..........	»	8.337.655	»	»	»	365.200	»	423.360	»	3.661.031	»	4.303.675	»	5.861.310	500.000	»	3.412.231	

B. — État indiquant les prélèvements effectués depuis 1898 sur les approvisionnements du service courant.

EXER-CICES.	CHAPITRES DU BUDGET.	DENRÉES OU MATIÈRES PRÉLEVÉES.	QUAN-TITÉS.	VALEUR des PRÉLÈVE-MENTS.
			quint.	francs.
1900	Chapitre 25. Vivres (Matériel)....	Pain de guerre..........	7.170	291.800
1903	Chapitre 25. Vivres (Matériel)....	Blé.....................	36.500	766.500
	Chapitre 27. Fourrages (Matériel).	Avoine..................	45.700	776.900
		Total pour l'exercice 1903.	......	1.543.400
1904	Chapitre 51. Hôpitaux (Matériel)..	Instruments et objets de pansement.............	»	19 770
		Matériel général..........	»	8.898
		Matériel et objets de couchage.................	»	4.906
		Total pour l'exercice 1904.	......	33.674
		Ensemble........	......	1.868.824

C. — État faisant ressortir l'économie annuelle et permanente réalisée du fait de réductions dans les approvisionnements.

NATURE DES DENRÉES.	QUANTITÉS totales supprimées depuis 1898.	ÉCONOMIE TOTALE réalisée.	ÉCONOMIE PERMANENTE et annuelle.	OBSERVATIONS.
	quint.	quintaux.	quintaux.	
Pain (Réserve.. de) Service guerre.(courant.	38.806 / 7.170	994.602 / 121.890	994.602 / 121.890	L'économie réalisée provient de la différence de prix entre a ration mixte (comprenant 100 gr. de pain de guerre) et la ration ordinaire de pain. Cette économie ressort à 17 francs par quintal.
Conserves de viande (Réserve).	28.155	3.105.496	770 374	L'économie réalisée provient de la différence de prix entre la ration de conserves de viande et la valeur de l'indemnité représentative qui lui a été substituée. D'après le budget voté de 1904, le prix du quintal de conserves étant de 251 fr. 90 la ration revient à... 0 4098 L'indemnité représentative étant de.... 0 2892 La différence représente l'économie par ration............... 0 2206 Par quintal cette économie est de : $\frac{0.2206 \times 100 \text{ kil.}}{0 \text{ kil. } 200} = 110 \text{ fr. } 30.$ La durée de la conserve de viande étant d'ailleurs fixée à quatre ans, l'économie annuelle est le quart de l'économie totale.
Porc salé (Réserve)............	3.924	1.930	965	Même calcul que ci-dessus, le prix de la ration de porc salé ressortant, d'après le budget de 1901, à...... 0,290.328 La durée de conservation du porc salé étant fixée à deux ans, l'économie annuelle est la moitié de l'économie totale.
Frais d'entretien.	»	»	140.000	L'économie réalisée sur les frais d'entretien représente, pour toutes les denrées supprimées, les frais de manutention, avaries, déchets de dessiccation, etc.
Total...............			2.033.831	

Observations.

Le but poursuivi par le Parlement avait-il été atteint?

Peut-il mesurer comme il convient, année par année, l'écart entre les *existants* et les *nécessaires*? Peut-il, d'année en année, suivre les progrès réalisés ?

Non; et il est indispensable de prendre certaines mesures simples et pratiques.

Le 7 juin 1905, nous avons eu l'honneur d'aviser M. le Ministre de la guerre que la commission du budget avait chargé son président et le rapporteur spécial de la guerre d'exercer la délégation prévue par l'article 6 de la loi du 23 août 1876.

La commission, après renouvellement de son mandat, leur a confirmé cette mission le 11 juillet dernier, qu'ils ont exécutée sur divers points dès les premiers jours d'août : les deux commissaires ont constaté certaines lacunes et ils ont eu la satisfaction d'apprendre que le Ministre avait étudié sérieusement les mesures destinées à les combler.

Ils se sont toutefois aperçus des difficultés que soulèvent les lois et décrets en vigueur en ce qui concerne l'exercice du contrôle du Parlement.

Il ne saurait, en effet, faire double emploi avec celui même exercé par le corps du contrôle de l'Administration de l'armée, tel qu'il est réglé en particulier par l'article 9 de la loi du 26 juin 1888, dont l'œuvre principale, en la circonstance, est de vérifier si les existants correspondent exactement aux quantités devant exister, c'est-à-dire, conformément aux dispositions multiples des lois et décrets, aux quantités qui ont pu être achetées ou fabriquées au moyen des crédits mis à cet effet à la disposition du Ministre; en un mot, de constater *si les quantités devant exister existent réellement et sont entretenues comme il convient.*

La tâche du Parlement est plus étendue : elle consiste, non seulement à s'assurer de cette concordance, mais à

appliquer simultanément les dispositions des articles 6 de
la loi du 23 août 1876, 8 de la loi du 26 juin 1888 et 2 de la
loi du 9 décembre 1902, et à rechercher *si les existants*
correspondent bien aux nécessaires.

La loi du 26 juin 1888 stipule que : « Le Ministre de la
guerre déterminera dans un délai de six mois à partir du
vote de la présente loi, pour l'ensemble de chaque service
du Département de la guerre, pour chaque place et chaque
gestion, la nature et les quantités de matériel à entretenir
comme réserve de guerre.

« Les fixations ainsi arrêtées par le Ministre pour l'ensemble de chaque service seront communiquées aux Chambres dans le délai ci-dessus spécifié. »

La loi du 9 décembre 1902 a précisé dans son article 2 que
nous reproduisons une seconde fois :

« ART. 2. — Le 1er octobre de chaque année, le Ministre
de la guerre communiquera aux Chambres des états sur
lesquels seront portées, pour l'ensemble de chaque service :

« 1º Les quantités par nature de matériel, qui ont été
reconnues nécessaires pour les besoins du temps de guerre,
d'après le programme communiqué aux Chambres; ces
quantités comprendront, non seulement les quantités
réalisées ou en cours de réalisation, mais encore celles qui
resteront à constituer dans le cours des années suivantes
pour l'achèvement du programme;

« 2º Les quantités par nature de matériel, auxquelles
devaient s'élever les réalisations au 31 décembre de l'année
précédente, d'après les crédits accordés par le Parlement et
utilisés;

« 3º Les quantités existant réellement à la réserve de
guerre au 31 décembre de l'année précédente.

« Pour chacune de ces catégories (nécessaires, quantités
devant exister, existants), ces états devront faire ressortir
les différences par rapport aux quantités accusées par les
états fournis l'année précédente et expliquer ces modifications, notamment indiquer l'emploi des approvision-

nements supprimés ou les crédits au moyen desquels des approvisⁱonnements auraient été créés ou augmentés.

« A ces états sera joint le relevé des avaries et manquants constatés dans les recensements de la réserve de guerre effectués conformément aux prescriptions de l'article 9 de la loi du 26 juin 1888 pendant l'année considérée. »

Plusieurs éléments sont en effet indispensables pour que le contrôle du Parlement ne soit pas illusoire : 1° l'existence d'un programme essentiellement modifiable suivant les circonstances et les besoins de la défense; 2° l'état des nécessaires pour l'ensemble de chaque service, pour chaque place et chaque gestion; 3° l'état des quantités devant exister; 4° l'état des existants. Nous ajouterons même : 5° celui des présents, qui provoquera plus loin quelques observations.

Une première confusion est venue du décret du 26 décembre 1902; car, aux termes de la loi de 1888, les fixations étaient les chiffres des nécessaires rectifiés d'après les crédits alloués. Le décret de 1902 a, au contraire, dans une phrase incidente, appliqué le mot « fixation » aux quantités devant exister.

Sous réserve de cette observation, prenons pour le mot fixation la définition du décret de 1902.

Or, il apparaît nettement que, au ministère de la guerre, si, en 1899, on confondait les nécessaires avec les fixations, depuis 1902 le point de départ comme chiffre des fixations était le chiffre *même* des existants.

Dans ces conditions, en ajoutant au surplus que le susdit article 2 de la loi du 9 décembre 1902 est resté lettre morte les 1er octobre 1903, 1904 et 1905, nous avons estimé que le vote d'un article additionnel à la prochaine loi de finances était très désirable; il sera, Messieurs, soumis à votre approbation lors de la discussion de la loi de finances. En voici le texte :

Art. 19.

Dans le cas où les commissions des finances du Sénat et de la Chambre des députés useront de la faculté à elles conférée par l'article 6 de la loi du 23 août 1876, le Ministre de la guerre devra leur communiquer, avec le programme, l'état le plus récent des nécessaires au 31 décembre de l'année précédente en nature et en quantité pour l'ensemble de chaque service, pour chaque place et pour chaque gestion.

Le Parlement possèdera le moyen d'accomplir la mission de haute confiance et le devoir patriotique dont se préoccupait Gambetta lorsqu'il proposait et faisait voter l'article 6 de la loi du 23 août 1876.

Le Sénat et la Chambre pourront ainsi savoir si la réserve de guerre est définitivement garantie contre les prélèvements du service courant, si elle reste *intangible* comme il convient, si la *fixation* n'est plus une simple écriture faisant double emploi avec celle des *existants*, si les nécessaires sont au complet, si le degré d'achèvement du programme est en rapport avec les sacrifices consentis par le pays.

En ce qui concerne le *programme*, une observation spéciale nous paraît utile.

Les progrès de la science et les besoins de la défense lui enlèvent tout caractère de fixité. Il doit donc être régulièrement tenu au courant par une étroite collaboration entre le gouvernement, le Conseil supérieur de la guerre, l'état-major général, les divers comités techniques. Pour être plus pratiquement et plus rapidement réalisable à de certaines époques, il importerait qu'il fût divisé en deux parties : la première *d'extrême urgence ou de consolidation*, la seconde de régulière progression et de nécessité permanente.

L'effort financier à demander au Parlement se trouverait ainsi déterminé, sérié, poursuivi avec plus de sûreté et de méthode.

Il nous faut revenir maintenant sur une indication fournie par nous plus haut, lorsque nous avons déclaré qu'en face de l'état des *nécessaires*, de la *fixation* et des *existants* il serait quelquefois utile d'avoir celui des *présents*.

Tels éléments de la réserve de guerre peuvent, en effet, compter comme *existants*, alors qu'ils ont été *déplacés*, transportés d'un endroit où ils ont été attribués pour répondre aux besoins du service courant d'une autre place. A ce sujet, le nouvel article de la loi de finances que nous vous proposons donne au Parlement un moyen suffisant.

Et qu'il nous soit permis une légère digression. Ce qui est vrai pour le matériel est vrai aussi pour le personnel, en officiers et en soldats. Il faut *nécessairement* tant d'hommes *valides* pour constituer telle unité de combat; si cet effectif n'est pas *réellement* atteint, certains éléments de matériel ou de personnel (voitures, équipes de servants, etc.) ne peuvent pas être constitués au complet.

Et alors, une attaque imprévue et brusque, une agression peut surprendre quelque garnison dans des conditions déplorables pour sa sûreté.

Les moyens de parer à de tels inconvénients sont aisés : il aura suffi de les signaler, voulons-nous croire, pour qu'ils aient été aussitôt mis en œuvre.

De la responsabilité.

Messieurs — de nombreux exemples pourraient permettre de constater le défaut d'harmonie des divers services et le manque d'ajustement de divers éléments de l'armée — il importe d'assurer l'unité de vue et de direction au ministère de la guerre; mais il importe également de le faire dans les divers services intéressant la défense nationale et, après avoir examiné les moyens de renforcer le contrôle du Parlement sur l'état défensif de notre armée, il nous faut rechercher ceux par lesquels les responsabilités de l'avenir pourront être enfin précisées.

Dans l'état actuel de notre organisation, si nous voulons connaître l'autorité responsable de la défense nationale et chargée de mettre en mouvement nos forces de terre, de mer et des colonies, tout en coordonnant leur action, nous n'en voyons pas.

Sans doute, nous pouvons constater l'existence de plusieurs conseils techniques appropriés chacun à une branche spéciale de notre défense ; mais nous n'apercevons aucun lien, aucune autorité directrice susceptible de donner une impulsion d'ensemble à ces différents rouages, qui se trouvent comme séparés par de véritables cloisons étanches.

Autant dire qu'il n'existe aucune responsabilité.

La preuve en est facile à faire. Il suffit de considérer les difficultés qui s'élèvent, dès le temps de paix, entre les trois Départements chargés de veiller à la sécurité du pays : la guerre, la marine et les colonies. La solution en est presque toujours retardée pendant de longs mois et parfois pendant des années entières au cours desquelles de laborieux pourparlers se poursuivent vainement de ministère à ministère, personne n'étant compétent pour trancher en dernier ressort. La question de la répartition des dépenses — et, ajouterons-nous, de l'ordre dans lequel elles doivent être entreprises — entre la guerre, la marine et les colonies, qui a si légitimement préoccupé notre honorable collègue M. Berteaux, le rapporteur de 1902, en est un exemple frappant. On sait à quelles difficultés d'ordre budgétaire a donné naissance l'application de la loi sur l'armée coloniale, en 1901.

M. Berteaux, à ce sujet, s'exprimait en ces termes : « Attendu la multiplicité des budgets où les mutations successives peuvent placer les troupes, on comprendra et on partagera certainement les craintes de la Commission du budget à l'égard de doubles emplois possibles dans les demandes de crédits. »

Et notre collègue enregistrait avec satisfaction l'annonce d'un projet de convention entre les trois ministères intéressés.

Que serait-ce si, une guerre étant déclarée, il ne s'agissait plus de crédits, mais d'un plan d'ensemble d'opérations destiné à sauvegarder l'intégrité de notre territoire ? Déjà, l'an dernier, dans notre rapport, nous posions la question d'une façon précise : « La France a le droit de savoir, déclarions-nous, si, le moment venu, l'homogénéité réalisée dans l'armée sera fortifiée par *l'unité dans la direction de la guerre*, si tous les droits et tous les devoirs sont dès maintenant strictement déterminés à tous les degrés de la hiérarchie. »

Et nous ne sommes pas les seuls à attirer l'attention de la Chambre sur ce point capital.

Déjà certains de nos collègues nous ont précédé dans cette voie.

La question, en effet, n'est pas nouvelle en ce qui concerne l'absence d'autorité responsable et le manque d'unité de vues dans notre pays. M. Goblet, dans un projet de revision de la Constitution, avait préconisé la création d'un conseil supérieur des affaires étrangères, dans le but d'éviter à nos relations extérieures la répercussion de notre mobilité gouvernementale. M. Mesureur, dans une proposition de loi du 3 avril 1900, avait remis en avant la même idée.

En ce qui concerne plus particulièrement la défense nationale, dont nous nous occupons ici, M. Berteaux a demandé, dans son rapport de 1902, la création, dès le temps de paix d'un *Conseil supérieur de la défense nationale*, dont le Président de la République serait le président naturel avec le Ministre de la guerre et le Ministre de la marine comme vice-présidents. « C'est pendant les loisirs d'une longue paix, ajoute-t-il, qu'il importe de chercher la solution d'un tel problème. Il se posera en effet sûrement au moment d'une déclaration de guerre et, s'il n'a pas été résolu à l'avance, il ne serait pas sans causer les plus graves embarras. » Et cette observation s'applique aussi justement à *l'organisation des pouvoirs publics en temps de guerre* qui doit être opérée *à froid*.

Peut-être, malgré cet avertissement, serions-nous retombés dans l'insouciance qui caractérise malheureusement trop le monde politique. Mais nous avons été heureux, sous la poussée des événements, de recueillir dernièrement de la part d'hommes compétents des déclarations et des projets intéressants que nous croyons devoir brièvement examiner.

Notre collègue M. Messimy, dans un récent article publié par la *Revue bleue*, a montré la nécessité de coordonner entre eux les différents organes de la défense nat'onale. Il demande, dans ce but, la création d'un *grand Conseil de la défense nationale*, qui serait superposé aux Conseils supérieurs de la guerre et de la marine et au Comité consultatif de la défense des colonies. Le président en serait de droit le Président de la République, qui s'adjoindrait le Président du Conseil, les Ministres intéressés et certains chefs d'état-major avec les vice-présidents des conseils techniques comme membres permanents. Il y aurait, en outre, des membres variables à voix consultative, et un *secrétariat permanent* composé d'officiers spécialisés, de même qu'en Angleterre où le *Comité de défense*, créé depuis la guerre du Transvaal, s'adjoint un organe permanent composé de spécialistes et remplissant le rôle de chancellerie.

La Commission des affaires extérieures et coloniales, par l'organe de son distingué président M. Paul Deschanel, a, elle aussi, réclamé « l'établissement dans la métropole d'un plan d'opérations commun aux Départements des colonies, de la marine et de la guerre, plan qui doit être délibéré en *Conseil supérieur de la défense nationale* par les délégations du Conseil supérieur de la guerre, du Conseil supérieur de la marine et du Comité consultatif de défense des colonies ». Mais, croyons-nous, la Commission des affaires extérieures, n'a adopté ce vœu que dans le but de réaliser l'unité de commandement aux colonies et plus particulièrement en Indo-Chine.

Au système préconisé par notre collègue M. Messimy ainsi que par la Commission des affaires extérieures et consistant à créer un nouveau Conseil, on peut opposer l'opinion du général Langlois récemment exprimée dans une intéressante lettre au directeur du *Temps*. La coordination des ministères chargés d'assurer la défense nationale est possible, selon cet officier général, au moyen de deux mesures dont l'une consisterait à identifier la mentalité des trois armées par un contact fréquent entre les officiers qui les composent et l'autre à créer un *état-major de la défense nationale* présidé par le chef de l'État.

Certes, il est vrai que ce dernier procédé aurait sur les précédents l'avantage de ne pas superposer un nouveau Conseil à des conseils déjà existants. Il nous éviterait de retomber dans les erreurs où s'égarèrent les conseils *auliques*. Mais il ne nous semble pas que le Président de la République, bien que « disposant de la force armée » en vertu de l'article 3 de la loi constitutionnelle du 25 février 1875, soit plus particulièrement désigné pour coordonner l'action des différents ministères chargés d'assurer la défense nationale et pour encourir les responsabilités qui en résultent. La constitution qui nous régit a proclamé le principe de l'irresponsabilité présidentielle. Seuls les ministres sont responsables et le *Président du Conseil* nous paraît beaucoup plus qualifié pour assumer cette charge devant les Chambres législatives et devant le pays.

Bref, nous estimons que la création d'une sorte de Conseil des Anciens chargé de veiller à la défense nationale en même temps qu'à la politique extérieure serait difficile et qu'il importe de coordonner, dans le plus bref délai, l'action des différents ministères de défense nationale sous *la responsabilité pleine et entière du Président du Conseil des Ministres*, seul susceptible d'être comptable de ses actes vis-à-vis des représentants de la France.

LE CONSEIL SUPÉRIEUR DE LA GUERRE

ET LE HAUT COMMANDEMENT

———

Pour qu'une armée soit réellement forte, il ne suffit pas qu'elle dispose d'un nombre considérable d'hommes et de millions. Il faut encore que la direction supérieure de l'armée, le haut commandement, soit assuré de telle façon que ces hommes et cet argent soient utilisés d'une façon intelligente et clairvoyante pour le plus grand bien du pays.

Cette vérité, et la nécessité d'avoir à la tête de l'armée un organe directeur puissamment organisé apparurent d'une façon éclatante au lendemain de la guerre de 1870. On exagéra peut-être les indiscutables services qu'avait rendus à nos ennemis le grand état-major allemand, en n'apercevant pas assez que les résultats dont on attribuait tout le mérite à ce corps étaient dus en grande partie à l'homme éminent qui le dirigeait.

Quoi qu'il en soit, l'opportunité de la création d'un Comité directeur n'échappa point aux patriotiques préoccupations de l'Assemblée nationale et, le 27 juillet 1872, elle décidait la constitution d'un « Conseil supérieur de la guerre ».

Ce Conseil était très nombreux. Il comprenait une trentaine de membres, dont plusieurs étrangers à l'armée et sans compétence militaire spéciale ; il était chargé d'examiner d'une façon très générale toutes les questions intéressant l'armée et la défense.

Ce Conseil ne donna que des résultats assez médiocres puisque, créé en 1872, un rapport au Ministre de la guerre de 1881 constatait que, depuis près de sept ans, il avait cessé de fonctionner.

On comprit que, pour fonctionner utilement, le Conseil supérieur de la guerre devait être moins nombreux et composé seulement de personnalités ayant une réelle compétence militaire.

Le Conseil supérieur fut donc, en 1881, réduit à huit membres, y compris le Ministre.

Le nombre des membres du Conseil fut encore modifié par la suite : un décret du 19 février 1882 porta ce nombre à neuf membres ; un autre, du 4 mars 1886, à onze membres.

Malgré ces diverses modifications, on ne put obtenir un fonctionnement régulier du Conseil supérieur ; et il lui arriva de rester près d'une année sans être réuni.

Une des premières préoccupations de M. de Freycinet, lors de son avènement au ministère de la guerre, fut de reorganiser le Conseil supérieur de la guerre. Ce fut l'œuvre du décret du 12 mai 1888, modifié en 1893 et en 1898.

Du rôle du Conseil supérieur de la guerre.

Le rôle du Conseil supérieur de la guerre est double :

C'est d'abord un organe consultatif en matière de haute organisation et de préparation à la guerre.

C'est en outre un corps chargé de fournir le haut commandement des armées à la mobilisation.

Le rôle du Conseil supérieur de la guerre considéré comme organe consultatif a été défini avec beaucoup de précision par le décret organique de 1881 : « Le Conseil supérieur de la guerre, y est-il dit, donnera à l'armée toute sécurité pour la conservation des traditions qui font sa gloire et sa force et sera pour elle une garantie précieuse contre les innovations inconsidérées et précipitées. Loin de voir son action entravée et affaiblie, le Ministre, appuyé sur l'avis des membres les plus considérables de l'armée, verra ses décisions revêtir un caractère d'autorité morale absolument indiscutable. »

Le décret du 12 mai 1888 porte :

« Le Conseil supérieur de la guerre est spécialement chargé de l'examen des questions qui se rattachent à la préparation de la guerre. Il coordonne, dans une pensée constante et vers un but unique, les travaux entrepris en vue de fortifier l'action de l'armée et la défense du pays. Toutes les communications utiles lui sont faites, à cet égard, par le Ministre de la guerre.

« ART. 2. — Le Conseil supérieur de la guerre est nécessairement consulté par le Ministre :.

« Sur le plan de concentration ;
« Sur l'établissement de nouvelles voies stratégiques ;
« Sur l'organisation générale de l'armée;
« Sur les méthodes générales d'instruction ;
« Sur l'emploi de nouveaux engins de guerre ;
« Sur la création ou la suppression des places fortes ;
« Sur la défense des côtes;
« D'une manière générale, sur toute les mesures pouvant affecter la constitution de l'armée et les conditions prévues pour son emploi.

« ART. 3. — Le Conseil peut en outre être consulté sur d'autres questions que le Ministre juge à propos de lui soumettre. »

Dans ce rôle consultatif, l'utilité, la nécessité du Conseil supérieur de la guerre n'est pas contestable. C'est grâce à lui que l'on aura des garanties d'esprit de suite et de compétence si indispensables dans la haute direction de l'armée; c'est grâce à lui que l'on pourra pallier aux inconvénients résultant de l'instabilité ministérielle.

Seulement, il serait essentiel, pour qu'il pût produire tous les résultats qu'on est en droit d'en attendre, que le conseil, composé d'hommes d'une autorité et d'une compétence indiscutables, fût consulté plus régulièrement et plus souvent qu'il ne l'est actuellement.

Il serait bon aussi qu'il fût solidement organisé par des dispositions législatives, alors qu'actuellement il ne tient son existence que de simples décrets. Sans faire aucune brèche à nos principes constitutionnels, sans que le Conseil supérieur de la guerre pût jamais empiéter sur les fonctions du gouvernement qui conserverait seul et le droit de décision et la responsabilité qui y est inhérente, cet organe deviendrait bien « l'inspirateur et le régulateur des actes du Ministre », avec le concours de l'état-major général.

Mais le Conseil supérieur de la guerre a un second rôle : il est chargé de fournir le haut commandement des armées à la mobilisation. Cela résulte des décrets du 26 mai 1888 et de 1890 sur les lettres de commandement et les inspections d'armées.

Déjà, en 1872, lors de la création du Conseil supérieur de la guerre, on eut l'idée de confier des missions temporaires aux membres de ce Conseil désignés pour commander éventuellement des armées en temps de guerre. La question fut de nouveau portée à la tribune du Sénat en 1877 par le général Billot à propos de la discussion de la loi sur le service de l'état-major. L'idée aboutit enfin, en 1879, sur la proposition du général Gresley.

Avec Gambetta, en 1881, la question de la préparation du haut commandement fut de nouveau activement étudiée. Le décret du 26 novembre 1881 réorganisa le Conseil supérieur de la guerre qui, comme nous l'avons vu précédemment, avait très peu et très irrégulièrement fonctionné depuis sa création.

Ainsi, même après 1881, les inspections de corps d'armée furent laissées dans l'oubli jusqu'en 1888. A ce moment le général Logerot obtint les fonds nécessaires pour les rétablir ; mais elles ne réapparurent que sous forme de missions limitées et essentiellement révocables.

C'est M. de Freycinet qui, par les décrets de 1888, 1890 et 1893 institua définitivement les missions des membres du Conseil supérieur appelés éventuellement à commander des armées en temps de guerre. C'est en application de ces textes que le vice-président du Conseil supérieur de la guerre est actuellement titulaire des fonctions de généralissime.

Car il est à remarquer qu'aucune disposition législative ne réglemente le haut commandement. Un certain nombre de propositions de loi ont été déposées sur la constitution du haut commandement qui, presque toutes, procédaient de la même conception, visaient au même but : créer un généralissime du temps de paix, un chef de l'armée distinct du Ministre de la guerre. Ainsi la proposition de M. de Trévenuc, ainsi celle de M. de Mahy.

Aucune de ces propositions n'a abouti. Mais, quand la conception de leurs auteurs eût été réalisée, la situation de droit seule eût été changée, puisque nous avons bien actuellement, en fait, un généralissime désigné en temps de paix qui n'est autre que le vice-président du Conseil supérieur de la guerre.

Cette conception, qu'elle existe en droit ou en fait, nous ne saurions trop la critiquer. La fonction de vice-président du Conseil supérieur de la guerre est inutile ; elle pourrait devenir dangereuse.

Il est vrai qu'il serait très imprudent d'attendre une déclaration de guerre pour songer à organiser le haut commandement et qu'il faut dès le temps de paix être prêt à toute éventualité. Pourquoi chacun des membres du Conseil supérieur de la guerre, qui doit constituer une minorité d'élite, ne serait-il pas préparé à être, éventuellement, le commandant suprême des armées lors de la mobilisation ? Pourquoi surtout engager gravement l'avenir et enlever au gouvernement le pouvoir essentiel de choisir les généraux d'armée au moment de la guerre, le seul peut-être où son choix pourra être absolument pur de toute considération étrangère à l'intérêt de la défense nationale ?

Ces inconvénients et ces dangers inhérents à la fonction de généralissime en temps de paix ont été aperçus et signalés par des esprits très distingués et très compétents. Ils ont suscité les critiques du général Tricoche contre les projets de Tréveneuc et de Mahy. M. le vicomte de Montfort, dans son rapport sur le projet de loi concernant le haut commandement, s'exprimait ainsi : « ... Si la formation dès le temps de paix des corps d'armée en armées doit être prévue et préparée, il semble impossible, dans la réalité, de désigner aujourd'hui un généralissime unique, chef suprême de toutes nos armées d'opérations.

« Le groupement définitif de ces grandes unités de guerre doit, en effet, dépendre exclusivement et forcément des conditions dans lesquelles le conflit s'engagera, comme aussi des objectifs à atteindre et des éventualités si diverses qui pourront se produire. »

Ces considérations doivent être complétées par celles d'une vigueur toute particulière de notre honorable collègue M. Raiberti, dans son rapport sur les propositions de Tréveneuc et de Mahy.

Pour toutes ces raisons, il nous apparaît que la fonction de généralissime ne doit pas être créée législativement et qu'elle doit cesser d'exister en fait.

La fonction de vice-président du Conseil supérieur de la guerre est parfaitement inutile, puisque ce Conseil est présidé par le Président de la République, en l'absence de celui-ci par le Ministre de la guerre, et que, en cas d'empêchement de l'un et de l'autre, le Conseil n'est pas réuni. Le vice-président du Conseil supérieur n'a de raison d'être qu'en tant que généralissime désigné.

Nous pensons donc que la suppression du vice-président du Conseil supérieur de la guerre est une réforme qui s'impose à partir du mois de juin prochain.

Il est à peine besoin d'ajouter que nous ne sommes pas moins vivement hostile à la création d'un grade supérieur à celui de général, que proposait en 1896 le Ministre de la guerre, qui était alors M. le général Billot.

LA LOI DES CADRES

L'Administration de la guerre nous communique la note suivante :

« Le prédécesseur de M. Berteaux, avant que fut arrivée à son terme la discussion de la loi de deux ans, avait prescrit des études dans le but d'arriver à une refonte de la loi des cadres qui la mît en harmonie avec la nouvelle loi de recrutement et avec les nécessités d'une organisation moderne de l'armée.

« A cet effet, l'état-major de l'armée ainsi que les différents armes et services ont entrepris des études préparatoires qui ont été soumises au Ministre et examinées par lui.

« Mais avant d'entreprendre le travail d'ensemble, le Ministre a cru devoir renvoyer, pour être remaniées, les études préparatoires, à chacun des services qui les avaient présentées.

« Il ne lui a pas paru, en effet, qu'on se fût suffisamment inspiré des principes que le rapporteur du budget de la guerre avait posés, dans son rapport de 1902, sur cette question de la loi des cadres et qu'on se fût attaché à y conformer les mesures préconisées dans les projets soumis à son examen.

« Il convenait, en effet, de ne pas perdre de vue les points suivants qui résument les desiderata à satisfaire :

« Reviser le nombre des unités du temps de paix, de manière à concilier à la fois les intérêts de la mobilisation et les intérêts de l'instruction.

« Proportionner ce nombre d'unités aux effectifs dont on

dispose; assurer à chaque unité, centre d'instruction, des moyens d'action suffisants.

« Fixer le nombre d'officiers nécessaire pour encadrer les formations de paix ; demander aux officiers de réserve le complément pour le pied de guerre ; créer des réserves d'officiers susceptibles de compléter à la mobilisation les cadres du temps de paix.

« Déterminer séparément les effectifs des officiers nécessaires aux corps de troupe et ceux nécessaires aux services indépendants des corps de troupe ; créer dans chaque arme, pour les besoins de ces services, un état-major particulier se. suffisant à lui-même.

« Augmenter le nombre des officiers d'administration du service d'état-major, de manière à rendre aux officiers d'état-major le temps nécessaire à l'accomplissement de leur véritable mission : la préparation à la guerre.

« Lorsque les premiers travaux préparatoires élaborés, comme il a été dit plus haut, par l'état-major de l'armée et les directions d'armes ou services, auront été revisés et mis en plus parfaite harmonie avec les principes rappelés ci-dessus, le Ministre examinera la question de les soumettre à l'étude d'une Commission chargée de préparer, à l'aide de ces documents, le travail d'ensemble qui servira de base au projet de la loi des cadres à déposer.

« Le travail est donc en cours d'exécution, mais il n'est pas possible de fixer, même approximativement, la date à laquelle on pourra aboutir. »

Si nous en croyons la note du ministère, la loi des cadres a bien peu de chances de voir le jour ! Et il est vraiment inouï que le Parlement ne soit pas encore saisi d'une loi sérieuse, indispensable à la force même de notre armée !

Il est bon que ceux qui attendent cette loi soient prévenus que les travaux préparatoires ne sont pas terminés, tant s'en faut, et que l'Administration se déclare incapable même approximativement de nous fixer l'apparition de cette loi capitale.

Le Ministre a renvoyé à l'étude des directions compétentes les travaux préparatoires qui n'étaient point, paraît-il, conformes aux desiderata exprimés par le rapporteur de 1902.

Le ministère nous a fourni des indications générales sur les idées directrices nouvellement données aux directions.

Bien qu'il apparaisse que la France n'est pas à la veille de posséder cette loi des cadres, nous croyons devoir critiquer quelques-unes des dispositions préparatoires indiquées dans la communication administrative comme la trame du travail d'ensemble.

Déjà, l'an dernier, nous nous sommes élevé, avec beaucoup d'hommes dont la compétence n'est pas douteuse, contre la diminution des unités.

De multiples raisons s'opposent, à notre avis, à cette réduction.

Tout d'abord la nécessité de l'instruction. Il ne faut pas oublier que l'instruction intensive de la loi de deux ans va donner à notre corps d'officiers un surcroît de travail qui rendra leur profession très pénible et ne leur laissera aucun répit durant toute l'année.

Pour les sous-officiers, le travail sera plus considérable encore. N'y a-t-il pas danger à les astreindre à un surmenage qui ne manquera pas de se produire même avec des unités non diminuées ? Ne doit-on pas prévenir le découragement et ne peut-on pas redouter l'éventualité fort grave de la diminution des rengagements ?

La diminution des unités du temps de paix entraînerait en temps de guerre des dédoublements que nous jugeons tout simplement désastreux.

Qu'est-ce qui assurera la solidité de notre armée ? C'est la connaissance mutuelle des soldats et des officiers. On devrait attacher une telle importance à ce principe qu'il serait très désirable de renvoyer les soldats pour la période de vingt-huit jours dans les compagnies même où ils ont été formés.

L'officier connaît ses hommes et les a en main ; ceux-ci

ont confiance dans le chef qui les conduira au feu parce qu'ils le connaissent.

Il est aisé de prévoir ce qui arrivera avec les dédoublements.

Difficiles à réaliser, ils réunissent des inconnus. C'est sur le champ de bataille qu'il leur faudra acquérir l'homogénéité indispensable. Le danger saute à tous les yeux.

Nous renvoyons à notre rapport de l'année dernière ; et si nous avons insisté de nouveau sur ce point c'est que nous comprenons l'importance et la gravité de la solution proposée.

Une autre proposition vise les officiers de réserve. Nous insistons pour que l'on ne se paye pas de mots et de mesures tout à fait platoniques.

Il est indispensable que le ministère trouve le moyen d'amener à l'armée les éléments en officiers de complément qui lui manquent. Il faut surtout que les officiers de l'armée active apportent la plus sérieuse attention à faciliter la tâche de leurs camarades de la réserve. Nous y reviendrons plus loin.

L'AVANCEMENT DES OFFICIERS

Voici la note que M. Berteaux, alors Ministre de la guerre, nous a communiquée :

« L'avancement des officiers est actuellement régi par la loi du 14 avril 1832, modifiée par les lois des 23 juillet 1847, 5 janvier 1872 et 26 mars 1891.

Minimum d'ancienneté.

« La loi du 14 avril 1832 détermine le *temps d'ancienneté* exigé pour passer au grade immédiatement supérieur et fixe la *proportion des nominations à faire au choix et à l'ancienneté.*

« Les tableaux ci-après résument sur ces points les dispositions de la loi :

NOMINATION AU GRADE DE :	TEMPS D'ANCIENNETÉ EXIGÉ dans le grade immédiatement inférieur.
Capitaine.................... Commandant................. Lieutenant-colonel........... Colonel.................... Grades supérieurs à celui de colonel...................	2 ans de lieutenant. 4 ans de capitaine. 3 ans de commandant. 2 ans de lieutenant-colonel. 3 ans dans le grade immédiatement inférieur.

NOMINATION AU GRADE DE :	PROPOSITIONS	
	à l'ancienneté.	au choix.
Capitaine............................. Commandant.........................	2/3 1/2	1/3 1/2

« Tous les grades supérieurs à celui de chef de bataillon, chef d'escadron ou major sont donnés au choix.

« La loi du 23 juillet 1847 vise l'avancement des lieutenants nommés à des fonctions spéciales dans les corps de troupe.

« La loi du 5 janvier 1872 spécifie que l'avancement au grade de capitaine dans la cavalerie et l'infanterie sera donné sur la totalité de l'arme et que les tableaux d'avancement au choix pour le grade de capitaine seront, dans ces deux armes, établis par une Commission composée d'officiers généraux.

« La loi du 26 mars 1891 spécifie que les sous-lieutenants de toutes armes seront promus lieutenants après deux ans d'exercice dans le grade de sous-lieutenant.

« Les détails d'application de la loi du 14 avril 1832 avaient été fixés par l'ordonnance du 16 mars 1838 ; mais, en ce qui concerne l'*avancement au choix*, l'ordonnance précitée a été complètement modifiée par le *décret du 15 mars 1901*, actuellement en vigueur.

« Ce décret était nécessaire comme conséquence de la suppression des inspections générales, accomplie par le décret du 27 février 1901, qui posait le principe suivant : « L'exercice du commandement entraîne l'obligation et la responsabilité d'apprécier les titres des candidats aux diverses récompenses pour les faire valoir au moment de l'établissement annuel des tableaux d'avancement.

« Conformément aux dispositions du décret du 15 mars 1901, les tableaux d'avancement au choix pour tous les grades sont établis chaque année.

« Les chefs de corps et de service dressent par ordre d'ancienneté les listes des candidats de tous grades, jusqu'à celui de lieutenant-colonel ou assimilé inclus, qui remplissent, au 31 décembre de l'année courante, les conditions déterminées par la loi du 14 avril 1832 pour être proposés pour l'avancement au choix. Ils indiquent sur ces listes par un numéro de préférence les candidats qu'ils jugent dignes de figurer aux tableaux d'avancement et signalent par la mention « ajourné » ceux qui ne leur paraissent pas devoir être proposés.

« Les listes ainsi établies sont successivement remises aux divers supérieurs hiérarchiques qui les fusionnent chacun en une liste unique sur laquelle les candidats sont rangés par ordre d'ancienneté et annotés comme il vient d'être dit pour les chefs de corps.

« Les listes des commandants de corps d'armée ou des autorités correspondantes, fusionnées par grade, par arme et par service, sont centralisées par le Ministre de la guerre, qui, conformément aux décrets du 9 janvier 1900, arrête *en dernier ressort* les inscriptions aux tableaux d'avancement proposées par les différents supérieurs hiérarchiques des candidats.

« Toutefois, pour l'établissement des tableaux d'avancement des lieutenants d'infanterie et de cavalerie, on se conforme aux dispositions de la loi du 5 janvier 1872.

« Une instruction ministérielle du 1er juillet 1901 fixe les détails d'application du décret du 15 mars 1901, relatif à l'établissement des tableaux d'avancement. Cette instruction récemment remaniée a édicté les dispositions suivantes pour le fusionnement des listes établies aux divers échelons de la hiérarchie.

« Chaque supérieur hiérarchique, placé au-dessus de l'échelon qui a établi la première liste, réunit en conférence ses subordonnés immédiats et examine avec eux les titres à l'avancement de leurs candidats respectifs ; il arrête en leur présence et leur fait connaître les numéros de préférence qu'il donne aux officiers proposés ; à titre de renseignement, il porte sur son état les numéros de préférence donnés par les divers chefs placés au-dessous de lui.

« Ces dispositions nouvelles offriront de sérieuses garanties surtout s'il y a concordance entre les propositions faites aux différents échelons.

« Sur les tableaux d'avancement arrêtés par le Ministre, les candidats sont portés par ordre d'ancienneté, pour les propositions jusqu'au grade de commandant ou assimilé inclus et d'après un ordre de préférence pour tous les autres grades.

« Les employés militaires sont inscrits par ordre d'ancienneté pour tous les grades.

« Les tableaux d'avancement de l'année sont insérés au *Journal officiel* de la République française.

« En dehors de l'établissement du travail annuel d'avancement au choix, le Ministre a le droit, à toute époque de l'année, de prononcer des inscriptions d'office au tableau d'avancement.

« Toutefois, aux termes de l'article 16 des décrets des 9 janvier et 28 décembre 1900 ces inscriptions ne peuvent être faites qu'en faveur des catégories d'officiers ci-dessous énumérées :

« 1° Les officiers de la maison militaire du Président de la République et ceux de l'état-major particulier du Ministre ;

« 2° Les commandants militaires des palais du Sénat et de la Chambre des Députés ;

« 3° Les officiers attachés aux ambassades et légations de la République française ;

« 4° Les officiers de tous grades qui se sont signalés par des faits de guerre ou des missions importantes et plus généralement tous ceux qui, en raison de leur situation spéciale, n'ont pas été examinés par un inspecteur général.

« En principe, et, à moins de propositions spéciales présentées par les directions d'armes, et dûment justifiées, les nominations ont lieu dans l'ordre d'inscription pour les officiers qui figurent sur un tableau établi par ordre de préférence et d'après le rang d'ancienneté d'inscription pour les officiers qui figurent sur un tableau établi par ordre d'ancienneté. »

Nous nous sommes préoccupé l'an dernier de l'avancement. Cette question de toute première importance vaut qu'on y revienne. Elle met en jeu l'intérêt de tous les officiers ; à un point de vue plus général et plus élevé, elle intéresse la qualité du commandement et la force morale de notre armée, qui importent surtout.

On sait les errements qui ont été jusqu'ici et sont encore aujourd'hui suivis en la matière. Ce sont en principe ceux qu'a produits la loi du 14 avril 1832 : l'avancement a lieu au choix et à l'ancienneté dans les grades inférieurs. La part du choix augmente, celle de l'ancienneté diminue à mesure qu'on se rapproche des grades supérieurs jusqu'au moment où le choix seul intervient (à partir du grade supérieur à celui de chef de bataillon, d'escadron ou major).

Ce système déjà critiquable en soi est forcément aggravé encore par l'impossibilité de lui assurer de bons moyens d'application. A qui confier, en effet, le pouvoir très considérable et la tâche fort difficile de dresser les tableaux d'avancement, de décider entre des officiers que, très souvent, ne séparent pas de bien grandes différences, ceux qui pourront espérer parvenir aux grades élevés, ceux qui devront se résigner ou à attendre dans les grades inférieurs l'heure de la retraite ou à s'en aller ?

Aux commissions de classement ? Elles ont donné leur mesure, et ceux mêmes qui sont le moins sévères à leur égard et qui se montrent le plus satisfaits de leurs résultats trouvent encore à leur faire assez de reproches pour qu'on ne soit nullement tenté de les voir fonctionner encore (1).

Au ministre ? C'est vers cette solution qu'on s'est acheminé à partir de 1900; c'est à elle qu'on a abouti en 1902. Et nous ne la défendons pas plus que la précédente. Une telle omnipotence entre les mains d'un seul homme ne peut laisser d'inspirer quelque appréhension, surtout quand cet homme, par sa situation même, doit être en butte à d'incessantes sollicitations, où l'intérêt vrai de l'armée ne sera peut-être pas toujours la préoccupation dominante et qu'il lui sera parfois fort malaisé de repousser avec énergie. D'ailleurs eût-il les meilleures intentions du monde et la

---

(1) Voir l'article du général Langlois : « de l'avancement des officiers »; *Revue bleue* du 18 mars 1905.

plus ferme volonté à leur service, qu'il lui manquerait vraiment encore les éléments d'appréciation suffisants pour faire un choix très sûr.

Aussi bien et quand même ces difficultés d'application ne constitueraient pas contre le système actuel une objection décisive, il faudrait encore ne pas le préférer. Le choix, même appliqué dans le plus rigoureux esprit de justice et d'impartialité, établit, entre ces officiers qui se valent presque ou tout à fait, de trop grandes distances. Forcément et d'une façon exagérée parfois, il récompense un peu trop le *mérite actuel.* Un officier est-il, par son ancienneté, susceptible de faire l'objet d'une proposition d'avancement ? Telles qualités, tels faits, peu considérables en soi, mais récents ou actuels décideront de son inscription au tableau. Tel autre officier s'est-il au contraire, dans les premiers temps de son grade, signalé d'une façon exceptionnelle, a-t-il fait preuve de qualités vraiment remarquables ? S'il n'est pas en mesure d'espérer de l'avancement, même au choix, avant un certain nombre d'années, il recevra des félicitations, des marques officielles d'estime qui certes lui seront précieuses, mais qui, au point de vue de son avancement, pourront être de peu d'efficacité.

Donc, sanction excessive dans certains cas, insuffisante dans d'autres.

Il faut donc trouver une méthode plus sûre et nous ne rappellerons que pour mémoire — car nous espérons qu'il continuera à ne conserver qu'un intérêt de curiosité rétrospective — ce système que nous signalions l'an dernier et qui parut avoir un instant la faveur du Gouvernement. C'était une bizarre combinaison de fractions, qui pouvait séduire d'abord l'imagination de quelque algébriste, mais qui présentait étrangement peu de garanties de justice. Au reste, il eût été assez nouveau de voir une question délicate et complexe se résoudre comme une équation. Il est aussi regrettable d'inscrire au tableau tous les n°s 1 du corps d'armée ; tel n° 2, 3 ou 4 d'un de ces corps d'armée pouvant être supérieur en titre et en mérite au n° 1 de beaucoup d'autres corps d'armée.

Dans notre dernier rapport, nous exprimions l'avis que l'Administration pourrait peut-être, avec quelque profit, chercher à s'inspirer de ce qui se passe à l'étranger.

M. le général Langlois, dans une étude intéressante et documentée (1), a passé en revue les principaux systèmes d'avancement pratiqués en Europe et, à juste titre, il a particulièrement fixé son attention sur le système allemand.

Dans ce sytème, « l'avancement à tous les degrés, y compris le grade le plus élevé, a lieu *exclusivement* et *strictement* à l'ancienneté ». Mais ce principe se combine avec celui de l'*élimination*. C'est le « droit conféré au souverain de ne pas appeler un officier à un grade supérieur à son tour d'ancienneté, ce qui implique, pour l'évincé, l'obligation morale, à laquelle nul ne se soustrairait, de prendre immédiatement sa retraite. L'incapacité de passer au grade supérieur est constatée dans les hauts grades par le souverain, dans les grades inférieurs par les chefs hiérarchiques». D'ailleurs, pour les officiers maintenus, la rigueur du principe de l'avancement à l'ancienneté est tempérée par d'importants avantages faits aux officiers d'état-major et qui leur font gagner deux ou quatre ans sur leurs camarades.

Ce système est incontestablement supérieur à celui que nous pratiquons actuellement et nous n'hésiterions pas s'il nous fallait choisir entre les deux. Il a pourtant un inconvénient, sauf en ce qui concerne les officiers d'état-major, minorité ; il ne sélectionne pas assez. Notre système actuel risque de mettre une différence énorme entre les carrières d'officiers qui ont des mérites égaux. Le système allemand risque de tomber dans l'excès contraire et se résigne à ne différencier à aucun moment des officiers de valeur inégale, à laisser à un officier de qualité moyenne, sur un autre

---

(1) De l'avancement des officiers, *Revue bleue*, 18 et 25 mars 1905.

qui lui est très supérieur, le bénéfice perpétuel de son ancienneté.

Un système serait excellent, qui unirait les avantages de l'un et l'autre en évitant leurs inconvénients. Il nous paraît possible d'obtenir ce résultat au moyen des *majorations d'ancienneté*, que nous nous bornions à signaler d'un mot l'an dernier et sur lesquelles il est bon d'insister.

Nous ne pouvons mieux faire que d'emprunter au général Langlois la définition de ce mode de sélection (1).

« L'avancement a toujours lieu à l'ancienneté, mais à l'ancienneté majorée. Chaque année le Ministre (si c'est à lui que doit être attribué ce pouvoir, ce que ne pense pas d'ailleurs le général Langlois) dispose, pour chaque grade, d'un nombre déterminé de mois de majorations d'ancienneté à répartir entre les officiers les plus méritants : tel bénéficiera d'une majoration de quatre mois, tel autre de trois mois, etc.; un officier qui aurait été promu à son grade actuel le 1er avril 1900 et qui serait majoré de trois mois aurait une ancienneté majorée datée du 1er janvier 1900.

« La majoration a pour but : d'une part, de récompenser immédiatement les services rendus dans l'année courante; d'autre part, d'acheminer peu à peu vers les grades élevés les officiers qui font preuve d'une aptitude particulière au commandement. En somme, c'est une sélection, mais une sélection *goutte à goutte* pour ainsi dire, par opposition au choix qui est le régime du *tout ou rien*. »

Ce système de l'ancienneté majorée nous paraît excellent. Sans établir de graves inégalités entre officiers de même valeur, comme le fait l'avancement au choix, il distingue et sanctionne le mérite où il se produit; il l'encourage surtout par l'espoir d'une récompense prochaine, dont l'heureuse influence se fera sentir sur toute une carrière.

---

(1) Op. cit.

Il l'encourage d'autant plus qu'il laisse moins de place à l'erreur et à l'arbitraire. Un des plus graves torts des autorités à qui incombait le soin de préparer ou d'établir les tableaux d'avancement fut de se laisser trop souvent déterminer par d'autres considérations que celles de la justice et d'obéir à des influences — d'ailleurs successives et contradictoires — auxquelles elles auraient dû, pour l'accomplissement de cette tâche, rester étrangères.

Nous connaissons de longue date qu'il est infiniment plus aisé de déplorer cet abus que de le supprimer ; et nous ne prétendrons pas qu'un nouveau système l'abolira à tout jamais. Seulement il n'est pas niable que, durant le temps passé dans un même grade, l'ancienneté d'un officier pouvant être majorée un certain nombre de fois par ses chefs ou sur la proposition de chefs différents, des décisions erronées ou arbitraires, s'il s'en produit, pourront se compenser et se contre-balancer.

Devrons-nous admettre, dans le système de l'avancement à l'ancienneté majorée, le procédé de l'élimination? Cela nous paraît d'une évidente nécessité. Il est inadmissible et tout à fait coupable de laisser à la tête d'une importante unité de combat un chef que l'on sait insuffisant. Cette élimination, qui ne frappera vraisemblablement qu'un très petit nombre d'officiers, ne s'imposera d'ailleurs qu'à l'accès au grade d'officier supérieur et à celui d'officier général.

« En effet, avec la tactique imposée par les progrès de l'armement, le rôle du commandant d'un bataillon ou d'un groupe de batteries prend une telle importance, qu'on ne peut le confier à un capitaine quelconque, en raison de sa seule ancienneté. D'autre part, pour un colonel, les qualités d'un bon officier de troupe sont suffisantes et tout officier supérieur déjà sélectionné fera un colonel fort convenable, mais le général commande une unité qui comporte souvent l'emploi des diverses armes, c'est-à-dire des *combinaisons;* il faut au général, outre les qualités de commandement, une solide instruction générale, la connaissance des trois armes et le sens tactique (1). »

Une question se pose enfin, et elle a son importance.

A qui, dans ce système, doit-on donner le pouvoir de dispenser les majorations d'ancienneté. A un chef plus ou moins élevé dans la hiérarchie, ou au ministre?

Le général Langlois voudrait que ces majorations fussent prononcées : pour les lieutenants, par le général de brigade; pour les capitaines, par le général de division; pour les commandants et lieutenants-colonels, par le commandant du corps d'armée; pour les colonels et généraux de brigade, par l'inspecteur d'armée et enfin par le ministre pour les généraux de division reconnus par les inspecteurs d'armée comme aptes au commandement d'un corps d'armée.

Contrairement à lui, nous pensons qu'il serait préférable de laisser, pour tous les grades, le pouvoir de décision au ministre; et nous partageons moins, ici, son appréhension de ce qu'il appelle encore l'omnipotence ministérielle.

D'abord, à un point de vue purement négatif, cette omnipotence n'aurait pas ici les effets qu'il redoute. Les décisions ministérielles ne seraient prises, en effet, que sur les *propositions*, sérieusement motivées, des officiers à qui le général Langlois voudrait voir attribuer le droit de décision. Ceux-ci auraient donc toujours l'*initiative* de ces décisions. De plus, les conséquences d'une majoration d'ancienneté étant moins décisives qu'une inscription au tableau d'avancement pour le grade supérieur, elles ne feraient pas l'objet des mêmes sollicitations; elles tenteraient moins l'arbitraire. Les motifs de la proposition pour la majoration, s'ils sont sérieux, suffisent à l'imposer.

Par contre, en laissant au ministre, à qui il revient assez naturellement, le pouvoir de décision, on y gagnera de l'unité de vues dans l'appréciation de ces propositions et

_____

(1) Op. cit.

dans les décisions qui suivront. On empêchera, dans la mesure où cela sera possible, que des officiers appartenant à différents corps et qui devront néanmoins concourir ensemble pour l'avancement, soient avantagés ou désavantagés à cause des conceptions différentes de leurs chefs respectifs.

Tel est le système d'avancement que nous croyons le meilleur, avec des conditions plus rigoureuses encore de limite d'âge. Nous le signalons à l'attention du Parlement et espérons bientôt le voir consacré par une loi. Puisse-t-il alors donner à notre armée les chefs dignes d'elle, soucieux de leurs devoirs, conscients de leur responsabilité, sur lesquels le pays a le droit et le besoin de compter!

Les vieux lieutenants.

La question des vieux lieutenants s'impose à l'examen de la Chambre et nous croyons accomplir un acte de haute justice en soumettant à l'appréciation de nos collègues la situation déplorable dans laquelle se trouvent ces serviteurs aussi modestes qu'intéressants.

Nous devons dire tout de suite que nous avons lu de nombreuses lettres concernant ce sujet.

Pas une seule fois, la moindre plainte n'a été produite par des hommes qui auraient tant de motifs de récriminer. Ces soldats sont restés ce qu'ils doivent être, des disciplinés. Les lettres n'ont pas été adressées au rapporteur du budget de la guerre; elles lui ont été communiquées par un des meilleurs amis de l'armée.

La loi du 7 avril 1905 sur les retraites anticipées stipule à l'article 3 que les officiers retraités par anticipation ne seront remplacés dans leur grade que le jour où ils auront terminé leur trentième année de service, s'ils étaient restés en activité, c'est-à-dire entre un an et cinq ans.

Cette loi a eu pour effet de retarder démesurément l'avancement des lieutenants. L'ancienneté nécessaire s'accroît de quatre mois par an, soit d'une année tous les trois ans.

La promotion de Saint-Maixent, 1892-1893, compte plus de 40 lieutenants ayant dépassé la quarantaine, la majorité est entre trente-sept et trente-neuf ans.

Nous mettons en fait que le grade de capitaine n'est accessible que beaucoup trop tard pour ces officiers qui ont trop longtemps végété dans une situation inférieure.

S'il est juste de demander beaucoup à ceux qui ont pour mission d'apprendre aux autres à obéir, il est équitable aussi de ne rien exagérer.

Il est bien certain qu'une situation subordonnée tarira dans le vieux lieutenant l'esprit d'initiative si nécessaire au capitaine à la tête de sa compagnie.

Le lieutenant, lorsqu'il est jeune, paye volontiers de sa personne; il ne boude ni aux marches, ni aux corvées. Aux approches de la quarantaine, il ne lui est pas possible de se plier aussi facilement aux exigences du métier. Il est l'égal d'hommes tout à fait jeunes et il se trouve vis-à-vis d'eux dans un état d'infériorité physique, résultat de longues années passées dans l'exercice d'un office très fatigant, en raison même de la subordination parfois lourde où sont en fait confinés les lieutenants âgés.

La Chambre devrait évidemment prendre en considération cette situation qui peut devenir pour notre corps d'officiers subalternes un grave danger.

Le grade de capitaine devrait être obtenu entre trente-six et trente-huit ans au plus tard.

De cette façon, le lieutenant n'a pas eu le temps de se fatiguer ni de se lasser. Il arrive au commandement d'une compagnie avec le désir de poursuivre plus loin encore sa carrière. Au lieu de se reposer dans le grade de capitaine comme à la dernière étape, il travaillera avec énergie, s'il a seulement l'espoir que le quatrième galon peut récompenser son zèle et son dévouement à servir.

Nous savons bien que nos officiers obéissent à des mobiles plus élevés. Mais nous croyons que, plus ils sont désintéressés, plus nous devons leur donner le moyen et l'occasion d'obtenir la juste récompense de bons, loyaux et intelligents services.

Nous ne verrions, pour notre part, après expérience, aucun inconvénient à ce que fût modifiée la loi du 7 avril 1905.

Si on remplaçait nombre pour nombre les officiers mis à la retraite par anticipation, l'avancement serait après trois ou quatre ans ramené à treize ans ou treize ans et demi au plus. Les vieux lieutenants n'en demandent pas davantage.

La question est posée, nous attendons de la bienveillance de M. le Ministre qu'une solution équitable lui soit donnée.

Nous ne sommes pas assez riches pour ne point utiliser avec la plus grande économie toutes les forces dont nous disposons.

De l'avancement des officiers sortis du rang.

Avant d'en finir avec l'avancement, il était une question dont nous ne pouvions nous désintéresser : celle de savoir quelle part ont actuellement dans l'avancement, comparativement avec les anciens élèves des Écoles polytechnique et Saint-Cyr, les officiers sortant du rang. Ceux-ci, on le sait, pour obtenir le grade de sous-lieutenant, passent par les Écoles de Saint-Maixent, Saumur ou Versailles. On exige d'eux des connaissances assez étendues. Leur âge, pour la plupart, ne diffère pas énormément de celui de leurs camarades des grandes écoles. On pourrait donc s'attendre à les voir, une fois conquis leur galon de sous-lieutenant, avancer à peu près dans la même proportion que les autres officiers. Il n'en est rien pourtant. Si l'on se place au point de départ et si l'on envisage le nombre des sous-lieutenants, 40 ou 50 0/0 à peu près de ceux-ci sortent des rangs pour les différentes armes, un peu moins pour le génie. Nous avons voulu savoir ce que devenait cette proportion à mesure que l'on avançait vers les grades élevés. Nous avons demandé à l'Administration de la guerre de nous donner, pour les quatre dernières années, d'une part la proportion des officiers sortant du rang et de ceux sortant des écoles figurant à l'annuaire, d'autre part la proportion de ces mêmes officiers figurant au tableau d'avancement.

Nous donnons ici ces tableaux, dressés séparément pour chaque arme.

TABLEAU No 1

Infanterie.

ANNÉES.	GRADES.	PROPORTION pour 100 des officiers.		PROPORTION p. 100 DES OFFICIERS inscrits au tableau d'avancement.			
				1° Par rapport à l'effectif inscrit au tableau d'avancement.		2° Par rapport à l'effectif des officiers du grade.	
		Sortis des grandes écoles.	Sortis du rang.	Sortis des grandes écoles.	Sortis du rang.	Sortis des grandes écoles.	Sortis du rang.
1902.	Colonel	92	8	»	»	»	»
	Lieutenants colonels	88	12	99	1	27 9	2 8
	Commandants	62	38	86	14	14 6	3 8
	Capitaines	44	56	75	25	6 6	1 7
	Lieutenants	53	47	78	22	6 6	2 1
1903.	Colonels	95	5	»	»	»	»
	Lieutenants colonels	88	12	95	5	29 3	11 1
	Commandants	65	35	85	15	11 9	3 9
	Capitaines	44	56	69	31	4 6	1 6
	Lieutenants	55	45	77	23	5	1 8
1904.	Colonels	95	5	»	»	»	»
	Lieutenants-colonels	88	12	94	6	22 9	11 4
	Commandants	66	34	84	16	11 4	4 3
	Capitaines	44	56	70	30	4 5	1 5
	Lieutenants	56	44	70	30	3 6	1 6
1905.	Colonels	93	7	»	»	»	»
	Lieutenants-colonels	88	12	97	3	21 4	5 2
	Commandants	68	32	93	7	11 6	1 9
	Capitaines	44	56	82	18	4 7	0 8
	Lieutenants	57	43	86	14	4 2	0 8

TABLEAU N° 2

Cavalerie.

ANNÉES.	GRADES.	PROPORTION pour 100 des officiers.		PROPORTION p. 100 DES OFFICIERS inscrits au tableau d'avancement			
				1° Par rapport à l'effectif inscrit au tableau d'avancement.		2° Par rapport à l'effectif des officiers du grade.	
		Sortis des grandes écoles.	Sortis du rang.	Sortis des grandes écoles.	Sortis du rang.	Sortis des grandes écoles.	Sortis du rang.
1902.	Colonels..............	91	9	»	»	»	»
	Lieutenants-colonels....	86	14	95	5	25	7 4
	Chefs d'escadrons.......	64	36	80	20	15 8	7
	Capitaines.............	45	55	74	26	8	2 4
	Lieutenants............	46	54	52	48	8 7	6 8
	Sous-lieutenants........	45	55	»	»	»	»
1903.	Colonels..............	91	9	»	»	»	»
	Lieutenants-colonels....	82	18	86	14	30	23 5
	Chefs d'escadrons.......	68	32	86	14	15	5
	Capitaines.............	44	56	63	37	6 8	3 1
	Lieutenants............	47	53	56	44	9 4	3 8
	Sous-lieutenants........	41	59	»	»	»	»
1904.	Colonels..............	91	9	»	»	»	»
	Lieutenants colonels....	86	14	96	4	30 8	7 6
	Chefs d'escadrons.......	65	35	83	17	14 5	6 5
	Capitaines.............	44	56	61	39	6 1	3 1
	Lieutenants	49	51	62	38	9	3 1
1905.	Colonels..............	91	9	»	»	»	»
	Lieutenants-colonels....	87	13	95	5	22	7 1
	Chefs d'escadrons.......	63	37	83	17	12 5	4 3
	Capitaines.............	45	55	74	26	6 7	1 9
	Lieutenants	45	55	55	45	5 8	3 9
	Sous lieutenants........	58	42	»	»	»	»

TABLEAU N° 3

Artillerie.

ANNÉES.	GRADES.	PROPORTION pour 100 des officiers.		PROPORTION p. 100 DES OFFICIERS inscrits au tableau d'avancement			
				1° Par rapport à l'effectif inscrit au tableau d'avancement.		2° Par rapport à l'effectif des officiers du grade.	
		Sortis des grandes écoles	Sortis du rang.	Sortis des grandes écoles.	Sortis du rang	Sortis des grandes écoles.	Sortis du rang.
1902.	Colonels...............	»	»	»	»	»	»
	Lieutenants-colonels....	97	3	100	»	29 6	»
	Chefs d'escadron........	78	22	90	10	12 4	5 2
	Capitaines.............	70	30	85	15	4 7	1 3
	Lieutenants............	55	45	89	11	6 3	0 0
1903.	Colonels...............	»	»	»	»	»	»
	Lieutenants-colonels....	95	5	97	3	27 6	30
	Chefs d'escadron........	75	25	91	9	12 5	3 5
	Capitaines.............	62	38	76	24	3 2	1 6
	Lieutenants............	59	41	60	20	5 5	1 9
1904.	Colonels...............	»	»	»	»	»	»
	Lieutenants-colonels....	93	7	95	5	21 4	14 2
	Chefs d'escadron........	78	22	95	5	10 2	2 1
	Capitaines.............	63	37	83	17	3 4	1 2
	Lieutenants............	55	45	78	22	4 6	1 6
1905.	Colonels...............	»	»	»	»	»	»
	Lieutenants-colonels....	93	7	100	»	15	»
	Chefs d'escadron........	76	24	94	6	9 7	1 9
	Capitaines.............	64	36	86	14	3 9	1 1
	Lieutenants............	55	45	78	22	4 9	1 7

TABLEAU N° 4

Génie.

ANNÉES.	GRADES.	PROPORTION pour 100 des officiers.		PROPORTION p. 100 DES OFFICIERS inscrits au tableau d'avancement			
				1° Par rapport à l'effectif inscrit au tableau d'avancement.		2° Par rapport à l'effectif des officiers du grade.	
		Sortis des grandes écoles.	Sortis du rang.	Sortis des grandes écoles.	Sortis du rang.	Sortis des grandes écoles.	Sortis du rang.
1902.	Colonels...............	100	»	»	»	»	»
	Lieutenant-colonels.....	98	2	100	»	30	»
	Commandants..........	89	11	100	»	15	»
	Capitaines.............	76	24	94	6	8	2
	Lieutenants............	68	32	78	22	23	14
1903.	Colonels...............	100	»	»	»	»	»
	Lieutenants colonels....	98	2	100	»	20	»
	Commandants...........	89	11	94	6	11	6
	Capitaines.............	76	24	90	10	6	2
	Lieutenants............	67	33	69	31	15	13
1904.	Colonels.............:..	100	»	»	»	»	»
	Lieutenants-colonels....	100	»	100	»	25	»
	Commandants..........	87	13	92	8	8	4
	Capitaines.............	75	25	89	11	4	1
	Lieutenants............	70	30	80	20	18	10
1905.	Colonels...............	100	»	»	»	30	»
	Lieutenants-colonels....	98	2	100	»	10	15
	Commandants..........	88	12	94	6	5	1
	Capitaines.............	76	24	95	5	12	6
	Lieutenants............	59	41	75	25	»	»

TABLEAU N° 5

Infanterie coloniale.

ANNÉES.	GRADES.	PROPORTION pour 100 des officiers.		PROPORTION p. 100 DES OFFICIERS inscrits au tableau d'avancement			
				1° Par rapport à l'effectif inscrit au tableau d'avancement.		2° Par rapport à l'effectif des officiers du grade.	
		Sortis des grandes écoles.	Sortis du rang.	Sortis des grandes écoles.	Sortis du rang.	Sortis des grandes écoles.	Sortis du rang.
1902.	Colonels.............	74	26	»	»	»	»
	Lieutenants-colonels....	76	24	86	14	16 2	8 3
	Chefs de bataillon......	41	59	79	21	16 1	3
	Capitaines.............	42	58	83	17	6 2	0 9
	Lieutenants............	50	50	56	44	4 6	3 6
1903.	Colonels.............	82	18	»	»	»	»
	Lieutenants-colonels....	78	22	90	10	23	9
	Chefs de bataillon.......	58	42	80	20	10 9	3 7
	Capitaines..:.........	39	61	67	33	4	1 2
	Lieutenants............	47	53	81	19	5 3	1 1
1904.	Colonels.............	80	20	»	»	»	»
	Lieutenants-colonels....	72	28	73	27	26 6	5
	Chefs de bataillon......	52	48	79	21	15 4	4 5
	Capitaines.............	39	61	52	48	4	2 3
	Lieutenants............	50	50	81	19	5 2	1 1
1905.	Colonels.............	82	18	»	»	»	»
	Lieutenants-colonels....	76	24	78	22	18 9	16 6
	Chefs de bataillon......	51	49	87	13	13 8	2 1
	Capitaines.............	41	59	68	32	5 2	1 7
	Lieutenants............	53	47	63	37	3 9	2 6

TABLEAU N° 6

Artillerie coloniale.

ANNÉES	GRADES	PROPORTION pour 100 des officiers.		PROPORTION p. 100 DES OFFICIERS inscrits au tableau d'avancement			
				1° Par rapport à l'effectif inscrit au tableau d'avancement.		2° Par rapport à l'effectif des officiers du grade.	
		Sortis des grandes écoles.	Sortis du rang.	Sortis des grandes écoles.	Sortis du rang.	Sortis des grandes écoles.	Sortis du rang
	Colonels...............	63	37	»	»	»	»
	Lieutenants-colonels.....	48	52	50	50	20	18 1
1902.	Chefs d'escadron........	40	60	20	80	4 2	11 1
	Capitaines.............	55	45	87	13	3 7	0 7
	Lieutenants............	59	41	78	22	12 9	5
	Colonels...............	69	31	»	»	»	»
	Lieutenants-colonels....	48	52	60	40	30	18 1
1903.	Chefs d'escadron........	45	55	75	25	20 7	5 7
	Capitaines.............	58	42	89	11	3 7	0 7
	Lieutenants............	49	51	60	40	12	7 8
	Colonels...............	67	33	»	»	»	»
	Lieutenants-colonels....	48	52	50	50	27 2	25
1904.	Chefs d'escadron........	44	56	45	55	11 8	11 3
	Capitaines.	57	43	92	8	5 9	0 7
	Lieutenants............	55	45	87	13	15 3	2 7
	Colonels...............	68	32	»	»	»	»
	Lieutenants-colonels....	56	44	83	17	35 7	0 1
1905.	Chefs d'escadron........	44	56	45	55	11 1	10 8
	Capitaines.............	57	43	100	»	5 3	»
	Lieutenants............	54	46	78	22	6 0	2 3

De ces tableaux il résulte d'une façon générale que, si les officiers sortis du rang figurent sur les tableaux d'avancement pour les grades de lieutenant et de capitaine pour une proportion moyenne de 20 à 30 0/0 (ce qui n'est pas encore énorme), leur chance d'avancement au delà de ce grade est tout à fait restreinte, puisque, si nous prenons l'infanterie comme exemple, nous voyons que, ces dernières années, ces officiers n'ont figuré sur les tableaux d'avancement pour le grade de commandant que dans les proportions de 14, 15, 16 et 7 0/0, pour celui de lieutenant-colonel, dans la proportion de 1, 5, 6 et 3 0/0, et que le grade de colonel leur est tout à fait inaccessible.

On ne saurait trop réagir contre cette fâcheuse tendance. Il est inadmissible que, pour l'avancement des officiers, surtout dans une démocratie, on attache une importance aussi excessive, ou même une importance quelconque, à la question d'origine, et qu'on ne s'en tienne pas exclusivement aux qualités et au mérite individuels. Par la nouvelle loi sur le recrutement, en imposant à tous nos futurs officiers une année de service dans un corps de troupe comme simples soldats, le Parlement a montré nettement qu'il était hostile à toute tendance qui irait à créer dans l'armée des catégories distinctes, et d'injustifiables privilèges. Nous voulons croire que sa volonté sera comprise et respectée.

Au sujet de la nomination des adjudants au grade de sous-lieutenant, dans l'infanterie.

Les sous-officiers sont certes très reconnaissants au gouvernement de cette mesure, qui leur donne une nouvelle certitude de la grande considération et de l'intérêt toujours croissants qu'ont pour eux leurs officiers et le chef de l'armée.

Cette disposition nouvelle, permettant aux sous-officiers d'espérer arriver à l'épaulette sans passer par Saint-Maixent, rehausse encore leur prestige, non seulement aux yeux des personnes étrangères à l'armée, mais aussi à leurs propres yeux.

Ce fut avec une joie réelle que les sous-officiers apprirent la mesure ministérielle : mais peu d'adjudants ont demandé à être proposés pour le grade de lieutenant.

A quoi donc tient ce désintéressement d'une réforme aussi bien accueillie dès l'abord ?

Quoi qu'il en soit, cette mesure de bienveillance et de justice pourrait être remplacée par une autre plus pratique, plus économique et surtout plus en rapport avec les goûts de nos sous-officiers.

Quelques emplois tenus par des officiers pourraient l'être sans inconvénient et d'une façon parfaite par d'anciens sous-officiers comptables, tels les emplois de : officier d'armement, officier adjoint au trésorier, officier de casernement (3 services placés réglementairement, le 1er sous la direction du capitaine d'habillement, le 2e sous la direction du capitaine trésorier, le 3e sous la direction du commandant-major).

Il ne paraît pas absolument nécessaire que ces emplois soient tenus par des officiers ; beaucoup d'adjudants pourraient très bien s'en acquitter, ce qui permettrait d'ailleurs de rendre à leur véritable rôle d'instructeur et d'éducateur du soldat trois officiers dans chaque régiment.

La solution serait très simple : augmenter de trois unités par régiment l'effectif (actuellement réglementaire) des adjudants et les charger des services qui incombent aux officiers précités.

Cette mesure serait très favorablement accueillie de tous, officiers et sous-officiers.

RÉSERVE ET TERRITORIALE

Officiers de réserve et de territoriale.

OBSERVATIONS GÉNÉRALES

Au point de vue de la solde, des indemnités de déplacement, de la tenue et des dépenses diverses occasionnées dans l'exercice de sa fonction ; au point de vue de son instruction technique (cours et conférences de garnison), de l'avancement et de la décoration ; d'une manière générale on peut dire que, dans toute circonstance où l'on prend l'officier de réserve, ses intérêts sont sacrifiés.

Nous allons préciser quelques-unes des causes d'infériorité.

1° De la solde et des indemnités de déplacement.

L'officier de réserve reçoit une solde qui est toujours la moins élevée du grade, quelle que soit son ancienneté de service.

Cependant, lorsqu'il accomplit un stage, l'officier de réserve est tenu à des dépenses plus élevées que celles de l'officier qui tient garnison. Pour toutes les dépenses extraordinaires qu'il est obligé de faire (frais de déplacement, journées d'hôtel, de pension, dépenses d'habillement, etc.), il reçoit une solde journalière de 7 à 9 francs, suivant le grade.

Par contre, l'officier de l'armée active a droit, pour ses déplacements, à des indemnités parfois assez élevées, pouvant aller à 8 et 11 francs par jour, en supplément de sa solde, quand lui-même n'a à supporter aucune dépense supplémentaire du fait de ses déplacements.

Il nous paraît équitable qu'on accorde à ces officiers la solde de leur ancienneté et pour tous leurs déplacements les indemnités prévues pour les officiers de l'active.

2' De l'habillement.

Une première mise d'équipement de 250 à 300 francs est accordée à un certain nombre d'officiers de réserve nouvellement promus pour l'achat de leurs effets militaires.

Le budget prévoit à cet effet un crédit de 190.000 francs, ce qui représente une moyenne de 690 allocations chaque année.

A ces dépenses d'achat viennent s'ajouter celles que nécessite l'entretien des effets et qui sont très onéreuses.

L'officier de réserve porte de plus en plus fréquemment la tenue. Il se trouve dans l'obligation d'assister à de nombreuses réunions ou solennités militaires, à des cours, conférences ou exercices, aux séances de tir ou d'instruction de sociétés militaires.

A chaque stage, il doit faire procéder, à ses frais, aux réparations de ses effets et à leur renouvellement.

On ne saurait logiquement faire supporter aux officiers les dépenses occasionnées par l'exercice de leur fonction.

3° De l'avancement.

Dans la réserve, l'avancement n'existe pas pour les officiers. La plupart restent 8 à 10 ans dans le même grade et ne sont promus que dans l'armée territoriale.

C'est une des causes du découragement très grand qui existe parmi ce personnel et qui se traduit par des démissions fréquentes.

Il est d'ailleurs bien rare que, dès que son âge le lui permet, l'officier ne demande pas à passer dans la territoriale.

Nous demandons qu'on établisse une proportion équitable entre les grades dans les deux catégories de personnel active et réserve, qui composent nos régiments de seconde ligne et qu'on assure à la deuxième catégorie un plus grand nombre d'emplois de capitaine.

4° De la décoration.

Jusqu'à présent, les croix de la Légion d'honneur étaient concédées avec beaucoup trop de parcimonie et quelquefois de façon peu judicieuse.

Elles allaient d'ailleurs en grande partie aux officiers et aux sous-officiers retraités.

Une nouvelle loi, promulguée le 18 décembre dernier, fait disparaître en partie les inconvénients de l'ancien état de choses.

Les croix d'officier sont portées de 46 à 50, les croix de chevalier de 150 à 250, et les médailles militaires de 50 à 200.

Sans doute, cette augmentation sensible dans le nombre des récompenses à attribuer permettra de mieux doter nos officiers de réserve. Mais il est à souhaiter que les errements suivis jusqu'à ce jour soient un peu modifiés.

Si cette augmentation allait comme par le passé aux officiers et sous-officiers retraités, la loi nouvelle manquerait complètement son but. Ceux qu'elle veut récompenser, ce sont surtout les officiers de réserve proprement dits, ceux qui consacrent tous leurs loisirs à l'armée, qui s'arrachent même à leurs travaux pour aller, pendant trente années, accomplir des stages, suivre des cours d'instruction, se retremper enfin au sein même de la grande famille militaire.

Il semble qu'on ait méconnu leurs efforts, leur valeur et les sacrifices qu'on leur impose.

Des sociétés de tir.

Le tir de guerre a pris de nos jours une importance capitale.

La longue portée des armes actuelles, leur grande précision, ainsi que la très grande rapidité du tir ont nécessité
de nouvelles méthodes d'enseignement.

Dans les régiments, cette partie de l'instruction est deve-
nue plus pratique et plus complète, en même temps que
très intéressante. Les anciennes méthodes ont fait place à
de plus simples et de plus rapides.

Les allocations des munitions sont largement accordées
et les tirs nombreux.

Des prix et des avantages de toutes sortes sont décernés
aux meilleurs tireurs.

La réduction du service à deux ans nécessitera encore un
plus grand effort pour arriver à un résultat égal sinon
meilleur qu'aujourd'hui.

Mais cette instruction acquise au régiment se perd dès
que l'homme rendu à la vie civile ne pratique plus. Cependant, il serait indispensable que les réservistes continuassent
à s'entretenir dans cette pratique et que chaque homme
pût effectuer tout au moins pendant les premières années
de son passage dans la réserve quelques tirs chaque année.

Pour atteindre ce résultat, il faudra multiplier sur tout le
territoire les champs de tir. Nous devons espérer voir réaliser ce vœu dans un avenir prochain et le gouvernement
entrer résolument dans cette voie.

Les sociétés de tir sont venues combler en partie cette
lacune et assumer la tâche de généraliser sa pratique dans
les masses.

Grâce au dévouement d'une foule de citoyens, les sociétés
se sont multipliées un peu partout où peuvent être utilisés
les stands de l'armée. Des officiers et gradés de la réserve
consacrent tout leur temps au fonctionnement des sociétés
régimentaires.

Le Ministre de la guerre vient en aide à ces sociétés en
mettant à leur disposition les stands des garnisons, le matériel des corps, les gradés et soldats nécessaires à l'exécution
des tirs, enfin par l'allocation de cartouches et l'attribution d'un certain nombre de prix à chacune d'entre elles.

Les armes sont prêtées et les munitions allouées conformément à l'instruction du 21 juin 1904. On en délivre suffisamment à l'exception des cartouches modèle 1892, qui sont cédées à titre remboursable.

La critique la plus sérieuse qu'on ait à formuler, c'est l'insuffisance de la plupart des stands actuels au point de vue de leur nombre et de leur commodité.

Les sociétés de tir ont augmenté d'une façon prodigieuse dans ces dernières années et les stands sont restés les mêmes.

La plupart ne possèdent que deux ou trois créneaux, ce qui est absolument insuffisant pour l'exécution des tirs de plusieurs sociétés. Il faut considérer que les tirs se font généralement le dimanche et que chaque société ne possède qu'un temps très limité pour ses tireurs. Certaines sociétés ont à faire exécuter 150 tirs en deux heures sur trois cibles. Dans ces conditions, les tirs se font mal et perdent tout intérêt.

La région parisienne est encore l'une des plus mal partagées avec ses cinq stands : Mont-Valérien, Auteuil, Montrouge, Vincennes et Saint-Denis, tous installés d'une façon très rudimentaire. Ils sont d'ailleurs à peu près déclassés et il n'y a plus guère que les sociétés de tir qui s'en servent. Les corps actifs vont effectuer leur tir à Maisons-Laffitte ou dans les camps.

D'une manière générale, les stands actuels devraient être agrandis d'un ou deux créneaux pour permettre la bonne exécution des tirs de société.

Enfin le tir de 200 mètres ne saurait rester le seul tir en usage.

Avec les armes à longue portée, il est nécessaire de posséder des champs de tir très étendus. On les trouve assez loin des garnisons, dans les camps d'instruction; seule, l'armée active peut les utiliser.

Il serait nécessaire de créer dans la plupart des garnisons un stand de 300 à 400 mètres où les sociétés viendraient faire exécuter deux ou trois tirs de leurs séries.

Ces tirs serviraient de complément d'instruction, tout en constituant un nouvel attrait pour les tireurs.

Souhaitons que l'État participe d'une manière encore plus efficace à l'existence de ces sociétés, qu'il crée et encourage les concours régionaux et contribue de plus en plus à assurer l'œuvre nationale de défense à laquelle se consacrent ces sociétés.

Statistique des officiers de réserve.

Les tableaux suivants fourniront à la Chambre tous les renseignements nécessaires, quant aux diverses armes et aux divers services de l'armée.

DÉSIGNATION DES ARMES OU SERVICES.	NÉCESSAIRES.	EFFECTIFS en août 1905.	DIFFÉRENCES		OBSERVATIONS.
			en plus.	en moins.	
I. — Troupes métropolitaines.					(1) Les nécessaires en vétérinaires de réserve ne peuvent être déterminés ; les emplois peuvent être indifféremment occupés soit par un vétérinaire de réserve soit par un vétérinaire de l'armée territoriale. Le nombre total (réserve et armée territoriale) est d'ailleurs plus que suffisant pour faire face aux besoins.
Armes.					
Infanterie......................	12.265	6.089	»	6.176	
Cavalerie.. Officiers de cavalerie..........	1.298	1.287	»	11	
(Vétérinaires.....	1 »	571	571	»	
Artillerie......................	3.522	3.582	60	»	
Génie (corps de troupe et état-major particulier)....	835	725	»	110	
Train	390	209	»	181	
Services.					(2) L'existant en officiers de réserve du service d'état-major comprend les agents des eaux et forêts affectés aux divers états-majors. en surnombre de l'effectif réglementaire en raison de leurs fonctions spéciales. On s'est efforcé de réduire cet excédent qui en août 1904 était de 79 et n'est plus que de 48.
(Réserve et armée territoriale.)					
Service d'état-major........	643	691	(2)48	»	
Service des chemins de fer et des étapes............	845	836	»	9	
Interprètes militaires.......	179	179	»	»	
Service de l'intendance.					
(Réserve et armée territoriale.)					
Fonctionnaires de l'Intendance...................	403	374	»	29	
Officiers d'administration...	2.069	2.040	»	29	
Service de santé.					(3) Personnel nécessaire aux nombreux hôpitaux du territoire.
Médecins...................	7.775	8.408	633	»	
Pharmaciens............(3)	2.139	1.564	»	575	
Officiers d'administration.(3)	3.519	1.876	»	1.643	(4) Déficit actuellement comblé.
Totaux pour les troupes métropolitaines......	35.882	28.431	1.312	8.763	(5) Déficit comblé par la promotion des élèves de Bordeaux (3 promotions de 45 élèves).
II. — Troupes coloniales.					
Infanterie coloniale	367	357	»	(4)10	
Artillerie coloniale.........	116	109	»	7	
Corps du commissariat.....	»	11	11	»	
Corps de santé............	108	29	»	(5)79	
Totaux pour les troupes coloniales............	591	506	11	96	

DÉSIGNATION DES ARMES ET SERVICES.	EFFECTIFS au mois de juillet 1901. (Rapport 1902.)	EFFECTIFS au mois d'août 1905.	DIFFÉRENCES pour 1905.		OBSERVATIONS.
			en plus.	en moins.	
I. — Troupes métropolitaines.					
Infanterie..................	5.562	6.089	527	»	
Cavalerie.. { Officiers de cavalerie.......	2.065	1.287	»	207	
{ Vétérinaires....		571	»		
Artillerie..............	2.744	3.582	838	»	
Génie.....................	446	725	279	»	
Train.....................	207	209	2	»	
Services.					
(Réserve et armée territoriale).					
Service d'état-major........	719	691	»	28	
Service des chemins de fer et des étapes...........	725	836	111	»	
Interprètes militaires.......	»	179	179	»	Renseignement non fourni en 1902.
Service de l'intendance.					
(Réserve et armée territoriale).					
Fonctionnaires de l'intendance..................	356	374	18	»	
Officiers d'administration...	1.876	2.040	164	»	
Service de santé.					
(Réserve et armée territoriale.)					
Médecins..................	7.063	8.408	1.345	»	
Pharmaciens..............	1.202	1.564	362	»	
Officiers d'administration...	1.679	1.876	197	»	
Totaux pour les troupes métropolitaines.....	24.644	28.431	4.022	235	
II. — Troupes coloniales.					
Infanterie coloniale........	»	357	357	»	
Artillerie coloniale........	»	109	109	»	
Corps du commissariat.....	»	11	11	»	
Corps de santé...........	»	29	29	»	
Totaux pour les troupes coloniales..........	»	506	506	»	

Il résulte de ces tableaux qu'il y a un écart de **7.481** *en moins* entre l'*effectif* et le *nécessaire*, soit un déficit d'un *cinquième*.

Des mesures urgentes s'imposent pour le combler et nous communiquons à la Chambre les renseignements qui nous ont été fournis par l'Administration de la guerre en réponse à diverses questions concernant le recrutement des officiers de réserve.

Moyens employés pour augmenter le nombre des officiers de réserve.

« L'examen des tableaux ci-dessus permet de constater que la situation des effectifs en officiers de réserve est défectueuse pour l'infanterie seulement. Mais en ce qui concerne cette arme plus particulièrement, il y a lieu de remarquer que les chiffres pris comme base des nécessaires n'ont rien d'absolu.

« Ils doivent être regardés comme des fixations qu'il serait évidemment très désirable d'atteindre, mais qu'on ne doit pas s'efforcer de réaliser au détriment de la qualité même des officiers.

« En fait, l'arme de l'infanterie possède en elle-même d'autres ressources capables de se substituer, en partie tout au moins, aux déficits constatés.

« Les insuffisances numériques portent, en effet, exclusivement sur les chefs de section. Or, il existe dans cette arme une réserve considérable de sous-officiers qui ont obtenu, après examen, le certificat d'aptitude aux fonctions de chefs de section et dont l'instruction pratique est complète. On trouvera en très grand nombre dans ce personnel des auxiliaires précieux en mesure de remplacer, partout où cela est nécessaire, les officiers de réserve manquants. C'est ainsi que pour un déficit signalé de 6.176 lieutenants ou sous-lieutenants de réserve d'infanterie, il existe un réservoir de 11.989 sous-officiers aptes à remplir les fonctions de chef de section. Des ressources analogues existent dans toutes les armes.

« Cette constatation doit atténuer les craintes que l'on pourrait concevoir au sujet du bon encadrement de nos unités de campagne.

« Dans ces conditions, il semble plus conforme aux intérêts de l'armée et du pays de ne pas réaliser, coûte que coûte, un nombre d'officiers fixé à l'avance et de ne constituer la réserve d'officiers de complément dont l'armée a besoin que lorsqu'il sera possible de le faire, c'est-à-dire lorsque la loi de recrutement de deux ans pourra produire les effets qu'on est en droit d'en attendre.

« L'amélioration de la situation des officiers de réserve n'en est pas moins poursuivie et divers moyens sont mis à l'étude.

« D'une part, une Commission spéciale, dite de mobilisation, d'instruction et de service intérieur des corps de troupe, a été chargée d'examiner la possibilité de donner des avantages d'avancement aux anciens sous-officiers retraités qui se feraient nommer officiers de réserve.

« D'autre part, on se propose d'établir une fusion plus complète entre les officiers de l'armée active et ceux de réserve, en conviant ces derniers à tous les exercices, manœuvres avec cadres ou avec troupes, services en campagne, conférences organisées pour l'instruction des officiers de l'armée active. Les séances auxquelles ils assisteraient seraient comptées comme journées de service effectif et défalquées de la période d'instruction qu'ils doivent accomplir. Les officiers de réserve qui se feraient remarquer par leur zèle et leur assiduité seraient l'objet de propositions pour récompenses, témoignages de satisfaction, lettres de félicitations, citations au *Bulletin officiel* ; en outre, leurs notes entreraient en ligne de compte pour les propositions relatives à l'avancement et à la Légion d'honneur.

« Enfin, on poursuit les études concernant les avantages matériels à procurer aux officiers de réserve. (Nous faisons connaître plus loin où en sont les négociations entreprises par le Département de la guerre pour obtenir une réduction en leur faveur des tarifs de circulation sur les chemins de fer.)

Résultats éventuels de la loi de deux ans.

« Il semble que la loi du 21 mars 1905 sur le service de deux ans doive donner de bons résultats au point de vue de la qualité des officiers de réserve. Tous les jeunes gens ayant une instruction générale étendue seront astreints à deux ans de service ; sur ces deux années, les uns, ceux qui appartiennent aux grandes écoles, en accompliront une comme officiers de réserve, les autres accompliront leurs dern'ers six mois de service en cette même qualité.

« Il y aura de ce fait une préparation des plus complètes et offrant les meilleures garanties au point de vue du bon encadrement de nos formations de guerre.

« Quant aux effectifs que l'on pourra réaliser sous le régime de la loi nouvelle, il est difficile de les évaluer à l'heure actuelle et il convient d'attendre quelques années pour se prononcer sur ce point.

« Sans méconnaître l'importance que peut avoir l'augmentation du nombre des officiers de réserve, ce qui prime tout, c'est d'avoir de bons officiers, c'est d'éliminer tous les candidats médiocres. A cette cond't'on seulement pourra se faire la fusion, individuelle, de nos officiers de réserve dans notre corps d'officiers, de manière à n'en faire qu'un seul et même corps parfaitement uni.

Retraites anticipées.

« Il est certain que les retraites anticipées accordées après quinze ans ou dix ans de services donneraient à l'armée des ressources nouvelles en officiers de réserve.

« Il est cependant à remarquer que parmi les officiers qui jouiraient de ces retraites les uns seraient déjà pourvus du grade de capitaine, les autres seraient des lieutenants déjà anciens et qui, par suite, seraient promus capitaines après un très court séjour dans la réserve.

« Or, les besoins de l'armée en officiers de réserve portent pour la très grande majorité sur les grades de lieutenant et de sous-lieutenant.

« La création des retraites anticipées ne paraît donc pas répondre à ces besoins.

Congés sans solde.

« Les congés sans solde, accordés par les lois de finances depuis 1902, paraissent une des meilleures mesures propres à faciliter aux officiers qui le désirent, de quitter l'armée et de renoncer ensuite en toute connaissance de cause aux droits qu'ils s'étaient déjà acquis par leur ancienneté de service.

« Cette disposition procurera d'autre part un appoint aux ressources en officiers de réserve qui proviennent du fait des démissions et des retraites normales.

« A ce double point de vue, il semble que les dispositions adoptées doivent être maintenues, sous la réserve que le nombre des congés soit limité, en raison des incomplets qu'ils amènent dans les cadres.

Diminution des périodes et de leur durée.

« Le nombre et la durée des périodes obligatoires d'instruction des officiers de réserve ont été fixés par la loi du 21 mars 1905.

« Il semble d'ailleurs que le nombre et la durée des périodes ainsi imposées constituent des minima nécessaires pour entretenir convenablement l'instruction des officiers de réserve et pour les mettre en état de rendre des services immédiats en temps de guerre.

« Enfin, les demandes d'ajournement étant accueillies avec une très grande libéralité, il n'apparaît pas que la diminution du nombre ou de la durée des périodes puisse avoir pour conséquence une augmentation sensible de l'effectif des officiers de réserve.

Officiers demandant à rester dans la réserve.

« Il n'y a pas un intérêt primordial à retenir dans la réserve un grand nombre d'officiers qui seraient appelés par leur âge à passer dans l'armée territoriale. D'une part, en effet, on ne peut pas leur accorder l'avancement qui correspondrait à leur ancienneté de service et, d'autre part, le but que l'on doit chercher à atteindre est surtout d'avoir dans la réserve des chefs de section jeunes et vigoureux.

« Toutefois on pourrait accorder aux officiers qui demanderaient à rester dans la réserve et qui rempliraient les conditions d'aptitude voulues l'avantage de ne plus accomplir qu'une seule période d'une semaine pendant toute la durée de leur séjour complémentaire dans la réserve.

« L'accomplissement de cette période restreinte ne peut pas être une gêne pour les intéressés et elle permettrait d'autre part à l'autorité militaire de s'assurer que les officiers dont il s'agit sont toujours aptes à remplir leurs fonctions en temps de guerre.

« On pourrait également étudier la possibilité d'affecter ces officiers à un régiment de leur choix.

Le quart de place pour les officiers de réserve.

« Au commencement de cette année, l'Administration de la guerre a étudié la question dans le sens ci-après :

« Abandon de l'idée d'une concession permanente en raison du refus des Compagnies ; cette concession permanente aurait été remplacée par le bénéfice temporaire de réductions consenties à la suite de périodes d'instruction ou en raison de la stricte observation des devoirs militaires des officiers de complément, au moyen de la délivrance, soit de feuilles de route, soit de carnets kilométriques.

« Aucune décision n'a pu encore être prise à ce sujet.

« D'autre part, à la date du 21 juin dernier, M. le Ministre

des travaux publics a fait part au Ministre d'une proposition des Compagnies de chemins de fer, consistant en la
concession aux offic'ers de réserve et de l'armée territoriale
qui en feraient la demande d'une carte de circulation délivrée moyennant un versement réduit et le payement d'une
quote-part par l'Etat, donnant droit à la délivrance de billets
à demi-tarif.

« Des éclaircissements ont été demandés à M. le Ministre
des travaux publics sur des points de détail du projet en
question et l'état-major de l'armée a été invité à faire connaître l'effectif des officiers de complément, afin d'évaluer
la quote-part de dépenses revenant à l'Etat.

« M. le Ministre des travaux publics n'a pas encore
répondu à la demande précitée. »

Nous ne pouvons qu'approuver tout ce qui vient d'être lu.

Qu'il nous soit permis d'insister sur la nécessité d'une
fusion aussi parfaite que possible entre les officiers de complément et ceux de l'active.

Les premiers ne demandent pas mieux que de voir se
réaliser cet idéal.

Nous avons constaté avec plaisir que nos officiers de
l'armée active avaient, en beaucoup d'endroits, compris
l'importance de cette unification.

Les moyens préconisés par l'administration aideront
encore la bonne volonté qui se manifeste partout et les
soldats de carrière faciliteront de plus en plus la tâche des
soldats-citoyens.

Au jour du danger il n'y aurait pas de différence entre les
uns et les autres. Il faut tenir compte à ces derniers de
l'effort qu'ils font, même contre leurs intérêts matériels.

2° Situation des officiers de l'armée territoriale, nécessaires et effectifs.

DÉSIGNATION DES ARMES ET SERVICES.	NÉCESSAIRES.	EFFECTIFS.	DIFFÉRENCES		OBSERVATIONS.
			en plus.	en moins.	
I. — Armes.					(1) Besoins non déterminés; on peut employer indistinctement les officiers de réserve et de l'armée territoriale.
Infanterie................	9.076	7.908	»	1.168	
Cavalerie.. Officiers........	234	238	4	»	
Vétérinaires	(1) 827	827	»	»	
Artillerie (officiers et officiers d'administration) ...	2.445	2.557	112	(2) 160	
Génie (officiers et officiers d'administration)........	1.611	1.451	»		(2) Ce déficit peu élevé ne compromet en rien la mobilisation des unités ou des services.
Train des équipages........	578	567	»	11	
Gendarmerie..............	185	161	»	24	
Total..............	14.956	13.709	116	1.363	(3) Dans ces services, les officiers de la réserve de l'armée active et de l'armée territoriale sont employés indistinctement, et il est, par suite, impossible de les séparer, tant pour l'évaluation des nécessaires que des ressources.
II. — Services (3).					
(Réserve et armée territoriale.)					
Service d'état-major.......	643	691	48	»	
Service des chemins de fer.	845	836	»	9	
Interprètes militaires.......	179	179	»	»	
Service de l'intendance. Fonctionnaires..	403	374	»	29	
Officiers d'administration.....	2.069	2.040	»	29	
Service de santé. Médecins........	7.775	8.408	633	»	
Pharmaciens....	2.439	1.864	»	575	
Officiers d'administration.....	3.519	1.876	»	1.643	
Total..............	17.572	15.968	681	2.285	
Total général..........	32.528	29.677	797	3.648	

Réduction possible des périodes d'instruction pour les hommes de la réserve et de la territoriale.

OPINION DE L'ADMINISTRATION DE LA GUERRE

« Une semaine pleine paraît suffisante pour l'armée territoriale. Elle permet en effet, dans toutes les armes, d'initier suffisamment les hommes et les cadres au fonctionnement des engins nouveaux, de leur faire revoir rapidement les manœuvres dont le règlement a pu être modifié et de leur faire exécuter dans la garnison ou dans les environs immédiats des exercices de mobilisation et de service en campagne (habillement, armement, réception de chevaux, harnachement, embarquement en chemins de fer, bivouac, cantonnement, marches, combats).

« Pour les réservistes, c'est la durée des manœuvres qui doit, ce semble, déterminer la durée des appels, en tenant compte de la nécessité d'une période de préparation indispensable pour éviter aux hommes les accidents qui résultent de fatigues trop considérables subies sans entraînement.

« Vingt et un jours paraissent correspondre exactement à ces différentes nécessités et, en admettant encore que les hommes, qui auraient pris part aux manœuvres d'armée ou de corps d'armée, devraient être, dès la fin de ces manœuvres, renvoyés en utilisant les voies ferrées.

« Mais cette question ne peut se poser utilement qu'en présence de la discussion d'un projet ferme de réduction. Le Ministre ne peut, lui, qu'appliquer la loi, sans songer à une modification dont il aurait l'initiative.

« L'instruction est réglée non par des lois, décrets ou arrêtés, mais par des prescriptions ministérielles essentiellement mobiles qui suivent des progrès incessants.

« La rapidité de l'instruction dépend :

« 1° D'une somme de connaissances nécessaires.

« Les règlements de manœuvres sont simples et souples.

Les règlements des services généraux sont soumis à une revision.

« 2° De la valeur des enseignants.

« La Commission des écoles qui va entreprendre la nouvelle organisation des écoles donnera le moyen d'avoir des officiers actifs, imbus des idées de progrès et des officiers de réserve convenablement préparés.

« 3° De la valeur des enseignés.

« Cette valeur augmente tous les jours avec le degré de l'instruction qui se répand de plus en plus dans le pays, avec la préparation du tir, avec le goût des exercices physiques rationnels.

« On ne peut qu'insister sur la vigilance du Ministre et sur son devoir étroit de rechercher constamment sous sa responsabilité des progrès à réaliser. Aussi, malgré l'autorité et la haute capacité de certaines personnalités, le Ministre ne peut que s'opposer sur ce point, dans l'intérêt de l'armée, à la constitution de toute Commission qui ne serait pas entièrement composée de subordonnés du Ministre.

Économie réalisable par la réduction éventuelle de 28 à 20 et de 13 à 9 jours de la durée des périodes.

« En prenant comme base d'évaluation l'effectif à convoquer en 1906, l'économie qui résulterait de la réduction in-indiquée peut se chiffrer approximativement ainsi qu'il suit :

« 1° Réservistes :

361.793 hommes ...... $361.793 \times 8 =$ 2.894.344 fr.
à 1 franc d'entretien par jour.

« 2° Territoriaux :

125.892 hommes....... $125.892 \times 4 =$ 503.568 »
à 1 franc d'entretien par jour.

Total................ 3.397.912 fr.

TABLEAU A

Réservistes et territoriaux convoqués.

Le tableau ci-dessous indique par année le nombre de réservistes et territoriaux convoqués de 1899 à 1905 et le nombre de ceux à convoquer en 1906.

ANNÉES	RÉSERVISTES.	TERRITORIAUX.	OBSERVATIONS.
1899....................	397.041	16.735	
1900....................	310.665	265.964	
1901....................	350.240	28.857	
1902....................	310.591	119.160	
1903....................	345.102	119.280	
1904....................	359.958	125.851	
1905....................	(1) 356.113	140.748	(1) Chiffres prévus au budget de 1905.
1906................ ...	(2) 361.793	125.892	2) Chiffres prévus au budget de 1905.

TABLEAU

Tableau des crédits relatifs

NUMÉROS des chapitres.	DÉSIGNATION DES SERVICES.		RÉSERVE.				
			DÉPENSES				TOTAL.
			de personnel.		de matériel.		
			Officiers.	Troupe.	Officiers.	Troupe	
1	2		3	4	5	6	7
			francs.	francs.	francs.	francs.	francs.
4	Frais généraux d'impressions.............		»	»	»	40.260	40.260
6	État-major général et service d'état major.	Art. 1er. — État-major général...............	5.692	»	»	»	5.692
		Art. 2. — Services d'état-major...............	22.212	»	»	»	22.212
8	États-majors particuliers de l'artillerie et du génie	Art. 1er. — État-major particulier de l'artillerie...	55.674	»	»	»	55.674
		Art. 2. — État-major particulier du génie.....	6.475	»	»	»	6.475
9	Services de l'intendance militaire...........		59.200	»	»	»	59.200
10	Service de santé.................		50.800	»	»	»	50.800
11	Interprètes militaires..................		3.635	»	»	»	3.635
14	Solde de l'infanterie..................		976.209	574.621	»	»	1.550.830
15	Solde de la cavalerie		225.868	53.556	»	»	284.424
16	Solde de l'artillerie..................		750.721	128.914	»	»	879.635
17	Solde du génie..................		142.748	26.153	»	»	168.901
18	Solde du train des équipages.............		18.999	25.900	»	»	44.899
19	Solde des troupes d'administration..........		»	46.484	»	»	46.484
20	Manœuvres et exercices techniques..........		187.322	»	»	(1) 17.001 (2) 432.687 (3) 105.422	742.432
22	Gendarmerie départementale...		»	1.043	»	»	1.043
23	Frais de déplacements..................		268.842	1.516.518	»	»	1.785.360
26	Frais divers des réserves...............		»	»	»	»	»
34	Artillerie. Entretien du matériel...........		»	»	»	129.000	129.000
35	Munitions pour l'instruction du tir.		»	»	14.159	1.425.970	1.440.129
42	Vivres (Matériel).................		»	»	»	1.346.377	1.346.377
43	Ordinaires de la troupe..................		»	»	»	4.656.396	4.656.396
47	Habillement et campement (Matériel)...		»	»	57.689	2.302.394	2.360.083
51	Hôpitaux (Matériel).................		»	»	1.026	20.944	21.970
	Totaux............		2.774.397	2.378.239	72.874	10.476.451	15.701.961

B .

à la réserve et à la territoriale.

ARMÉE TERRITORIALE.					TOTAL général conforme à celui des rubriques du budget.
DÉPENSES				TOTAL.	Total des colonnes 7 et 12.
de personnel.		de matériel.			
Officiers. 8	Troupe. 9	Officiers 10	Troupe. 11	12	
francs.	francs.	francs.	francs.	francs.	francs.
»	»	»	19.000	19.000	59.260
»	»	»	»	»	5.692
30.915	»	»	»	30.915	53.127
17.689	»	»	»	17.689	73.363
25.389	»	»	»	25.389	31.864
64.800	»	»	»	64.800	124.000
23.000	»	»	»	23.000	73.800
608	»	»	»	608	4.243
577.219	100.876	11.179	»	689.294	2.240.123
23.953	6.311	235	»	35.490	319.923
130.316	25.764	2 726	»	158.806	1.038.491
27.734	5.359	338	»	33 431	202.332
35.297	11.397	1.082	»	47.876	92.775
»	9.218	90	»	9.308	55.792
»	»	»	»	»	742.432
500	1.471	»	»	1.971	3.014
311.109	582.991	»	»	894.100	2.679.460
»	»	39.785	»	39.785	39.785
»	»	»	66.000	66.000	195.000
»	»	9.701	252.464	262.165	1.702.294
»	»	»	203.451	203.451	1.549.828
»	»	»	703.623	703.628	5.360.024
»	»	»	344.486	344.486	2.705.069
»	»	800	13.400	14.200	36.170
1.273.629	743.407	66.936	1.002.929	3.685.901	19.387.868

(1) Vivres.
(2) Ordinaires.
(3) Campement.

SUR LA LOI DE DEUX ANS

LA LOI DU 21 MARS 1905

a) Historique.

La loi du 21 mars 1905 est, depuis 1870, la troisième loi sur le recrutement votée par le Parlement. On peut dire qu'elle est l'aboutissant actuel d'un effort constant accompli, depuis cette époque, en vue de rendre le service militaire égal pour tous. Elle ne fait que tirer les conséquences du principe posé par la Révolution « le service de la patrie est un devoir civique et général » (loi du 4 mars 1791); et il est étrange qu'alors que, depuis plus d'un siècle, le principe de l'égalité de tous les citoyens devant l'impôt est considéré comme intangible, on ait eu tant de mal à réaliser l'égalité de tous les Français devant le plus nécessaire et le plus lourd de tous les impôts, celui que le général Foy appelait, d'un terme énergique, « l'impôt du sang ».

A vrai dire, il était impossible de réaliser cette égalité sous l'empire des législations antérieures à 1870 (1818 et 1832), puisque ces lois fixaient pour l'effectif de l'armée un contingent déterminé qu'il ne fallait pas dépasser. L'égalité devant le service militaire suppose nécessairement l'universalité du service militaire.

La supériorité de ce dernier principe apparut d'une façon éclatante au lendemain de Sadowa et ce fut lui qui servit de base au projet du maréchal Niel, en 1868. Ce projet fut malheureusement repoussé et le terrible événement de 1870 nous surprit, avant que nous eussions pu reconstituer notre armée sur de nouvelles bases.

La loi de 1872 introduisit donc dans le recrutement de

notre armée le principe de l'universalité du service militaire : il n'y eut plus de contingent préalablement fixé, il
n'y eut plus d'exonération ni de remplacement à prix
d'argent. Mais cette loi maintenait les plus graves inégalités.

D'abord, en effet, elle disposait qu'une partie des jeunes
gens du contingent accomplirait cinq années de service,
alors que les autres seraient renvoyés après une année.
C'était le tirage au sort qui désignait les uns et les autres.

De plus, des dispenses complètes étaient accordées à
titre de soutien de famille. La loi de 1872 inaugurait en
outre une institution nouvelle chez nous, mais déjà prati-
quée en Allemagne : le volontariat d'un an. Cette institution — qui au point de vue du recrutement des sous-
officiers et des officiers de réserve pouvait avoir de bons
résultats — n'était en somme qu'une réduction de quatre
années de service, obtenue moyennant 1.500 francs et sous
certaines conditions d'instruction.

La loi de 1872 suscita les plus vives critiques et la loi
du 15 juillet 1889 la remplaça. Elle ne réalisa pas, sur sa
devancière, un énorme progrès. Elle posa bien, en principe,
que tous les Français devaient accomplir trois années de
service actif. Mais que d'exceptions à ce principe! La loi
comportait, en effet, le renvoi, après une année de présence
sous les drapeaux, de tous les jeunes gens pouvant faire
valoir un cas de dispense; et celles de ces dispenses qui
constituaient la plus grave atteinte au principe de l'égalité
étaient, certes, les dispenses de l'article 23, dispensant de
deux années de service les jeunes gens pourvus, à un âge
déterminé, de certains grades universitaires. C'était en
somme l'abus du volontariat sans les compensations de
celui-ci : obligation d'une certaine instruction militaire,
obligation de devenir sous-officier ou officier de réserve,
obligation d'un versement de 1.500 francs : car tous les
jeunes gens, à qui la situation de leur famille le permettait,
poursuivaient l'obtention des grades en vue de la dispense
du service.

Une autre atteinte au principe de l'égalité était le classement dans les services auxiliaires des jeunes gens inaptes au service armé, ces jeunes gens n'étant soumis à aucune obligation en temps de paix.

Comme conséquence de ces diverses dispositions, une partie des hommes valides, un tiers environ, étaient exercés pendant une année seulement, les autres pendant trois ans; et le pays disposait, en cas de guerre, de 25 classes d'hommes instruits.

Il y a lieu de remarquer toutefois que la loi de 1889 n'a pas eu le temps de produire tout son effet : les trois plus anciennes classes de l'armée territoriale et les six classes de la réserve de cette armée qui sont antérieures à la classe 1888 comprennent encore un certain nombre d'hommes n'ayant reçu qu'une instruction militaire rudimentaire.

Les effectifs dont dispose le pays, au moment de l'abrogation de la loi de 1889, sont ainsi de :

Armée active et réserve : 2.500.000 hommes, ayant tous accompli au moins une année de service actif.

Armée territoriale (réserve non comprise) : 1.200.000 hommes, dont la plupart ont accompli au moins une année de service actif.

En résumé, avant l'adoption du service de trois ans, sous l'empire de la loi de 1872, l'armée comprenait, à côté d'une notable proportion d'hommes ayant accompli cinq ans de service actif, un contingent d'hommes ayant accompli environ un an (2ᵉ portion) et un contingent d'hommes non exercés atteignant le chiffre élevé de 60.000 par an. La durée du service imposé aux citoyens n'était que de vingt ans.

Les dispositions de la loi de 1889 ont eu pour effet de donner une homogénéité plus grande à l'armée et d'augmenter d'un million au moins le nombre des combattants instruits dont disposerait le pays en cas de guerre.

C'est une application plus rigoureuse du principe de l'égalité du service militaire, en même temps qu'un allégement de cette obligation pour tous les citoyens, qu'a prétendu réaliser la nouvelle loi militaire.

Depuis longtemps, la réduction du service militaire à deux années était envisagée comme parfaitement compatible avec l'intérêt de notre défense nationale et ardemment désirée par la nation. Une première proposition en ce sens fut déposée au Sénat, par M. Rolland et plusieurs de ses collègues, le 22 novembre 1898. La Commission sénatoriale de l'armée adopta le principe de cette proposition, mais y apporta un certain nombre de modifications. M. Rolland, tenant compte des décisions de la Commission et de certains desiderata exprimés par le Ministre de la guerre, déposa, le 21 mai 1901, une proposition de loi rectifiée. Après deux délibérations au Sénat, la proposition vint à la Chambre et fit l'objet d'un remarquable rapport présenté le 3 mars 1904, au nom de la Commission de l'armée, par M. Berteaux.

Le texte voté par la Chambre présentait avec celui du Sénat un grand nombre de différences de détail et aussi quelques différences très importantes. D'une façon générale, la Chambre faisait du principe d'égalité une application plus rigoureuse que le Sénat. C'est ainsi qu'elle décidait que tous les jeunes gens admis dans les grandes écoles, même les écoles militaires, accompliraient toujours deux années de service actif, à titre de simples soldats, dans un corps de troupe. Le texte de la Chambre réduisait aussi la durée des périodes d'instruction pour les réservistes et les territoriaux.

Le Sénat, lorsque la proposition lui fut retournée, n'accepta aucune des modifications apportées à son texte par la Chambre. La Chambre, soucieuse avant tout de ne pas retarder la réforme et de ne pas tromper l'attente de la nation, adopta ce texte qui devint la loi du 21 mars 1905.

Tout le principe de la nouvelle loi est compris dans le premier paragraphe de son article 2 : *le service militaire est égal pour tous*. Partant, toutes les dispenses qu'avait laissé subsister la loi de 1889 sont abolies : dispenses à titre de soutien de famille; dispenses de l'article 23, à raison des grades universitaires, dispenses à raison de la nationalité, dispenses résultant d'ajournements.

Il est un autre genre de dispenses que la nouvelle loi supprime également, au moins en partie : celles qui résultaient pour nombre de jeunes gens de leur classement dans les services auxiliaires, lesquels jeunes gens n'étaient de ce chef astreints à aucun service actif. Désormais, les jeunes gens reconnus aptes au service auxiliaire seront effectivement incorporés dans les services auxiliaires de l'armée.

Mais le législateur n'a pas voulu appliquer d'une façon rigide et brutale le nouveau principe et il a adopté un certain nombre de dispositions ayant pour but de concilier autant qu'il serait possible l'obligation du service militaire égal pour tous avec l'intérêt des jeunes gens et de leurs familles.

C'est ainsi que, par des devancements d'appel ou des sursis d'incorporation, les jeunes gens pourront, dans une certaine mesure et dans un certain délai, accomplir leurs deux années de service au moment qui leur sera le plus favorable. C'est ainsi que, par le même moyen, on pourra éviter que deux frères soient en même temps présents sous les drapeaux.

Une atténuation d'un autre ordre s'imposait : la loi de 1889 permettait le renvoi, après une année de service, des soutiens de famille (art. 21 et 22). Il fallait songer aux familles sur lesquelles l'obligation de deux années de service de leur soutien pourrait lourdement peser. L'article 22 de la nouvelle loi a tenté d'y pourvoir par une allocation de 0 fr. 75 par jour à ces familles. Seulement, cette disposition appelle une double remarque : d'abord cette allocation, bien modeste, sera dans nombre de cas insuffisante ; ensuite, comme le nombre des bénéficiaires de cette allocation est limité par la loi (8 0/0 et 2 0/0 du contingent), quelques familles intéressantes se la verront refuser.

Comme nous avons eu l'occasion de le remarquer dans l'historique succinct que nous avons fait de la nouvelle loi, le Sénat n'a pas voulu aller aussi loin que la Chambre dans l'application du principe d'égalité. Il en résulte certaines brèches à ce principe. C'est ainsi que les jeunes gens admis à l'Ecole spéciale militaire ou à l'Ecole polytechnique ne seront tenus d'accomplir qu'une année de service comme simples soldats dans un corps de troupe. C'est ainsi également que les jeunes gens admis dans les autres grandes écoles pourront, s'ils le veulent, fractionner la durée de leur service militaire et accomplir une année avant leur entrée dans ces écoles, et la seconde année à leur sortie — cette dernière année, d'ailleurs, comme officiers de réserve.

Les jeunes gens établis dans les colonies ou pays de protectorat pourront être renvoyés après une année de service effectif. Enfin, et ceci sera une inégalité à peu près inévitable, nous avons dit que la nouvelle loi prévoyait l'incorporation des jeunes gens aptes aux services auxiliaires. Mais le nombre des emplois dans les services auxiliaires est limité. En conséquence, le nombre des jeunes gens aptes à ce service devra être forcément limité et, dans chaque contingent, une partie seulement de ces jeunes gens seront incorporés, alors que les autres seront déchargés de toute obligation effective.

Mais nulle loi n'est parfaite ; toutes sont perfectibles. Telle qu'elle est, celle-ci constitue un notable progrès sur les législations antérieures. En incorporant au même degré et pour la même durée les éléments les plus différents de la nation, elle rapprochera davantage l'armée de la nation, elle se conformera mieux à la très belle et très sage conception de Royer-Collard : « L'armée doit être en harmonie avec le pays au sein duquel elle existe ; elle doit participer dans son esprit et dans sa composition à l'état de la société, en posséder les lumières, en suivre les progrès, et cela non seulement dans l'intérêt de l'art militaire, auquel toutes les connaissances concourent aujourd'hui, mais dans l'intérêt plus pressant de la société elle-même et de sa conservation. Une armée qui resterait ou tomberait au-dessous de la civilisation qui l'environne la menacerait sans cesse. »

b) **A propos de l'application de la loi de deux ans.**

La nouvelle loi militaire va entrer en vigueur le 21 mars prochain. Il faut prévoir que bien des questions seront soulevées par son application et que de nombreuses difficultés surgiront. Qu'on se rappelle quelle masse imposante de règlements d'administration publique, de décrets, d'instructions ministérielles, d'arrêts et d'avis interprétatifs du Conseil d'État a nécessités l'application de la loi de 1889!

Il est bien évident, en effet, que, quelque vif désir qu'ait le législateur de donner à sa pensée la plus grande précision possible, il ne peut prévoir à l'avance toutes les hésitations que pourra faire naître le texte qu'il a adopté, ni en régler à l'avance toutes les difficultés d'application. Ce n'est pas là, d'ailleurs, son rôle, mais bien plutôt celui de l'administration ou de la juridiction administrative. C'est assez pour lui d'avoir posé le nouveau principe et récemment fait aboutir enfin une réforme depuis si longtemps désirée et attendue par la nation.

Des difficultés d'ordre purement transitoire aussi ne manqueront pas de naître. Car si la loi de 1905 entre en vigueur à partir du 21 mars 1906, ce n'est pas à dire que, dès ce moment, celle de 1889 ne recevra plus aucune application. Il y aura des situations acquises dont il faudra tenir compte. Des hommes resteront soumis à la loi de 1889 et pourront accomplir du service actif, en vertu de cette loi, même assez longtemps après que la dernière des classes soumises à cette législation (la classe de 1904) aura été libérée. Nous voulons parler des omis, des insoumis, des jeunes gens libérés conditionnellement au bout d'une année et qui, à l'âge fixé par la loi, ne se seront pas trouvés remplir les conditions exigées pour conserver définitivement le bénéfice de leur dispense.

Enfin, dans le court délai qui nous sépare de la mise en vigueur de la loi nouvelle, dans la période ensuite où seront incorporés en même temps des jeunes gens obéissant à l'une et l'autre législation, d'autres questions se pose-

ront encore. Les jeunes gens que la loi de 1889 aurait favo-
risés et qui sont ou seront incessamment en âge de faire du
service actif, feront leur possible pour conserver encore le
bénéfice de la législation qui les privilégiait et reculer
autant que possible pour eux l'instant de l'application de la
loi nouvelle. Ceux, au contraire, qui n'avaient à profiter
d'aucune des faveurs de la législation expirante et qui
étaient, sous son empire, astreints à accomplir trois années
de service actif, désireront se voir appliquer immédiatement la nouvelle loi.

Dans quels cas y aura-t-il lieu d'appliquer l'ancienne
législation et dans quels cas la, nouvelle? Et sera-t-il toujours possible, ou du moins facile, de tracer une ligne de
démarcation bien nette entre le domaine des deux législations qui devront, pendant un certain temps, régner ensemble et se concilier ?

Nous ne pouvons avoir la prétention de prévoir et solutionner à l'avance les multiples difficultés d'ordres très
divers qui ne manqueront pas de se présenter; c'est surtout le fonctionnement même de la loi qui en fera connaître
les lacunes, les points faibles ou obscurs. Néanmoins, le
Parlement ne peut se désintéresser de l'interprétation de sa
volonté ; et nous avons pensé qu'il serait intéressant d'examiner, dès maintenant, un certain nombre de questions qui
ont pu déjà se présenter ou qui ne manqueront pas d'être
soulevées.

1° En vertu de l'article 99 de la loi de 1905, les jeunes
gens qui, avant la mise en application de cette loi, auront
contracté l'engagement conditionnel de la loi de 1889 con-
serveront le bénéfice de cette loi et seront renvoyés après
deux années de service actif. Il est donc à prévoir que tous
les jeunes gens qui, en vertu de leur âge, ne seraient appelés
qu'à dater de 1906, et qui rempliront, d'autre part, les conditions requises pour contracter cet engagement ne manqueront pas de le faire. Cela n'offre aucun inconvénient
pour les étudiants des diverses facultés. Il n'en va pas ainsi

pour les jeunes instituteurs et le départ simultané de tous ceux qui pourront invoquer l'article 99 désorganiserait pour une assez longue durée et risquerait même de suspendre entièrement, pour une année, le service de l'enseignement primaire. Le cadre des instituteurs stagiaires, en effet, se trouverait subitement privé d'un nombre important de ses éléments; la promotion des élèves-maîtres de troisième année étant elle-même tout entière appelée sous les drapeaux, le recrutement du personnel cesserait à peu près partout de pouvoir être assuré. Pour ce qui est des écoles normales d'instituteurs, il faut prévoir que l'effectif serait diminué, durant la prochaine année scolaire, de la totalité en troisième année et des trois quarts en deuxième année.

Il faudrait donc se résigner à voir des écoles publiques sans maîtres, et cela au moment où, par suite de la suppression de l'enseignement congréganiste, il faut attendre, il faut espérer une augmentation sensible du nombre des enfants à instruire par nos écoles communales. Il n'est pas besoin d'insister sur l'extrême gravité d'une pareille conséquence. Rien, par ailleurs, ne saurait empêcher les jeunes instituteurs de bénéficier d'un avantage auquel ils ont strictement droit. Est-il possible, ainsi que le demandait le Ministre de l'instruction publique, d'accorder aux jeunes instituteurs qui auront contracté l'engagement conditionnel de la loi de 1889, tout en leur laissant le bénéfice de cet engagement, des sursis d'incorporation tels que les prévoit l'article 21 de la loi nouvelle ? On peut faire à cette solution deux objections : d'abord, elle placerait ces engagés à la fois sous l'application des lois de 1889 et de 1905; elle irait, en outre, à l'encontre de l'article 59 de la loi de 1889, ainsi que des articles 1er, 13 et 14 du décret du 28 septembre 1889, qui disposent que le service militaire de l'engagé compte du jour de la signature de l'acte et que le contractant doit se rendre immédiatement à son corps.

Ce sont ces objections qu'a fait valoir M. le Ministre de la guerre dans sa réponse à son collègue de l'instruction publique :

« D'après les termes mêmes de l'article 59 de la loi du 15 juillet 1889, écrivait-il, et les articles 13 et 14 du décret du 28 septembre 1889 qui en a réglé l'application, le service militaire de l'engagé compte du jour de la signature de l'acte et le contractant doit se rendre immédiatement à son corps. D'autre part, l'ajournement de l'incorporation aurait pour effet de reculer de plusieurs années, en faveur d'une certaine catégorie de jeunes gens, l'application de la loi nouvelle qui doit être mise en vigueur dans le délai d'un an à partir de sa promulgation. Cette disposition laisserait, de plus, s'accréditer l'opinion contraire à la volonté formelle du législateur du maintien de quelques dispenses, et peut-être se rouvrir la porte à leur rétablissement. »

La question est donc délicate; mais encore une fois, c'est le bon fonctionnement des services de l'enseignement primaire qui est en jeu. Nous espérons qu'au moment où paraîtra ce rapport l'Administration de la guerre, à qui l'importance de la question ne peut échapper, aura su lui donner une heureuse solution.

Voici d'ailleurs pour un département déterminé, la Somme, la situation qui résulterait de cet état de choses :

Les 28 élèves de l'école normale ont tous produit une demande pour contracter l'engagement. Parmi les élèves-maîtres qui passent de 2e en 3e année en octobre prochain, vingt se trouvent dans les conditions requises pour partir et treize ont dès à présent produit une demande de congé. Cette promotion sera donc réduite à une quinzaine d'élèves au maximum.

Parmi les élèves-maîtres qui passent de première en deuxième année, 9 sont âgés de plus de dix-huit ans et 7 ont l'intention de devancer l'appel.

Il se trouve heureusement qu'aucun des candidats admis récemment à l'École normale n'a plus de dix-huit ans. La première année sera donc complète.

Parmi les instituteurs-adjoints en fonctions, il y a lieu de distinguer :

a) Ceux qui ont tiré au sort cette année et qui dans tous

les cas auraient obtenu un congé d'un an; ils sont au nombre de 23.

b) Ceux qui ne devaient partir que l'an prochain ou dans deux ans et qui, pour ne faire qu'un an de service, devancent l'appel : ils sont au nombre de 40. Mais ce dernier chiffre s'accroîtra certainement par l'arrivée de nouvelles demandes. Il n'est pas excessif de prévoir, par suite de ces départs réguliers ou prématurés, environ 70 vacances d'emploi, auxquelles il convient d'en ajouter une vingtaine par suite des retraites des instituteurs.

Pour faire face aux besoins du service, l'Académie dispose de 24 jeunes gens qui, ayant accompli leur année de service, vont reprendre leurs fonctions.

Parmi les demandes d'emploi d'instituteur qui ont été enregistrées et instruites, il semble qu'on puisse en accueillir 6 ou 7, 10 au maximum.

Il est donc certain, dès à présent, qu'une soixantaine d'emplois d'adjoint dans les écoles de garçons devraient rester sans titulaires, ou que, contrairement à la loi qui n'admet dans ces emplois que la femme ou la fille de l'instituteur, il sera nécessaire de faire appel à des postulantes et de leur confier une délégation d'un an. Que fera-t-on d'elles après ?

2° Un jeune homme qui a été renvoyé conditionnellement dans ses foyers après une année de service actif, en vertu de l'article 23 de la loi du 25 juillet 1889, s'il ne remplit pas, à l'âge requis par cette loi, les conditions prescrites, pourra-t-il se prévaloir de la loi nouvelle pour n'accomplir qu'une seconde année de service militaire ? Évidemment non. Ce jeune homme, qui a été dispensé conditionnellement en vertu de la loi de 1889, reste soumis à cette loi, dont il a pu escompter les avantages. Même s'il est appelé à accomplir un complément de service alors qu'il n'y aura plus, sous les drapeaux, une seule classe appelée en vertu de la loi de trois ans, ce serait encore donner à la loi de 1905 un effet rétroactif que de la lui

appliquer en le dispensant d'une des deux années de
service que la loi de 1889 lui imposait d'accomplir à ce
moment. Il en doit être de même pour les dispensés de
l'article 23 qui partent en 1905 et seront renvoyés dans
leurs foyers, conditionnellement, après un an de service.

3° L'article 23 de la loi nouvelle impose aux jeunes gens
admis dans les grandes écoles un engagement de quatre ou
cinq ans, selon que la durée des études y est de deux ou
trois ans. Quelle sera la situation d'un jeune homme admis
à l'une de ces écoles après le 21 mars 1906, alors qu'il a
déjà accompli une année de service militaire en vertu de la
loi du 15 juillet 1889 ? Devra-t-il lui aussi contracter un
engagement de quatre ou cinq ans ? Bien que la loi n'ait
pas prévu formellement ce cas, il est bien évident qu'il faut
répondre par la négative et que, dans un tel cas, la durée
de l'engagement à contracter devra être réduite de l'année
de service militaire accomplie. Et cela sera tout à fait
conforme au vœu de la loi.

4° La nouvelle loi n'est applicable qu'à partir du 21 mars
1906. Jusqu'à ce moment, la loi de 1889 a donc toute sa
vigueur. Le décret de 1889 n'autorise les engagements
qu'au mois d'octobre. Un jeune homme qui atteindra sa
dix-huitième année entre le mois d'octobre 1905 et le mois
de mars 1906 pourra-t-il, dans cet intervalle, prétendre
qu'il a le droit de s'engager en vertu de l'article 23 et qu'en
l'en empêchant on lui fait une application prématurée et
illégale de la loi de 1905 ? Nous ne le pensons pas. Pour
pouvoir contracter un engagement régi par la loi de 1889
il faut réunir les conditions exigées. Or, d'après la législation actuelle, on ne peut s'engager que durant le mois
d'octobre. C'est donc par l'application même de la législation de 1889 que le jeune homme qui ne remplira pas
cette condition ne sera pas admis à s'engager.

5° La nouvelle loi militaire rend le titre IV (concernant
les engagements) applicable dès maintenant. Si un jeune

homme contracte un engagement avant le 21 mars 1906, c'est-à-dire alors que la loi de 1889 subsiste encore, si ensuite un frère de ce jeune homme contracte à son tour un engagement ou est appelé au service, ce premier pourra-t-il, conformément à l'article 21 de la loi du 15 juillet 1889, demander son renvoi après une année de présence sous les drapeaux ? Nous le pensons ; car si l'article 96 de la loi de 1905 substitue, dès maintenant, en ce qui concerne les engagements, la nouvelle législation à l'ancienne, cette même loi laisse subsister jusqu'au 21 mars prochain les autres dispositions de la loi de 1889, notamment l'article 21. On ne saurait donc empêcher de s'en prévaloir un jeune homme qui se trouve dans les conditions prévues par cet article.

6° Un jeune homme est appelé au service par application de la nouvelle loi. Il a déjà un frère retenu sous les drapeaux en vertu de la loi du 15 juillet 1889 ; qu'adviendra-t-il alors ?

Sous l'empire de la loi de 1889, l'aîné de ces deux frères dispensait le second de deux années de service ; ils devaient donc accomplir ensemble trois années plus une année, soit quatre années de service actif.

Sous l'empire de la loi nouvelle, plus de dispense ; les deux frères devront accomplir deux années plus deux années, soit encore quatre années de service, avec la faculté, pour le plus jeune des deux frères, d'obtenir un sursis jusqu'au retour de l'aîné.

Donc, la loi nouvelle impose à une famille ayant deux fils dans les conditions que nous avons indiquées le même fardeau de quatre années de service que lui imposait la loi précédente.

Mais, dans le cas qui nous occupe, l'aîné des deux frères doit trois années de service en vertu de la loi de 1889, puisque la loi de 1905 n'a aucun effet rétroactif; le plus jeune devra accomplir deux années en vertu de cette même loi de

1905, puisqu'elle n'admet aucune dispense : ils feraient à eux deux *cinq* années.

Est-il admissible que des familles, et précisément celles qui sont le plus dignes d'intérêt, se voient, parce que l'on se trouve dans une période transitoire, imposer un sacrifice plus lourd que celui qui leur eût été demandé par l'ancienne législation, plus lourd aussi que celui qui leur serait demandé par la nouvelle ? Evidemment non, et l'on sent bien que, dans l'espèce, l'application stricte des textes conduirait à un résultat parfaitement inique : *Summum jus, summa injuria.*

La loi, si elle eût prévu le cas, l'aurait pu aisément solutionner par une mesure transitoire, soit en décidant qu'alors, par un effet rétroactif, l'aîné des deux frères serait renvoyé après deux années de service, ou bien que, par dérogation au principe, le plus jeune serait dispensé d'une année. Comment suppléer à son silence ? Comment trancher la difficulté sans recourir au vote d'un texte additionnel ? Comment sauvegarder, d'une façon *légale*, le légitime intérêt des familles ?

On pourrait, nous semble-t-il, adopter la solution suivante :

On déciderait, dans le cas qui nous occupe, que l'aîné des deux frères serait renvoyé après deux années de service. Cette mesure ne s'appliquerait évidemment qu'à deux classes. Rétroactivité de la loi nouvelle, dira-t-on ? — Non, mais application de l'ancienne.

Qu'a voulu, en effet, la loi de 1889 ? Que les deux frères qui nous intéressent ne fassent ensemble que quatre années de service. Pour cela, appelant le premier pour trois ans, elle dispensait le second de deux années. Mais voici que ce second des deux frères échappe à son application, pour tomber sous celle de la nouvelle loi qui ne veut pas de dispense, et l'oblige à faire deux années. C'est donc l'aîné, qui est encore sous son empire, que dispensera la loi de 1889, puisqu'elle dispose, elle, de ce moyen.

Si nous sortons, ainsi, de la lettre de la loi, nous restons bien certainement dans son esprit. Nous faisons, c'est incontestable, une application large de la loi ; mais nous évitons à ce prix une injustice certaine.

7° L'article 96 de la loi dispose que les mesures concernant les engagements et rengagements seront applicables immédiatement, sauf en ce qui concerne les engagements de *trois ans* qui, jusqu'à l'entrée en vigueur de la loi, restent régis par celle de 1889.

D'autre part, l'article 50 de la loi nouvelle, dans le but évident de favoriser le recrutement des officiers de réserve, crée des engagements de trois ans dits *de devancement d'appel*. Le jeune homme, engagé pour trois ans, est renvoyé au bout de deux années s'il obtient le certificat de chef de section.

Faut-il décider, qu'en application de l'article 96, ces engagements de devancement d'appel ne devront être reçus qu'après la mise en vigueur de la loi de 1905? C'est la solution à laquelle s'est arrêtée l'Administration de la guerre et il faut bien reconnaître qu'elle semble la plus conforme au texte de la loi. La solution contraire n'en répondrait pas moins à l'esprit du législateur, qui a voulu par tous les moyens favoriser le recrutement des sous-officiers et des officiers de réserve. L'application immédiate de l'article 50 concourrait à ce but. On pourrait donc admettre que l'engagement *de devancement d'appel* n'est pas l'engagement de trois ans qui, provisoirement, reste régi par la loi de 1889 et par suite qu'on acceptera dès le mois d'octobre les engagements de cette nature. Cette interprétation de la loi donnerait satisfaction à un certain nombre de familles.

En tout cas, il est indispensable que, dès le 21 mars, les jeunes gens soient admis à contracter les engagements de devancement d'appel prévus par la loi du 21 mars 1905.

8° Bien que la loi du 21 mars 1905 n'entre en vigueur qu'une année après sa promulgation, on sait — et nous l'établirons plus loin — que la classe 1904 en profitera la première et n'accomplira que deux années de service.

Dès lors, une question intéressante se pose : les ajournés de cette classe reconnus bons pour le service par un second conseil de revision devront-ils accomplir une année de service ou deux ? Ces mêmes ajournés, s'ils sont ajournés une seconde fois, devront-ils être dispensés de tout service actif ou devront-ils se présenter l'année suivante devant un nouveau conseil de revision et accomplir une année de service s'ils y sont reconnus aptes ?

Au premier abord, il semblerait que dans l'un et l'autre cas la seconde solution dût s'imposer ; car ces ajournés sont soumis à la loi de 1889 et en vertu de cette loi, jusqu'à présent, ces ajournés accomplissaient, s'ils étaient reconnus bons pour le service par un deuxième ou un troisième conseil de revision, soit deux, soit une année de service actif.

Mais ce que la loi de 1889 a surtout voulu, c'est que les jeunes gens ajournés subissent le sort de la classe à laquelle ils appartiennent, c'est qu'ils ne demeurassent point sous les drapeaux après l'époque à laquelle ils eussent été libérés s'ils avaient été reconnus, lors du premier conseil de revision, propres au service actif. Cela résulte de l'esprit et de la lettre de la loi (art. 27, alin. 4). La classe 1904 n'accomplira que deux années de service. La stricte interprétation de la loi nous oblige donc à décider que les jeunes gens de cette classe reconnus aptes au service, après avoir été ajournés une première fois, seront libérés après une année de service et que ceux qui ne seront pas jugés aptes au service par le second conseil de revision seront définitivement dispensés de tout service actif.

Date des opérations des conseils de revision en 1906.

Une autre difficulté d'ordre également transitoire qui ne laisse pas d'être importante est la suivante : quand siégeront les conseils de revision chargés d'examiner les jeunes gens de la classe 1905 ? Si ces conseils ne fonctionnaient pas avant le 21 mars 1906, il ne resterait pas assez de temps pour accomplir tout le travail du recrutement et de la répartition du contingent.

Certains départements présentant beaucoup d'inscrits à la visite médicale, ou en ayant un grand nombre d'étrangers au département à visiter (la Seine, le Nord et le Rhône, par exemple), il faut compter deux mois et demi pour les opérations de la revision et ces opérations seront compliquées dorénavant, malgré la suppression des dispenses, par les questions relatives au service auxiliaire et par l'obligation faite au conseil d'examiner toutes les opérations préliminaires de recensement qui étaient prévues jusqu'ici lors du tirage au sort ; d'autre part, le travail de répartition du contingent exige au moins trois mois et demi ; enfin, l'incorporation a lieu désormais le 1er octobre au lieu du 1er novembre ; il ne semble pas possible de fixer en 1906 au mois d'avril les dates des séances dans lesquelles les conseils de revision auront à se prononcer définitivement sur les jeunes gens.

Mais pourtant la loi n'est applicable qu'à partir du 21 mars 1906. Que vaudraient, juridiquement parlant, des décisions prises avant cette date et en application de la loi nouvelle par des conseils de revision ? Si le Parlement avait prévu cette difficulté, il lui eût été facile d'éviter cet inconvénient, en décidant que la loi serait applicable à partir du 1er janvier 1906. Comment éluder maintenant la difficulté que nous signalons ? L'Administration de la guerre proposait cette solution : les conseils de revision se réuniraient aux époques habituelles pour se livrer à leurs travaux, mais ne prendraient que des décisions provisoires ou conditionnelles, qui ne seraient rendues définitives qu'après le 21 mars.

C'est là un expédient qui ne nous paraît pas sans danger. En dépit de la fiction des décisions conditionnelles, en effet, les conseils de revision seraient formés avant la mise en vigueur de la nouvelle loi. Puisque à ce moment la loi de

1889 sera encore en vigueur, rien, juridiquement parlant, ne saurait empêcher des jeunes gens de faire valoir les cas de dispense admis par cette loi. Et si ces jeunes gens se pourvoyaient ensuite devant le Conseil d'Etat contre les décisions des conseils de revision qui auraient rejeté leurs prétentions, il nous semble que cette juridiction pourrait être bien embarrassée pour ne pas admettre leurs pourvois.

Il était donc, à notre avis, beaucoup plus simple et beaucoup plus prudent de demander au Parlement le vote d'un texte additionnel, rendant immédiatement applicable la loi nouvelle en ce qui concerne la réunion des conseils de revision et les décisions à prendre par eux : c'est ce que le gouvernement, sur la demande de votre Commission du budget, s'est décidé à faire par le projet de loi du 28 novembre 1905, qui a été définitivement voté par le Parlement.

Formation des listes de recrutement et affectation.

La nouvelle loi militaire a entièrement supprimé le tirage au sort. Depuis 1889, comme on le sait, cette opération n'avait aucun effet sur la durée du service à accomplir et on n'en tenait compte que pour la formation des listes de recrutement et pour l'affectation des jeunes conscrits aux différentes armes et aux différents corps. Le Parlement et le Ministre de la guerre ont estimé que, même réduit à ce rôle, le tirage au sort rappelait trop un régime de privilèges et ne cadrait plus avec le principe d'égalité qui est l'essence même de la loi nouvelle. « Le tirage au sort, disait au Sénat, le 3 février dernier, M. le Ministre de la guerre, le tirage au sort représente dans l'esprit de nos concitoyens, que vous le vouliez ou non, tout un passé que la loi nouvelle a précisément pour but d'abolir. Il ne faut plus qu'il y ait des privilèges, privilèges à raison des situations ou privilèges à raison des numéros de tirage. » Mais il fallait pourtant suppléer au tirage au sort en trouvant un moyen d'opérer l'affectation des hommes, sans aucun arbitraire, entre les différents corps. « Le Ministre de la guerre sera très heureux, déclarait le Ministre, de disposer d'un moyen qui lui permette d'écarter toute accusation d'arbitraire... Les jeunes gens sauront que, si on les envoie dans telle ou telle garnison, c'est pour satisfaire aux exigences de la défense nationale et que leur éloignement est la conséquence d'une sorte de tour de départ réglé à l'avance et non pas d'un acte de bon plaisir, qui serait au moins aussi désagréable à celui qui l'exercerait qu'à ceux qui en seraient les victimes. »

Quel sera ce moyen et, suivant quel mode dégagé de tout arbitraire les commandants de recrutement devront-ils désormais effectuer la répartition du contingent ?

Différents systèmes pouvaient se présenter à l'esprit, entre lesquels l'Administration de la guerre a eu à choisir :

1° On pourrait inscrire sur les tableaux de recensement de chaque commune les conscrits dans l'ordre rigoureusement alphabétique. Puis, une fois terminées les opérations de la revision, on réunirait, au chef-lieu de chaque subdivision, une Commission présidée par le général commandant cette subdivision, composée du commandant de recrutement et d'un ou plusieurs officiers de la garnison. Cette Commission procéderait par voie de tirage à la formation de la liste de tous les conscrits de la subdivision. Le commandant du recrutement serait tenu de suivre rigoureusement cette liste pour l'affectation de tous les hommes qui ne seraient pas, par suite de leur profession ou de leur situation d'hommes mariés, appelés à une affectation spéciale.

La plus grave objection que l'on puisse faire à ce système est qu'il rétablirait une espèce de tirage au sort absolument secret, n'offrant pas aux intéressés la sérieuse garantie de sincérité et d'impartialité que constituait pour eux, dans l'ancien tirage, la publicité des opérations.

2º Afin d'éviter cet inconvénient, la direction de l'infanterie a pensé que l'on pourrait atteindre le but poursuivi au moyen d'un système basé sur l'ordre chronologique des naissances, mettant en application le principe même de la conscription, qui prend tous les hommes dans l'année où ils doivent atteindre leur majorité, en les inscrivant d'après le jour même et l'heure de leur naissance.

Les tableaux de recensement de chaque commune devraient par conséquent être établis dans cet ordre.

Après la clôture des opérations de la revision, les commandants de recrutement dresseraient la liste générale, également par ordre de naissance, des conscrits de la subdivision. Cet ordre serait suivi pour l'inscription sur le registre matricule et pour l'affectation de chaque conscrit. Les plus âgés, selon leur aptitude physique ou leur profession, seraient placés d'avance dans les régiments de chaque arme les plus rapprochés à desservir par le bureau de recrutement. Toutefois les hommes mariés et les soutiens de famille seraient toujours placés dans les corps les plus à proximité de leur résidence. Les omis, au contraire, seraient toujours envoyés dans les corps éloignés.

3º Ce système, si on l'appliquait, pourrait avoir un inconvénient : celui de troubler, dans certains cas, l'application de la répartition par circonscription de réserve. De plus, il obligerait les commandants de recrutement à n'ouvrir leur registre matricule qu'après la clôture des opérations de la revision, ce qui ne leur laisserait pas le temps nécessaire pour procéder aux travaux préparatoires d'immatriculation et de répartition du contingent. Il suffirait, pour supprimer cet obstacle, de prescrire aux commandants de recrutement d'ouvrir le registre matricule en y inscrivant les jeunes gens par canton, dans l'ordre de naissance, au fur et à mesure de l'achèvement des opérations des conseils de revision dans chaque canton. Les affectations seraient faites ensuite suivant le principe posé par le 2ᵉ système, les corps stationnés hors de la subdivision étant alimentés d'abord par les omis et ensuite par les plus jeunes hommes de chacun des cantons, proportionnellement à leur contingent.

C'est le système chronologique qu'a choisi l'Administration de la guerre. Elle a en conséquence élaboré, pour l'établissement des tableaux de recensement et l'incorporation du contingent les règles suivantes :

1° Dans chaque commune, les jeunes gens seront inscrits par le maire sur les tableaux de recensement dans l'ordre de leur naissance (en ne tenant pas compte de l'année de la naissance, mais seulement du mois, du jour et de l'heure). Il sera établi à cet effet des bulletins indiquant non seulement le jour, mais l'heure de la naissance;

2° Aussitôt après la clôture des opérations de la revision, les commandants des bureaux de recrutement fusionneront les listes particulières des communes dans une liste générale, par canton, établie toujours selon l'ordre de naissance;

3° L'ordre de la naissance sera rigoureusement suivi pour l'affectation de chaque inscrit, sans aucun arbitraire possible de la part d'aucune autorité. Les plus âgés, selon leur aptitude physique ou leur profession, seront d'abord placés dans les régiments de chaque arme les plus rapprochés à desservir par le bureau de recrutement, soit en fantassins, cavaliers, artilleurs, soit même en ouvriers. Seront toutefois toujours placés à proximité de leur résidence les hommes mariés et les soutiens de famille;

4° Les maires seront invités à établir pour chaque inscrit les notices individuelles contenant tous les renseignements utiles aux conseils de revision pour la décision à prendre et aux commandants de recrutement pour l'affectation à prononcer.

M. le Ministre serait, croyons-nous, bien inspiré en tenant compte des indications que nous avons résumées dans le système n° 3.

Incorporation en temps de paix des hommes
du service auxiliaire.

Une innovation importante de la nouvelle loi militaire
est l'incorporation en temps de paix des hommes du service auxiliaire.

Il y a lieu de consulter l'état-major de l'armée sur les
conditions de l'utilisation de ces hommes.

D'une manière générale les hommes du service auxiliaire
auront :

1° Soit à remplir dans les corps de troupe certains emplois tenus aujourd'hui par des hommes maintenus à la
mobilisation, dans les dépôts ou sur le territoire;

2° Soit à remplacer, dans les établissements et services
spéciaux, les hommes prélevés sur les corps de troupe
(hommes employés dans les établissements de l'artillerie,
de l'intendance, du génie, dans les écoles, etc.) qui pourront conserver ainsi intégralement, pour l'instruction et le
service journalier, la presque totalité des hommes bons qui
leur sont attribués annuellement ;

3° Soit à remplir dans des sections d'état-major, d'administration et d'infirmiers une partie des emplois confiés
aujourd'hui à des hommes bons, sans que toutefois la constitution des ressources nécessaires, en cas de mobilisation, à
ces unités, puisse être compromise.

Dans ces conditions, les emplois qui seront susceptibles d'être confiés aux hommes du service auxiliaire
sont ceux d'ouvriers tailleurs, cordonniers, selliers,
armuriers, de garde-magasin des compagnies, escadrons
et batteries, de manutentionnaires dans les magasins des corps de troupe, de secrétaires dans les bureaux des états-majors et du recrutement, de commis aux
écritures des bureaux de l'intendance, de commis aux écritures et d'ouvriers dans les sections d'infirmiers, d'employés dans les écoles militaires (employés aux filtres,
garde-réfectoire, garde-magasin, perruquiers, secrétaires,

lithographes, serruriers, selliers, menuisiers, ordonnances, tailleurs, bottiers), d'employés aux écritures, d'ouvriers en fer et en bois, d'hommes de corvée dans les établissements de l'artillerie, d'employés aux écritures, de selliers, de mécaniciens, d'électriciens, de dessinateurs, de peintres et d'hommes de corvée dans les écoles, directions, chefferies et établissements du génie.

D'après la loi de 1905, les incorporations annuelles au titre du service auxiliaire doivent comprendre :

1º Les jeunes gens classés dans le service auxiliaire à leur premier examen par le conseil de revision ;

2º Les ajournés qui, à leur second examen, sont encore reconnus comme trop faibles pour le service armé, sans que leur faiblesse de complexion justifie pourtant une exemption définitive.

Les hommes incorporés au titre du service auxiliaire, comme ajournés ou non, doivent accomplir en principe deux années de service.

Il est spécifié, d'autre part, que les hommes du service auxiliaire seront, à la fin de leur première année de service, soumis à l'examen de la commission de réforme qui pourra affecter un certain nombre d'entre eux au service armé.

Malgré le prélèvement qui pourra être ainsi effectué sur le chiffre total des hommes du service auxiliaire présents sous les drapeaux, il ne sera pas possible, si aucune modification n'est apportée aux dispositions de l'instruction du 31 janvier 1901 et au mode de classement actuel dans le service auxiliaire, de trouver l'utilisation, pendant leur présence sous les drapeaux, de tous les jeunes gens classés dans ce service.

Il est donc nécessaire, tant pour éviter l'incorporation d'hommes atteints d'infirmités contagieuses, répugnantes ou incompatibles avec l'état militaire que pour ne pas encombrer l'armée d'hommes que l'on ne pourrait utiliser, de restreindre les conditions d'aptitude admises par l'instruction du 31 janvier 1902 pour le classement dans le service auxiliaire et de prendre des mesures en vue de classer parmi les exemptés à titre définitif un plus grand nombre de jeunes gens classés aujourd'hui dans la catégorie des ajournés.

Dans la catégorie des hommes classés directement dans le service auxiliaire, on pourra maintenir d'une manière générale les hommes qui, tout en présentant les conditions de santé générales suffisantes, sont aujourd'hui classés dans ce service pour myopie, strabisme, surdité légère, hernies, varices, pieds plats, infirmités qui paraissent, dans la plupart des cas, compatibles avec le service dans les emplois sédentaires.

En ce qui concerne les ajournés, on ne devra, autant que possible, ajourner une seconde fois et par suite incorporer dans le service auxiliaire que les jeunes gens qui paraissent susceptibles d'être classés dans le service armé après l'examen qu'ils auront, d'après la loi nouvelle, à passer devant la commission de réforme après leur première année de présence sous les drapeaux; les jeunes gens qui ne remplissent pas les conditions nécessaires à ce point de vue devront, de même que les jeunes gens classés jusqu'ici dans le service auxiliaire pour infirmités contagieuses, répugnantes ou incompatibles avec l'état militaire, être classés définitivement dans la catégorie des exemptés.

Réforme temporaire.

La loi du 21 mars 1905 prévoit deux catégories de réformés temporaires :

1° Ceux qui, après avoir été reconnus bons pour le service armé ou auxiliaire par le conseil de revision, seront réformés temporairement, avant ou après leur incorporation, pour maladie ou infirmité contractée avant leur entrée au service (art. 19);

2° Ceux dont la réforme temporaire sera prononcée après un certain temps passé au corps et par suite de maladie ou infirmité contractée au service (art. 38).

Dans le premier cas, les jeunes gens doivent être soumis aux mêmes règles que les ajournés et font deux ans de service s'ils sont reconnus bons à l'expiration de leur congé de réforme : le temps passé en réforme ne doit pas leur être déduit.

Dans le second cas, les militaires doivent être renvoyés dans leurs foyers et passer dans la réserve en même temps que leur classe : ce temps passé en réforme leur compte donc comme service accompli.

Étant donné que, sous le régime de la loi du 15 juillet 1889, la réforme temporaire comptait toujours comme service effectif, le Département de la guerre a dû se préoccuper de la distinction créée par la loi du 21 mars 1905 et il a appelé l'attention des Commissions spéciales de réforme sur les deux cas sus-visés, en leur prescrivant de spécifier très nettement si la maladie ou infirmité est imputable ou non au fait du service militaire.

Soutiens de famille.

Aux termes de l'article 22 de la loi du 21 mars 1905, le Conseil départemental de revision désigne annuellement les soutiens de famille qui ouvrent à leur famille le droit à l'allocation journalière de 0 fr. 75.

Etant donné, d'une part, que cette désignation est faite, soit avant la mise en route jusqu'à concurrence de 8 0/0 du contingent à incorporer, soit après jusqu'à concurrence de 2 0/0 du contingent incorporé; d'autre part, qu'il s'agit d'établir dans quelles conditions et par qui seront payées les allocations, l'Administration de la guerre a dû s'entendre avec le ministère des finances.

La Direction de l'infanterie et la Commission du recrutement n'ont eu à s'occuper que du fonctionnement des conseils de revision. Elles proposent de fixer les séances du conseil de revision :

1° Quinze jours avant la mise en route du contingent pour statuer sur les jeunes gens à classer dans les 8 0/0.

2º Six mois après la mise en route pour statuer sur les militaires compris dans les 2 0/0, sur les radiations à opérer et sur la désignation des soutiens de famille supplémentaires destinés à combler les vides qui se seront produits dans les deux catégories.

Le mode de perception de l'allocation fera l'objet d'instructions qui, sur l'initiative de la direction de l'infanterie, ont donné lieu à un échange de correspondance actuellement en cours entre le ministère de la guerre et celui des finances.

L'Administration de la guerre aura à se préoccuper aussi des sommes destinées à assurer l'application des articles 22 et 41 aux réservistes et territoriaux, suivant la décision prise par la Commission du budget. (Voir au chapitre 53 *bis*.)

Service dans les colonies et pays de protectorat.

La nouvelle loi prévoit l'établissement de tableaux de recensement et le fonctionnement de conseils de revision dans les colonies ou pays de protectorat.

·Cette question a été soumise aux deux ministères intéressés (affaires étrangères et colonies) dans le but d'étudier comment il pourra être donné satisfaction au législateur, suivant les territoires, le nombre et la qualité de fonctionnaires qui seront appelés à statuer sur les jeunes gens. Ces deux ministères font procéder à des études sur place dont le résultat définitif n'est pas encore acquis. On peut néanmoins craindre, dès maintenant, que l'on ne se heurte, pour l'application de la loi nouvelle aux colonies, à de très graves difficultés d'ordre budgétaire.

Nous avons, dans les pays d'Orient où nous exerçons le protectorat, des catholiques, des religieux qui sont quelquefois les auxiliaires de notre influence dans ces pays. Peut-on considérer ces pays comme pays de protectorat et appliquer aux religieux en question les dispositions de faveur des articles 90 et 91 ? Nous ne pensons pas que cela soit possible. Il est bien certain que les articles 90 et 91 n'entendent pas parler du protectorat moral que nous exerçons en Orient, mais qu'il faut entendre le terme de pays de protectorat au sens très précis du droit international et qu'on ne pourrait qu'en jouant sur les mots vouloir l'appliquer aux pays d'Orient.

Les questions relatives au temps de service et à l'endroit dans lequel les jeunes gens sont appelés à servir font aussi l'objet de correspondances entre les Départements de la guerre (8e direction) et des colonies.

Rapatriement des jeunes soldats à l'étranger hors d'Europe. ·

Les jeunes gens à l'étranger hors d'Europe n'étant plus dispensés du service actif, il a été question à la tribune de savoir dans quelles conditions on pourrait rapatrier ceux qui seraient indigents et notamment de voir s'il ne serait pas possible de procéder comme le gouvernement allemand qui envoie à dates fixes des vaisseaux de guerre pour chercher ses conscrits à l'étranger.

La question fait l'objet d'une étude entre les Ministres de la guerre et de la marine.

A propos des élèves de l'Ecole polytechnique et de l'Ecole spéciale militaire.

L'application de l'article 23 de la nouvelle loi militaire aux jeunes gens admis à l'Ecole polytechnique ou à l'Ecole spéciale militaire ne laissera pas de présenter de nombreuses difficultés qu'il ne sera pas toujours aisé de résoudre et qu'il n'est pas inutile de signaler, dès maintenant, à l'attention de l'Administration militaire.

Une première difficulté — d'ordre purement transitoire, celle-ci — se présente à propos des jeunes gens qui, admis à l'Ecole polytechnique, n'ont pas atteint encore leur dix-huitième année ou ne sont pas reconnus aptes au service militaire actif et sont par suite ajournés.

Ces jeunes gens, dont les ajournés formeront la majeure partie, seront vraisemblablement très peu nombreux; ils devront néanmoins, avant leurs deux années d'études à l'école, former à eux seuls une promotion.

En effet, quand ils entreront à l'école, en 1906, tous les jeunes gens de la promotion précédente seront en seconde année, tous leurs camarades de la promotion de 1906 reconnus bons pour le service actif seront versés dans les régiments où ils devront accomplir une année de service.

Or, on sait que l'Ecole polytechnique pourvoit non seulement au recrutement des officiers de certains corps de l'armée active, mais encore à celui de certains services publics (mines, ponts et chaussées, génie maritime, manufactures, etc.). C'est le classement de sortie qui règle le choix entre ces différents corps. Les ajournés de la promotion 1906, qui pourront d'ailleurs avoir été très mal classés au concours d'admission à l'école, vont-ils donc pouvoir profiter de la situation exceptionnelle qui leur sera faite et, après leurs deux années d'études, choisir les emplois ou l'arme qui leur agréeront le mieux, ce qui leur donnerait sur tous leurs camarades un avantage considérable.

C'est là un résultat qu'on ne saurait admettre.

Il nous semble qu'il sera assez facile de l'éviter et de donner à cette question une solution équitable.

Il suffira, en effet, de décider que les jeunes gens dont nous nous occupons ne seront pas séparés, pour le choix de leur arme ou de leur emploi, de leurs camarades de promotion. Et cela ne pourra souffrir aucune difficulté.

Ceux ajournés de la promotion de 1906, ainsi que ceux des jeunes gens de cette promotion d'âge inférieur à dix-huit ans au moment de l'entrée à l'école qui seront, après leurs deux années d'études, reconnus bons pour le service, accompliront une année de service dans un régiment, tandis que leurs camarades de promotion qui avaient été reconnus bons pour le service accompliront leur 2e année d'école. Il sera très simple et très juste de les faire concourir tous ensemble, d'après leurs notes pour le classement définitif de sortie. Seuls, les jeunes gens de la promotion 1906 reconnus impropres au service actif après leurs deux années d'étude resteront une année en suspens, en attendant d'être classés avec leurs camarades de promotion. Cet inconvénient, si c'en est un, ne saurait faire hésiter un seul instant à adopter la solution que nous proposons et qui s'impose.

Un autre résultat de cette solution sera que, durant une année (1908), le recrutement des emplois civils auxquels pourvoit l'Ecole polytechnique sera interrompu. Ceci ne sera pas non plus un inconvénient décisif et il serait au surplus facile de le pallier, au moins en partie, en désignant l'année précédente pour les emplois civils un nombre d'élèves un peu supérieur au nombre strictement nécessaire.

D'autres difficultés se présenteront qui n'auront plus seulement un caractère transitoire, mais qui résulteront normalement et constamment de l'application de la loi et de la scission d'une même promotion en deux groupes de jeunes gens dont les uns iront accomplir une année de service, tandis que les autres entreront directement à l'école.

Ces difficultés se présenteront donc à partir de 1907. Les ajournés de 1907 entreront à l'école en même temps que les bons pour le service de 1906. Ces derniers auront accompli une année de service militaire, et devront recevoir à l'école une instruction militaire qui devra tenir compte de celle qu'ils ont déjà acquise, qui devra donc être supérieure à celle donnée aux premiers. Il sera donc nécessaire tout au moins dans la première année d'études de créer deux séries d'instruction militaire.

Du mélange dans une même année d'études des ajournés d'une promotion et des bons pour le service de la promotion précédente, d'autres difficultés surgiront relatives au classement définitif.

Est-il juste d'avancer d'une année les ajournés d'une promotion, de les consacrer, une année avant leurs camarades de promotion, ingénieurs ou officiers, en les faisant concourir avec les élèves de la promotion précédente qu'ils peuvent ainsi léser?

Est-il admissible qu'un jeune homme qui a fait une année
de service avant d'entrer à l'école, qui est, par exemple,
sergent du génie soit obligé de devenir artilleur, parce
qu'au moment de la sortie de l'école un ajourné de la promotion qui est immédiatement postérieure à la sienne et
figurant avant lui sur la liste de classement aura choisi le
génie où le nombre de postes est limité?

Ce sont là des inconvénients et même des injustices qu'il
faut éviter. Le meilleur moyen, nous semble-t-il, d'y parvenir, c'est de généraliser la solution que nous venons d'indiquer pour la difficulté transitoire que nous signalions;
c'est de décider que, si des élèves appartenant à des pro-
motions différentes se trouvent, en fait, réunis durant leurs
années d'études, du moins jamais ces élèves de promotion
distincte ne concourront ni ne seront classés ensemble.
Les ajournés d'une promotion ne seront classés qu'après
avoir accompli leur année de service, à ce moment même
où leurs camarades auront achevé leur deuxième année
d'études. Et qu'on n'attache pas une importance exagérée à
ce fait qu'on classerait ensemble des élèves n'ayant pas
concouru ensemble. L'objection n'aurait pas beaucoup de
fondement : en effet, ces jeunes gens auront à étudier les
mêmes matières, à subir les mêmes épreuves, seront inter-
rogés et cotés par les mêmes professeurs. Ils se trouveront
donc dans des conditions identiques et leurs notes seront
essentiellement comparables. La seule différence qu'il y
aura entre les élèves qui auront accompli une année de
service et leurs camarades de promotion ajournés, c'est
que ceux-ci n'auront pas subi une année d'interruption
dans leurs études. Mais, outre que cette différence ne semble
pas avoir une bien grande importance, il faut remarquer
qu'elle existerait également entre les ajournés d'une promotion et les jeunes gens de la promotion précédente ayant
accompli une année de service si on les faisait concourir
ensemble.

Sauf en ce qui concerne le classement dans les services
publics, les mêmes difficultés se présenteront pour les

élèves de l'école spéciale de Saint-Cyr ; et la même solution leur serait applicable.

Rengagements des sous-officiers, caporaux et soldats.

Avec la nouvelle loi militaire, la question du recrutement des sous-officiers est plus importante que jamais.

Nous avons tenu à savoir quelles conditions, depuis la promulgation de la nouvelle loi, le Ministre avait fixées suivant les armes, la région et la garnison pour le rengagement des sous-officiers, caporaux et soldats, quels étaient aussi les chiffres de ces rengagements.

La réglementation des rengagements se trouve dans une instruction ministérielle du 26 juin 1905, que nous croyons intéressant de reproduire.

TITRE PREMIER

SOUS-OFFICIERS

1° Durée des rengagements.

Les sous-officiers sont admis à contracter des rengagements :

1° D'un an, de dix-huit mois, de deux ans, de deux ans et demi, de trois ans, de quatre ans ou de cinq ans, s'ils sont présents sous les drapeaux ;

2° De deux ans au moins s'ils sont rentrés dans leurs foyers.

Tout sous-officier rengagé comptant dix ans de service effectif peut être commissionné à l'expiration du rengagement en vertu duquel il sert. Il peut également se rengager de nouveau une ou plusieurs fois. Toutefois, la durée du dernier acte qu'il souscrit ne doit pas dépasser la date à laquelle il atteindra quinze années de service effectif ; elle peut d'ailleurs être inférieure à une année conformément à l'avant-dernier alinéa de l'article 54 de la loi du 21 mars 1905.

2° Délai dans lequel les rengagements peuvent être souscrits.

Les sous-officiers peuvent se rengager lorsqu'ils comptent au moins une année de présence sous les drapeaux et dans les deux années qui suivent leur départ du corps. Ce dernier délai s'applique aussi bien aux sous-officiers qui demandent à être réadmis sous les drapeaux comme brigadiers, caporaux ou soldats qu'à ceux qui se rengagent avec leur ancien grade.

3° Point de départ des rengagements.

Les rengagements comptent du jour de l'expiration du service légal, de l'engagement ou du rengagement, si le sous-officier est présent sous les drapeaux ou en congé en attendant sa libération ; et du jour de la signature de l'acte s'il est libéré.

4° Nombre des rengagements.

Le nombre des sous-officiers appartenant à l'une des catégories ci-après : engagés volontaires ayant plus de deux ans de service, rengagés, commissionnés, peut atteindre la totalité de l'effectif normal dans les corps désignés ci-après : tirailleurs algériens, régiments étrangers (en ce qui concerne l'élément servant au titre français), bataillons d'infanterie légère d'Afrique, compagnies de fusiliers de discipline, cavaliers de remonte, spahis, sections de secrétaires d'état-major et du recrutement, cadre permanent des écoles.

Dans les autres corps, il sera fixé annuellement par le Ministre dans les proportions fixées par la loi.

Les sous-officiers employés aux colonies et les élèves-officiers ne sont pas compris dans les fixations sus-indiquées.

5° Dépôt et examen des demandes.

Les demandes de rengagement doivent être écrites et signées par les pétitionnaires.

Les demandes des sous-officiers présents dans les corps de troupe sont remises par eux à leur commandant de compagnie. Celui-ci, après avoir inscrit son avis sur la demande, l'adresse, accompagnée de l'état signalétique et des services du sous-officier, du relevé de punitions et d'un certificat d'aptitude délivré par le médecin du corps (1) au commandant du bataillon, qui y inscrit également son avis et fait parvenir le tout au chef de corps.

Quelle que soit la durée des rengagements à souscrire, les sous-officiers doivent, pour être admis, avoir été acceptés au préalable par le conseil de régiment, constitué conformément au tableau prévu à l'article premier de la loi du 13 juillet 1894, et annexé à la présente instruction.

Le conseil de régiment siège à la portion principale du corps.

Chacune des demandes de rengagement, établie dans la forme ci-dessus indiquée, est l'objet d'une délibération spéciale du conseil. Le vote est secret et il y est procédé dans les formes adoptées pour les conseils d'enquête ; mais, en cas de partage des voix, celle du président est prépondérante.

Le résultat de la délibération du conseil est consigné sur un mémoire de proposition dont le modèle est annexé à la présente instruction et qui est conservé par le corps.

_____

(1) Lorsque le médecin ne croit pas devoir délivrer ce certificat d'aptitude, le sous-officier a le droit de se faire contre-visiter, dans les formes réglementaires, devant la commission spéciale de réforme.

Les chefs de corps tiennent en outre un registre à souche des autorisations de rengagement qu'ils délivrent en exécution des décisions des conseils de régiment. Chaque feuillet de ce registre, conforme au modèle annexé à la présente instruction, est divisé en trois parties semblables pouvant se détacher suivant un pointillé. L'une forme talon, la deuxième est remise à l'intéressé et la troisième à l'autorité administrative devant laquelle le militaire aura à se présenter pour souscrire son rengagement.

6° Ordre de préférence.

Les sous-officiers doivent autant que possible être autorisés à se rengager d'après l'ordre de préférence ci-après : 1° les anciens élèves des écoles militaires préparatoires ; 2° les autres engagés volontaires ; 3° les appelés.

7° Unités détachées en Algérie et en Tunisie.

Avis des rengagements autorisés par les conseils de régiment des batteries d'artillerie, des compagnies du train des équipages militaires et des compagnies du génie en Algérie et en Tunisie (conseils composés conformément au tableau annexé à la loi du 13 juillet 1894) est immédiatement donné au chef de corps.

8° Réception des actes de rengagement.

Le sous-officier autorisé à se rengager se présente devant le sous-intendant militaire ou, à défaut, devant le commissaire colonial s'il en existe dans la place ou devant le suppléant légal du sous-intendant militaire, muni de l'autorisation délivrée par le chef de corps dans la forme indiquée au dernier alinéa du paragraphe 5° qui précède. Cette autorisation mentionne la date de la décision du conseil de régiment.

Les actes de rengagement sont conformes au modèle annexé à la présente instruction.

9° Examen des demandes de rengagement avec changement de corps.

Lorsque le sous-officier demande à se rengager pour un autre corps de la même arme, le conseil de régiment du corps auquel il appartient, après avoir consigné le résultat de la délibération sur le mémoire de proposition, envoie ce mémoire avec les pièces à l'appui au chef du corps dans lequel le candidat sollicite son admission.

Ce chef de corps soumet la demande à son conseil de régiment et notifie la décision prise au corps de troupe où se trouve le candidat, en lui envoyant, s'il y a lieu, l'autorisation nécessaire pour contracter son rengagement.

10° Rengagement des sous-officiers libérés.

Les demandes de rengagement des sous-officiers renvoyés dans leurs foyers sont adressées au commandant du bureau de recrutement du domicile ou de la résidence. Cet officier supérieur les transmet au chef du corps pour lequel le sous-officier désire se rengager.

Il y joint :

1° Un certificat délivré par lui constatant l'aptitude physique du sous-officier et attestant qu'il se trouve dans les conditions de service exigées par la loi du 21 mars 1905 ;

2° L'état signalétique et des services et le relevé des punitions ; il réclame, le cas échéant, ces deux pièces au corps dans lequel le sous-officier est inscrit soit comme réserviste, soit comme appartenant à l'armée territoriale. En outre, après s'être informé de la situation de famille du sous-officier, il complète, s'il y a lieu, l'état signalétique, en mentionnant le mariage contracté par l'intéressé dans ses foyers, sans l'autorisation du conseil d'administration ;

3° Un extrait du casier judiciaire (bulletin n° 2) ;

4° Si le sous-officier a quitté le corps depuis plus de trois mois, un certificat conforme au modèle n° 6 annexé au décret du 27 juin 1905 constatant qu'il a tenu une bonne conduite depuis son départ du corps.

Un bordereau nominatif en double expédition accompagne l'envoi de ces pièces ; une expédition revêtue du récépissé du chef de corps est renvoyée au commandant du bureau de recrutement.

Si le rengagement n'est pas autorisé, les pièces produites à l'appui du dossier sont renvoyées au commandant du bureau de recrutement.

11° Rengagements avec changement d'arme.

Les sous-officiers qui demandent à se rengager pour un corps appartenant à une autre arme que celle dans laquelle ils servent ou ont servi, ou pour le régiment des sapeurs-pompiers de Paris, ne peuvent être acceptés que comme simples soldats.

12° Sous-officiers nommés à un emploi spécial.

Les sous-officiers versés dans la gendarmerie ou pourvus d'un emploi spécial, tel, que sous-officiers stagiaires du génie ou de la justice militaires, etc., restent liés au service par leur rengagement pendant toute sa durée.

La durée de cet acte une fois accomplie, ces sous-officiers continuent leur service en qualité de commissionnés, sans pouvoir contracter de nouveaux rengagements.

13° Caporaux, brigadiers ou soldats devenus sous-officiers dans le cours d'un rengagement ou après avoir été commissionnés.

Les caporaux, brigadiers ou soldats devenus sous-officiers dans le cours d'un rengagement ou après avoir été commissionnés, peuvent, à partir de leur nomination, se rengager dans les mêmes conditions que les autres sous-officiers ; la nomination de ceux qui avaient pu être maintenus sous les drapeaux, sans l'autorisation du conseil de régiment, n'est effectuée qu'après l'avis favorable de ce conseil.

TITRE II

CAPORAUX, BRIGADIERS ET SOLDATS

14° Durée des rengagements des caporaux et brigadiers et délai dans lequel ils peuvent être souscrits.

Les caporaux et brigadiers sont admis à contracter pour les corps dans lesquels ils servent ou ont servi des rengagements: d'un an, de dix-huit mois, deux ans, deux ans et demi et trois ans (1) s'ils sont présents sous les drapeaux; de deux ans au moins s'ils sont rentrés dans leurs foyers.

Ils peuvent se rengager lorsqu'ils comptent au moins une année de présence sous les drapeaux, ou dans les deux années qui suivent leur départ du corps.

S'ils sont libérés depuis plus de six mois, ou s'ils demandent à se rengager pour un corps autre que celui dans lequel ils servent ou ont servi, ils ne peuvent être admis que comme simples soldats.

15° Durée des rengagements des simples soldats présents sous les drapeaux.

Les simples soldats en activité et comptant une année au moins de présence sous les drapeaux peuvent contracter des rengagements : de dix-huit mois, deux ans, deux ans et demi ou trois ans (1), soit pour le corps dans lequel ils servent, soit pour tout autre corps faisant partie des troupes métropolitaines: de un an pour le régiment de sapeurs-pompiers de Paris, pour les troupes à cheval (artillerie et cavalerie), pour toutes les unités d'infanterie, d'artillerie et du génie stationnées dans les 6°, 7°, 14°, 15° et 20° régions, pour le 8° bataillon de chasseurs à pied et enfin pour le 5° régiment du génie.

16° Rengagement des simples soldats libérés.

Les simples soldats libérés qui ont quitté les drapeaux depuis moins de deux ans sont admis à se rengager pour un corps quelconque, mais pour une durée de deux ans au moins.

17° Les caporaux, brigadiers et soldats ne peuvent être maintenus sous les drapeaux comme rengagés après cinq ans de service.

Les rengagements des caporaux brigadiers et soldats doivent être réglés de façon que ces militaires ne soient pas maintenus sous les drapeaux au delà de cinq ans de service effectif (2). La durée de leur

---

(1) Pour le régiment de sapeurs-pompiers, les rengagements peuvent, en outre, être contractés pour quatre ou cinq ans.
(2) Sauf en ce qui concerne le régiment de sapeurs-pompiers de Paris, où les rengagements sont renouvelables jusqu'à une durée totale de quinze années de service.

dernier rengagement peut être inférieure à une année, conformément
à l'avant-dernier alinéa de l'article 54 de la loi du 21 mars 1905.

18° Point de départ des rengagements.

Les rengagements comptent : du jour de la signature de l'acte, si le
contractant est libéré ; — du jour de l'expiration de son service légal,
de son engagement ou de son rengagement, s'il est présent sous les
drapeaux, ou en congé en attendant sa libération.

19° Nombre des rengagements.

Le nombre maximum des caporaux et brigadiers appartenant à
l'une des trois catégories ci-après : engagés volontaires ayant plus de
deux ans de service, rengagés, commissionnés et celui des soldats
rengagés d'un an est fixé par les deuxième et troisième alinéas de
l'article 59 de la loi du 21 mars 1905.

En ce qui concerne les simples soldats rengagés pour plus d'un an,
il n'est pas limité.

Dans le régiment des sapeurs-pompiers de Paris, le nombre des
rengagés (sous-officiers, caporaux et soldats) peut atteindre la totalité
de l'effectif.

Dans les corps énumérés à l'article 4, le nombre des caporaux ou
brigadiers liés au service pour plus de deux ans peut atteindre la
totalité de l'effectif.

20° Transmission et examen des demandes.

Les prescriptions des articles 5, 7, 8, 9 et 10 de la présente instruction relative à la transmission et à l'examen des demandes de rengagement formées par les sous-officiers ainsi qu'à la réception des actes
sont applicables aux brigadiers, caporaux et soldats.

Toutefois, pour les militaires du régiment de sapeurs-pompiers de
Paris, l'autorisation du conseil de régiment est remplacée par le consentement du chef de corps, conformément aux prescriptions du premier
alinéa de l'article 54 de la loi du 21 mars 1905.

DISPOSITIONS GÉNÉRALES

21° Recommandations spéciales au sujet de l'examen des demandes de rengagement.

La seule condition imposée au rengagement étant le consentement
du conseil de régiment, et le troisième alinéa de l'article 54 de la loi
disant que la faculté de se rengager est accordée à tout militaire qui
compte au moins une année de service, le chef de corps président du
conseil de régiment doit provoquer la réunion de ce conseil chaque
fois qu'il y a lieu de statuer sur une ou plusieurs demandes de rengagement et, chaque mois, une fois au moins, dans les cinq premiers
jours du mois. Il fait connaître au conseil le nombre de demandes
et le nombre de places vacantes pouvant être attribuées. Le

conseil, après délibération, délivre, s'il y a lieu, un nombre de consentements correspondant à celui des vacances. Il ajourne sa décision pour les demandes lui paraissant dignes d'être acceptées, mais qui ne peuvent l'être faute de vacances (à moins qu'il ne délivre un avis favorable pour servir aux candidats qui postuleraient pour un emploi dans un autre corps où il existerait des vacances, ledit avis spécifiant que le rengagement n'a pu être accepté faute de place).

Lorsqu'il se produit dans un corps une vacance de sous-officier rengagé que le corps ne peut combler immédiatement par ses propres moyens, le chef de corps en rend compte directement par voie télégraphique au Ministre (bureau de recrutement) et, à dater de ce compte rendu, réserve la vacance pendant un mois. A l'expiration de ce délai, la place devient de nouveau disponible, et le conseil de régiment statue sur les demandes de rengagement formées soit par des sous-officiers du corps, soit par des sous-officiers libérés ou servant dans d'autres corps.

22° Rengagements avec changement de corps.

Les militaires (gradés ou non) qui se rengagent pour un corps autre que celui dans lequel ils servent sont dirigés sur leur nouveau corps aussitôt après la signature de l'acte.

23° Rengagements aux colonies.

Les demandes de rengagement formées par des militaires (gradés ou non) des troupes métropolitaines détachées aux colonies en dehors des troupes de leur arme sont examinées par le conseil de régiment du corps auquel les militaires dont il s'agit sont momentanément affectés.

Ce conseil de régiment statue sur la suite à y donner, si les intéressés sont immédiatement libérables ou ont droit à leur libération avant la date à laquelle ils doivent être rapatriés. Si au contraire ils doivent être rapatriés avant que le rengagement qu'ils demandent à contracter ait commencé à courir, l'examen des demandes est ajourné.

Les rengagements sont toujours souscrits au titre du corps auquel le signataire appartenait avant son départ aux colonies; ils sont reçus par les officiers du commissariat des troupes coloniales.

24° Dispositions transitoires.

Les militaires rengagés avant le 21 mars 1905 continueront à servir en vertu des rengagements qu'ils ont contractés.

Les sous-officiers rengagés sans prime continuent à passer dans la catégorie des rengagés avec prime dans l'ordre de leur ancienneté comme rengagés. Cet ordre est déterminé par la date à laquelle les actes commencent à courir.

Le nombre des rengagements attribué à chaque corps reste provisoirement celui fixé par la circulaire du 18 février 1905.

Les caporaux, brigadiers ou soldats comptant plus de cinq ans de présence sous les drapeaux ou liés au service par un rengagement à l'expiration duquel ils compteront plus de cinq ans de présence sous les drapeaux, et qui, contrairement aux conditions des lois antérieures, ne pourraient pas être commissionnés dans les conditions de la nouvelle loi, pourront être admis à contracter des rengagements leur permettant de compléter quinze ans de service effectif.

Le Ministre de la guerre,
Maurice BERTEAUX.

La fixation judicieuse des tarifs de solde, primes et hautes payes présente une importance de premier ordre pour la réalisation du chiffre de rengagés que l'on a escompté dans la nouvelle loi. Il est nécessaire, d'autre part, de ne pas imposer de ce chef des dépenses excessives au budget. Il s'agit donc d'une question très délicate dont l'étude, confiée à une Commission spéciale, est actuellement en cours.

En dehors de cette instruction générale, aucun document officiel n'a encore fixé les conditions d'application de la loi du 21 mars 1905 en ce qui concerne les conditions faites aux engagés et aux rengagés. Mais les propositions de la Commission chargée de déterminer les avantages pécuniaires à assurer aux sous-officiers, caporaux et soldats engagés ou rengagés, ont déjà reçu l'approbation du Ministre et l'on peut faire état des chiffres des tableaux ci-joints qui paraissent devoir être adoptés définitivement.

Les avantages en question consistent en une haute paye journalière (art. 60 de la loi) et une prime d'engagement ou de rengagement (art. 61). De plus, une disposition de la loi (art. 62) attribue aux sous-officiers, dès leur sixième année de service, une solde spéciale perçue dans les mêmes conditions que celle des officiers et exclusive de toute autre allocation. Enfin, l'article 63 prévoit une indemnité de logement, variable suivant les garnisons, pour les sous-officiers après deux ans de service qui sont autorisés à loger en ville.

Haute paye journalière (Tableau nº 1). — Aux termes de

la loi, la haute paye dans l'armée métropolitaine comporte deux fixations, l'une pour la cavalerie et l'artillerie des divisions de cavalerie, la seconde pour les autres armes ou services. Elle peut être augmentée pour certains corps.

On a été amené dès lors à établir une échelle de tarifs (Voir tableau n° 1) variant de 0 fr. 20 (soldat des armes à pied) à 1 fr. 10 (sous-officier des armes à cheval). Dans le but de favoriser les rengagements, il a semblé utile d'élever cette haute paye par deux fois de 0 fr. 05 après six ans et après dix ans de services; elle est ainsi finalement de 0 fr. 30 pour le soldat à pied, de 0 fr. 80 pour le brigadier à cheval. En ce qui concerne les sous-officiers, la haute paye se confondant, après cinq ans de service, dans la solde spéciale prévue par l'article 62, il n'y avait lieu de fixer de chiffres que pour la première période.

A ces taux pourra s'ajouter, pour certains corps désignés par le Ministre, un supplément journalier de 0 fr. 10.

Prime d'engagement ou de rengagement (Tableau n° 2). — Cette prime est assurée à tout militaire qui contracte un engagement ou un rengagement de manière à porter la durée de son service à quatre ou cinq années. Elle est proportionnelle au temps que le militaire s'engage à passer sous les drapeaux en sus des trois premières années. Elle est distincte, d'une part pour les sous-officiers rengagés, d'autre part pour les caporaux, brigadiers et soldats engagés ou rengagés. Les tarifs en sont variables suivant les corps.

Un certain nombre de catégories de primes ont été établies dans ces conditions (2 pour les sous-officiers, 3 pour les caporaux et soldats). C'est ainsi que pour une année en plus des trois premières la prime sera, pour un caporal ou soldat, de 100 fr., 150 fr. ou 200 fr., suivant la catégorie; elle sera de 360 fr. ou 420 francs pour le sous-officier.

Solde spéciale des sous-officiers après cinq ans de service
(*Tableau n° 3*).— La solde spéciale, exclusive de toute autre
indemnité ou allocation en nature, sauf les exceptions déterminées par la loi, a été fixée d'après les principes ci-après ;
assurer au sous-officier, pour la durée de son service, un
ensemble d'avantages pécuniaires au moins équivalents à
ceux que lui accordait l'ancienne loi ; maintenir cette solde
dans des limites telles que pour l'emploi le plus élevé, celui
d'adjudant, elle soit inférieure à la solde du sous-lieutenant;
enfin encourager les rengagements successifs jusqu'à la
quinz'ème année par une amélioration progressive de trois
en trois années.

D'après ces principes, la solde annuelle du sergent ou
maréchal des logis fixée à 1.224 francs de la 6e à la 8e année
passe à 1.296 fr. de la 9e à la 11e année et reste invariable et
fixée à 1.368 francs à partir de la 12e année. Cette solde
s'accroît naturellement avec le grade ou l'emploi et elle
peut atteindre 1.980 francs pour un adjudant à partir de sa
12e année de service.

Indemnité de logement (*Tableau n° 4*). — Cinq taux ont été
adoptés pour l'indemnité de logement qui variera maintenant de 15 fr. à 27 francs par mois, suivant la classification
des garnisons.

Il convient en outre de rappeler que l'unification des
soldes, réalisée par la loi de finances de l'exercice 1905, a eu
pour effet de constituer sur le taux le plus élevé, celui de
l'ancienne solde à cheval, la solde de tous les sous-officiers
rengagés ou commissionnés. Si ceux des armes à cheval
n'ont rien perdu à cette disposition, les sous-officiers des
armes à pied y trouveront un certain avantage, dont il a
d'ailleurs été tenu compte dans la fixation de la solde spéciale après cinq ans de service.

TABLEAU Nº 1

Hautes payes d'ancienneté.

GRADES.	ARMES OU SERVICES.	Après 4 ans de service (par jour).	Après 6 ans de service (par jour).	Après 10 ans de service (par jour).	OBSERVATIONS.
		fr. c.	fr. c.	fr. c.	
Sous-officier et assimilé....	Cavalerie et artillerie des divisions de cavalerie. Autres armes ou services.................	1 10 1 »	Les hautes payes sont comprises dans la solde spéciale.		Avec un supplément de 0 fr. 10 par jour pour les corps désignés par le Ministre.
Caporal ou brigadier......	Cavalerie et artillerie des divisions de cavalerie. Autres armes et services.................	0 70 0 60	0 75 0 65	0 80 0 70	
Soldat.......	Cavalerie et artillerie des divisions de cavalerie. Autres armes et services.................	0 40 0 20	0 45 0 25	0 50 0 30	

TABLEAU Nº 2

Primes pour un engagement ou un rengagement portant la durée de service à 4 ans, 4 ans 1/2 ou 5 ans.

GRADES.		CATÉGORIES.		
		Première.	Deuxième.	Troisième.
		francs.	francs.	francs.
Sous-officier............	4 ans......... 4 ans 1/2..... 5 ans.........	420 630 840	360 510 720	» » »
Caporal, brigadier ou soldat...............	4 ans......... 4 ans 1/2..... 5 ans.........	200 300 400	150 220 300	100 150 200

TABLEAU N° 3

Solde des sous-officiers à partir du commencement de la 6ᵉ année de service.

GRADES ET EMPLOIS.		SOLDE DE PRÉSENCE			SOLDE D'ABSENCE par jour.	OBSERVATIONS.
		par an.	par mois.	par jour.		
		fr.	fr.	fr. c.	fr. c.	
Adjudant et assimilés.	(6ᵉ, 7ᵉ, 8ᵉ années..	1.836	153	5 10	2 55	Solde exclusive de toute autre prestation en deniers ou en nature, sauf les indemnités de marche, de manœuvres, de logement, de résidence ou de rassemblement s'il y a lieu, ainsi que les allocations des troupes en campagne et les allocations réglementaires relatives à l'habillement.
	9ᵉ, 10ᵉ, 11ᵉ années.	1.908	159	5 30	2 65	
	12ᵉ et suivantes ..	1.980	165	5 50	2 75	
Sergent-major, maréchal des logis chef et assimilés.	6ᵉ, 7ᵉ, 8ᵉ années..	1.332	111	3 70	1 85	
	9ᵉ, 10ᵉ, 11ᵉ années.	1.404	117	3 90	1 95	
	12ᵉ et suivantes..	1.476	123	4 10	2 05	
Sergent, maréchal des logis et assimilés.	6ᵉ, 7ᵉ, 8ᵉ années..	1.224	102	3 40	1 70	
	9ᵉ, 10ᵉ, 11ᵉ années.	1.296	108	3 60	1 80	
	12ᵉ et suivantes..	1.368	114	3 80	1 90	

TABLEAU N° 4

Indemnité de logement.

GRADES ET EMPLOIS.	TAUX MENSUEL.					OBSERVATIONS.
	1	2	3	4	5	
	fr.	fr.	fr.	fr.	fr.	
Sous-officiers rengagés ou commissionnés autorisés à loger en ville............	27	24	21	18	15	Après l'accomplissement de la durée légale de service.

A propos des avantages concédés par la loi de deux ans aux soldats et gradés rengagés et commissionnés (art. 60, 61 et 62). Primes, hautes payes et soldes.

Les avantages spécifiés par la loi de deux ans et tous ceux dont elle ne parle pas, mais qui résultent de son application même, doivent être réels, suffisants, pour retenir au régiment le nombre d'hommes et de gradés reconnu nécessaire pour la bonne constitution de l'armée et l'organisation de ses différents services.

Ces avantages sont de plusieurs sortes. Les uns sont immédiats comme les traitements et indemnités, les autres n'ont d'effet qu'à l'expiration du service militaire comme les pensions et emplois civils, d'autres enfin se rapportent plus particulièrement à la situation matérielle du rengagé. La loi a laissé à l'Administration de la guerre la libre disposition des moyens de donner les uns et les autres. Nous allons indiquer ceux qui nous paraissent les plus propres à assurer l'application de la loi.

On devra en premier lieu donner aux rengagés une solde leur permettant de vivre d'une façon convenable, soit à la cantine, au mess ou en pension.

Nous donnons à la page ci-contre le montant des indemnités allouées d'après les tarifs en vigueur aux caporaux et soldats rengagés. Le chiffre de 200 francs en moyenne, qui représente le montant de ces indemnités, est insuffisant et ne constitue pas un avantage appréciable.

Nous donnons également à la suite quelques-unes des indemnités qui pourraient leur être attribuées. Nos chiffres sont très supérieurs au tarif actuel ; mais ils n'ont rien d'excessif si nous envisageons, en effet, les conditions présentes de l'existence et le taux de plus en plus élevé des salaires, deux termes de comparaison essentiels pour la fixation des soldes et indemnités.

1° *Actuellement, d'après les tarifs en rigueur, les soldats et caporaux rengagés reçoivent les indemnités détaillées ci-après :*

	Après 3 ans.	Après 6 ans.
	fr. c.	fr. c.
Soldats.		
Haute paye journalière, 0 fr. 20, soit par an........	73 »	»
— 0 fr. 25, et par an.........	»	91 25
Prime de rengagement, 600 francs pour cinq ans, soit par an..................	120 »	120 »
Ensemble.............	193 »	211 25
Caporaux.		
Haute paye journalière, 0 fr. 25, ou par an.........	91 25	»
— 0 fr. 30, ou................	»	109 50
Prime de rengagement, 600 francs pour cinq ans, soit pour une année....	120 »	120 »
Ensemble.............	211 25	229 50

A ces hautes payes et primes viennent s'ajouter nécessairement les soldes et indemnités diverses perçues par tous les militaires.

2° *Nous proposons les allocations suivantes :*

	Pendant les 5 premières années.	Jusqu'à la 10° année.	Jusqu'à 15 ans.
	fr. c.	fr. c.	fr. c.
Soldats.			
Haute paye journalière, 0 fr. 60, soit annuellement..................	219 »	»	»
Haute paye journalière, 0 fr. 75, par an...	»	273 75	»
Haute paye journalière, 1 franc, par an...	»	»	365 »
Prime annuelle ou gratification..........	150 »	180 »	200 »
Ensemble.............	369 »	453 75	565 »
Caporaux.			
Haute paye, 0 fr. 75, par an.............	273 75	»	»
— 1 franc, par an.............	»	365 »	»
— 1 fr. 25, par an.............	»	»	456 25
Prime annuelle	180 »	200 »	225 »
Ensemble.............	453 75	565 »	681 25

On devra songer à donner aux rengagés et commissionnés, soldats et caporaux, une tenue de ville plus soignée que celle du troupier.

Au lieu de les laisser comme aujourd'hui dans de grandes chambrées avec les hommes du contingent, il sera nécessaire de leur affecter quelques chambres et de leur donner un matériel de literie, voire même un ameublement convenable.

Une salle de réunion devra également leur être destinée dans chaque casernement.

D'une manière générale, on devra faciliter l'existence à la caserne des caporaux et soldats rengagés et leur faire une situation se rapprochant de celle de sous-officier.

C'est à ces conditions seulement qu'on obtiendra les rengagements que la loi a prévus. Autrement, cette loi serait sans effet immédiat et les conséquences que créerait une telle situation seraient lamentables. On ne remplirait, en effet, ni les cadres, ni les emplois qu'on se proposait de pourvoir et l'organisation même de l'armée se trouverait compromise.

Nous avons d'ailleurs démontré suffisamment la nécessité de procéder au recrutement de ces cadres avant la mise en vigueur du service de deux ans.

Instruction militaire dans les établissements d'enseignement.

L'article 94 porte :

Une loi spéciale déterminera :

1° Les mesures à prendre pour rendre uniformes dans tous les lycées et établissements d'enseignement l'application de la loi du 27 janvier 1880 imposant l'obligation des exercices;

2° L'organisation de l'instruction militaire pour les jeunes gens de dix-sept à vingt ans et le mode de désignation des instructeurs. Nous nous sommes préoccupé de savoir où en était la loi spéciale prévue par cet article.

Il nous a été répondu que l'étude de ces questions, qui

nécessite une entente avec le Ministre de l'instruction publique, sera entreprise dès que les premières questions très urgentes nécessitées par l'application de la loi de deux ans auront été solutionnées.

Nous insistons pour que le projet de loi en question soit déposé par le gouvernement, avant la fin de la présente législature.

Application de l'article 97.

Nous avons demandé à M. le Ministre de la guerre comment il entendait appliquer les dispositions de l'article 97 de la loi de deux ans.

Il nous a répondu qu'il ne pouvait que se référer à ce qu'il a dit à ce sujet dans le rapport sur la loi de recrutement qu'il a présenté à la Chambre des députés au nom de la Commission de l'armée.

« Votre Commission, disait-il, n'a pas pensé qu'il fût possible de laisser au Ministre le droit de conserver sous les drapeaux ou de renvoyer dans leurs foyers les hommes des classes déjà incorporés conformément aux prescriptions de la loi du 15 juillet 1889. Cette faculté n'aurait pu servir qu'à faire naître des espérances suivies bientôt de déceptions forcées. En effet, jusqu'au jour où deux classes entières se trouveront en même temps sous les drapeaux en vertu de la présente proposition de loi, le Ministre sera dans l'impossibilité de dégarnir les corps de troupe de leurs effectifs au moyen de renvois prématurés; tout au plus pourra-t-il user largement de permissions et des congés de longue durée, s'il y a lieu de ramener pendant la période de transition les effectifs réalisés au chiffre des effectifs budgétaires.

« Par contre, dès que deux classes auront été incorporées sous l'empire du nouveau régime, il ne sera plus possible de maintenir dans les corps de troupe ce qui restera des hommes de la dernière classe appelée conformément aux prescriptions de la loi de 1889. S'il en était autrement les effectifs normaux seraient dépassés dans des proportions considérables.

« Le renvoi prématuré dès ce moment de la dernière classe de la loi de 1889 *s'impose donc comme une nécessité; nous nous sommes bornés à le constater législativement* par l'article 98 (devenu 97). »

Ajoutons que le 16 mars dernier M. Berteaux, ministre de la guerre, a fait, à la Chambre, les déclarations suivantes :

« Grâce à un système dont la Chambre avait fait une obligation au ministre — que le Sénat a simplement laissé à sa disposition — les jeunes gens qui seront incorporés au mois d'octobre de cette année même bénéficieront en fait de la réduction du service militaire à deux ans, et en même temps les dispenses de la loi de 1889 seront applicables aux hommes des anciens articles 21, 22 et 23, puisque les opérations des conseils de revision de cette année sont déjà commencées et que la loi n'a stipulé et ne pouvait stipuler à cet égard un effet rétroactif quelconque au détriment de ces jeunes gens. D'où il résulte que par un hasard dont certainement les intéressés s'applaudiront, *la classe 1904 appelée en 1905 bénéficiera des avantages de la loi de 1889 et des avantages de la loi de deux ans.* J'ajoute que la réduction de la durée du service militaire de la classe 1905 est une mesure imposée par le fait qu'au moment où cette classe aura terminé deux ans de service, deux classes entières se trouveront sous les drapeaux; si donc nous devions la maintenir elle-même une troisième année, nous nous trouverions en présence d'un excédent d'effectif d'au moins 110.000 hommes (1). »

De ces diverses explications, il résulte donc que les appelés de trois ans de la classe 1904 seront les premiers à bénéficier de la loi nouvelle et que, d'autre part, tous les

_____

(1) On sait que, dans la 2e séance du 6 décembre 1905, sur une question que nous lui avons posée, M. Étienne, Ministre de la guerre, a reconnu à ce sujet qu'il était lié par les déclarations de M. Berteaux.

avantages concédés par la loi de 1889 resteront acquis aux
ajournés et dispensés également appelés cette année sous
les drapeaux. Par contre, aucun changement ne sera apporté à la situation des jeunes gens qui ont contracté
l'année dernière, ou même cette année, des engagements
de trois ou quatre ans.

Répondant à une question que lui avait posée, à ce sujet,
notre collègue M. Tournade, le Ministre de la guerre disait
en substance : « L'engagement est un contrat intervenu
entre les jeunes gens et l'Etat. Rien ne peut être modifié à
ce contrat. D'ailleurs, ces jeunes gens n'ont pas été contraints de contracter un engagement de trois ou quatre
ans; ils l'ont fait spontanément à raison des avantages
qu'ils y trouvaient, soit parce que cet engagement leur
permettait de choisir leur corps, soit parce qu'ils désiraient
devancer l'époque de leur appel sous les drapeaux, soit
enfin parce qu'ils avaient l'intention de suivre la carrière
militaire. Il en résulte que, véritablement, on ne peut pas
nous demander de prendre à leur égard des mesures dont
la conséquence, au moment où nous avons à augmenter
nos cadres de sous-officiers rengagés, serait d'anémier et
de détruire partiellement ce cadre. »

La loi de deux ans et la convention franco-belge.

Quelle sera l'influence de la loi de deux ans sur les effets
de la convention franco-belge?

Il n'est pas sans intérêt de rappeler dans quelles conditions et après quelles longues et laborieuses négociations
fut conclue cette convention, qui a soulevé contre elle de
si vives réclamations de la part des populations de notre
frontière du Nord.

Les premières démarches en vue de cette convention
furent faites par la Belgique et remontent à 1876. En 1878,
après deux années de pourparlers entre les deux pays, le
Département des affaires étrangères soumettait à celui de
la guerre un projet de convention élaboré par le gouver-

nement belge. Il s'agissait, par cette convention, de remédier à la situation bizarre et fort embarrassante qui était faite, au point de vue militaire, aux Français nés en Belgique et aux Belges nés en France. Un conflit naissait, en effet, non de la divergence, mais plutôt de la similitude des lois des deux pays. D'après ces législations, en effet, ces jeunes gens étaient en même temps appelés au service militaire par la Belgique et par la France. Chacun de ces deux pays les considérait, en effet, comme ses nationaux. Quoi qu'ils fissent, ils se trouvaient forcément insoumis dans l'un ou dans l'autre pays, et se trouvaient sous le coup de pénalités graves sitôt qu'ils passaient la frontière. Les lois des deux pays leur accordaient bien le droit d'opter, à leur majorité, pour l'une des deux nationalités française ou belge; mais ils étaient, avant d'avoir pu exercer ce droit, portés sur les tableaux de recensement en France et en Belgique.

Le projet de convention, présenté en 1878, contenait deux dispositions essentielles :

1° Il retardait pour les jeunes gens l'inscription sur les tableaux de recensement jusqu'à l'âge de 22 ans accomplis;

2° Il permettait aux mineurs qui ne voudraient pas subir cet ajournement de régler, dès l'âge de 18 ans, leur situation civile et militaire, en contractant, avec l'assistance de leurs représentants légaux, un engagement volontaire appuyé d'une renonciation au droit d'option pour l'autre nationalité.

Chaque fois que, durant le cours des négociations, l'Administration de la guerre fut consultée, elle ne manqua pas de se montrer hostile au projet. Elle lui opposait de très fortes objections tirées de l'inégalité des obligations militaires dans les deux pays, qui encouragerait un grand nombre des jeunes gens bénéficiant du droit d'option à choisir la nationalité belge — tirées aussi de l'inégalité qui résulterait de cette convention, en France même, au profit des jeunes gens qui seraient Français après option, ceux-ci voyant leur service réduit de deux années, par suite du retard apporté à leur inscription sur les listes de recensement. Cependant, sur les instances du Département des affaires étrangères, le Ministre de la guerre finit par donner son adhésion au projet de convention.

La convention, ainsi adoptée par les représentants des deux nations, fut soumise à l'examen de la Chambre des représentants belges en 1879. Elle accepta sans difficulté la première clause (ajournement de l'inscription au tableau de recensement); mais elle repoussa unanimement la seconde (faculté de renoncer au nom d'un mineur à la nationalité que la loi lui donnait le droit de choisir) comme contraire au principe de l'incapacité des mineurs. Ce premier projet de convention demeura donc, à défaut de la ratification du Parlement belge, lettre morte.

Pourtant, le gouvernement belge, qui tenait particulièrement au succès des négociations entreprises par lui, s'efforçait de les renouer et de les faire aboutir. Pour vaincre les résistances du Parlement, il imagina ce moyen : la renonciation des mineurs ne produirait son effet qu'au point de vue militaire. Ils auraient acquis ainsi une espèce de nationalité militaire. En ce qui concerne les autres effets de la nationalité, le droit d'option à l'époque de la majorité resterait entier et produirait toutes ses conséquences.

Ce fut alors du côté du gouvernement français que vint la résistance. Il estimait, avec juste raison, dangereuse une disposition permettant d'admettre dans l'armée française un certain nombre d'individus qui pourraient ensuite redevenir étrangers.

En présence de cette objection, le gouvernement belge supprima purement et simplement la clause litigieuse et dès 1880 il présenta, à titre de *modus vivendi*, un projet réduit à la première clause. Du 2 février au 6 avril 1880, une nouvelle correspondance fut échangée entre les divers Départements des affaires étrangères, de la guerre et de la justice. Mais, devant les prétentions du gouvernement belge, le Ministre des affaires étrangères déclara se désintéresser de la question.

Les choses ne devaient pas longtemps en rester là. Dès le début de l'année 1883, sur de nouvelles démarches de la Belgique, le Ministre des affaires étrangères demandait à son collègue de la guerre un nouvel examen du *modus vivendi* proposé. Celui-ci, conformément à l'avis unanime de son comité d'Administration, se montra encore hostile au projet de convention. La question fut de nouveau soulevée en 1884, à propos d'un incident particulier, mais encore sans résultat.

Cependant un mouvement se produisait en Belgique en vue de déterminer le Parlement belge à donner au projet primitif la ratification qu'il lui avait refusée en 1880. Sous cette pression, les Chambres belges en 1888 ratifièrent, par un vote unanime, toutes les dispositions du projet de convention signé à Paris le 3 juillet 1879. Nouvelle résistance de l'Administration de la guerre et nouvel échec.

Les négociations reprirent à nouveau en 1890 et aboutirent enfin à la convention du 30 juillet 1891.

Cette convention n'échappait à aucune des graves objections formulées contre elle lors de son élaboration.

Et d'abord, les charges militaires sont tout à fait inégales entre les deux pays. En Belgique, le service total est de huit ans, la présence effective sous les drapeaux varie de vingt-huit mois à quatre ans, mais 12.000 hommes seuls sont incorporés. Le reste des inscrits satisfait à la loi militaire sans journée de service actif, soit par suite du numéro de tirage au sort, soit par le remplacement, dont le prix n'est pas très élevé. En un mot, alors qu'en France le service militaire, obligatoire pour tous, est le plus lourd des impôts, il n'est, en Belgique, qu'un simple apprentissage du métier des armes, une précaution prise pour parer à l'éventualité d'une violation de la neutralité du territoire. Il en résulte nécessairement qu'un arrangement militaire entre les deux pays ne peut se conclure sur la base d'une juste réciprocité et qu'il se fera nécessairement au détriment de la France. Ce sera un encouragement à l'option pour la nationalité belge.

· La convention de 1891, combinée avec la loi de 1889, était en outre une violation flagrante du principe de l'égalité des charges militaires, puisque, par suite de l'ajournement de l'inscription au tableau de recensement, les Franco-belges optant pour la nationalité française ne faisaient qu'une année de service au lieu de trois.

Il en résultait que, dans les départements de la frontière du Nord, où le nombre des Belges est très considérable, ceux-ci avaient sur nos nationaux, au point de vue de la concurrence industrielle ou commerciale, un avantage écrasant. En effet, tandis que les Français faisaient trois années de service, ces individus, à qui les législations des deux pays donnaient le droit d'option, s'emparaient de leurs places après avoir accompli une année de service en France, quelques semaines seulement, ou pas même, en Belgique.

Aussi ces populations firent-elles entendre constamment, par l'organe de leurs Conseils, de leurs préfets et de leur presse, les réclamations les plus vives, et, il faut bien le dire, les plus justifiées.

A qui devaient s'adresser ces critiques ? A la convention elle-même ? Ou à l'article 12 de la loi de 1889 ? Question qui fut débattue et qui n'a pas perdu encore tout son intérêt. Car si, comme le prétendit pendant un certain temps le Département de la guerre, on ne pouvait modifier l'article 12 sans violer la convention de 1891, il faudrait décider que la loi du 21 mars 1905, qui dans son article 12 pose un principe contraire à l'article 12 de la loi de 1889, abroge implicitement la convention de 1891. Or, il est bien certain que la convention de 1891 n'a jamais lié le législateur en ce qui concerne les modifications aux lois sur le recrutement ; que cette convention, d'ailleurs, ne pourrait être dénoncée que formellement et dans la forme prévue par son article final et que la nouvelle loi militaire la laisse intacte.

Il va sans dire que cette dernière loi enlève à la convention une de ses fâcheuses conséquences, puisque, en vertu de l'article 12, le retard apporté à l'inscription au tableau de recensement n'emportera aucune réduction de la durée du service actif. Mais il reste l'encouragement à l'option pour la nationalité belge et peut-être le résultat de la nouvelle législation sera-t-il d'augmenter notablement le nombre de ces options. C'en sera assez pour nuire encore gravement aux intérêts des populations françaises du Nord, assez aussi pour continuer à souhaiter la dénonciation de la convention de 1891.

Une question d'ordre transitoire se pose relativement à la convention de 1891 et à l'application de la loi de deux ans. Jusqu'à quel moment les Franco-belges bénéficient-ils de la dispense de deux années qui résultait pour eux de l'article 12 de la loi de 1889? Il est certain que, la loi de 1905 n'ayant aucun effet rétroactif, ceux qui sont actuellement incorporés ne feront qu'une année de service. Que faut-il décider pour ceux qui auront opté pour la nationalité française avant la mise en vigueur de la nouvelle loi ? On peut estimer que le bénéfice de la dispense de deux années, que leur assurait la loi de 1889, encore en vigueur, a été une cause déterminante de leur option et qu'il serait injuste de les en priver.

Convention franco-suisse.

La convention franco-suisse du 23 juillet 1879 subsiste comme la convention franco-belge. La nouvelle loi militaire modifiera de la même façon ses effets au point de vue de la durée du service actif ; les mêmes solutions de transition doivent s'imposer.

c) Conséquences financières de la loi de deux ans.

Pour apprécier les conséquences financières de la loi de deux ans, applicable un an après sa promulgation, soit le 21 mars 1906, il faut évidemment prendre comme chiffre de comparaison celui du budget de 1905 voté par les Chambres et calculer les augmentations successives pendant les années de transition, pour arriver enfin à l'augmentation normale, c'est-à-dire à celle qui résultera de l'application intégrale de la loi.

Les années de transition sont au nombre de trois.

La première est l'année 1905. Le budget de cet exercice ne pouvait tenir compte de l'augmentation devant résulter de l'incorporation du contingent trente-six jours plus tôt, soit le 10 octobre au lieu du 14 novembre.

Il convient d'ailleurs de remarquer, comme nous le disions dans notre dernier rapport (n° 1950, page 57), que cette avance de la date d'incorporation n'est pas une conséquence directe de la loi ayant pour but de réduire à deux années la durée du service militaire et qu'elle aurait pu faire l'objet d'une disposition législative spéciale, même sous l'empire de la loi de 1889.

Nous observions également que la nouvelle législation, étant applicable dès 1905 en ce qui concerne certaines de ses dispositions et notamment l'appel du contingent, conduirait dès cette année à un crédit supplémentaire.

Ce crédit supplémentaire a été demandé. Il aurait dû s'élever à 8.610.000 francs comme le démontre le calcul suivant :

Effectif du contingent au jour de l'incorporation	210.000
Pertes de l'incorporation au 31 décembre (3 0/0)	6.300
Reste au 31 décembre....	203.700

Effectif moyen correspondant à toute l'année :
en cas d'incorporation au 9 octobre :

$$\frac{210.000 + 203.700}{2} \times \frac{84}{365} = 47.600$$

en cas d'incorporation au 14 novembre :

$$\frac{210.000 + 203.700}{2} \times \frac{47}{365} = 26.600$$

Différence représentant l'augmentation de l'effectif moyen 21.000

Le coût moyen d'un homme en 1905 pouvant être évalué à 410 fr., la dépense correspondante est de 21.000 × 410 = 8.610.000 francs.

Le crédit supplémentaire qui a été voté s'élevait à un chiffre un peu inférieur par suite de disponibilités présentées par certains crédits du budget normal.

La loi de deux ans au budget de 1906.

Quant au budget de l'exercice 1906, dont l'examen fait l'objet du présent rapport, nous devons constater qu'en dehors du contingent permanent (rengagés, commissionnés, engagés, etc.), l'effectif qui lui sert de base comprend, d'une manière générale, les hommes :

1° De la classe 1902, incorporés le 14 novembre 1903, pour 3 ans, du 1er janvier 1906 à la libération ;

2° De la classe 1903, incorporés le 14 novembre 1904 pour 3 ans, du 1er janvier au 31 décembre 1906 ;

3° De la classe 1904, à incorporer le 10 octobre 1905 pour 2 ans, du 1er janvier au 31 décembre 1906 ;

4° De la classe 1905, à incorporer le 7 octobre 1906 pour 2 ans, du 7 octobre au 31 décembre 1906.

Cet effectif s'élève à 545.000 hommes, si l'on y ajoute le contingent permanent.

L'effectif moyen de 1906 avec la loi de 1889 et incorporation au 14 novembre aurait été de 522.350 hommes.

Le report au 9 octobre de la date d'appel de la classe aurait eu pour conséquence une majoration de cet effectif moyen qui peut être chiffrée comme suit :

hommes.

Effectif du contingent au jour de l'incorporation...............................	211.300
Pertes de l'incorporation au 31 décembre, 3 0/0.	6.300
Reste au 31 décembre...............	205.000

Effectif moyen correspondant pour toute l'année :

hommes.

En cas d'incorporation au 9 octobre :

$$\frac{211.300 + 205.000}{2} \times \frac{84}{365} = \dots\dots\dots\dots\dots\dots \quad 47.900$$

En cas d'incorporation au 14 novembre :

$$\frac{211.300 + 205.000}{2} \times \frac{47}{365} = \dots\dots\dots\dots\dots\dots \quad 26.800$$

Soit en plus 21.100

L'effectif moyen de 1906, sous le régime de la loi de 1889 simplement modifié par l'appel au 9 octobre, aurait donc été de :

$$522.350 + 21.100 = \textbf{543.450 hommes.}$$

Il en résulte que l'augmentation d'effectif directement imputable dans ces conditions à la loi de deux ans serait de :

$$545.000 - 543.450 = \textbf{1.550 hommes.}$$

Les causes de cette augmentation et la justification rigoureuse de son chiffre peuvent se déduire de la comparaison, article par article, des tableaux de l'effectif moyen dressés pour les deux cas. Mais les explications qui résulteraient d'un semblable rapprochement présenteraient peut-être une aridité et une complexité ne permettant pas de les suivre facilement.

Le tableau de l'effectif moyen dans le cas de la loi de deux ans est, en effet, particulièrement développé, l'Administration de la guerre ayant tenu à y faire figurer explicitement toutes les circonstances imputables au nouveau régime qui sont susceptibles d'influer sur le chiffre d'hommes à entretenir sous les drapeaux. Du reste, il était d'autant plus indiqué d'opérer ainsi que, faute de toute donnée autre, il a fallu admettre tout d'abord que le contingent à incorporer serait, comme par le passé, les 45 0/0 des naissances masculines de la classe ; mais il est évident que ce coefficient de 45 0/0, qui tenait compte de tous les déchets sous le régime de la loi de 1889, ne pouvait plus être censé avoir exactement la même signification sous le régime dans lequel on va entrer. Certains déchets essentiels, comme en particulier ceux dus aux engagements volontaires contractés par anticipation par des hommes de la classe, seront notablement modifiés.

Dans ces conditions, il paraît plus expédient d'expliquer la susdite augmentation de 1.550 hommes en groupant les causes par nature, sans s'astreindre à suivre l'ordre même des articles des tableaux de l'effectif moyen.

A. — Causes diverses.

1° Incorporation des services auxiliaires et des 720 élèves des grandes écoles : 7.720 hommes à entretenir en plus pendant 84 jours, soit pour toute l'année :

$$\frac{7.720 \times 84}{365} = \dots\dots + 1.800$$

2° Sursis d'incorporation prévus par la nouvelle loi : 2.000 hommes à entretenir en moins pendant 84 jours, soit pour toute l'année $\dfrac{2.000 \times 84}{365} = - 500$

$$+ \quad 1.300$$

B. — Engagements volontaires de toutes natures.

1° Engagements de l'article 23 de l'ancienne loi.

Le contingent de 1906, calculé par l'application du coefficient de 45 0/0 des naissances masculines, est en réalité appauvri de 1.300 jeunes gens de la classe 1905 que l'imminence du vote de la loi de deux ans a déterminés à réclamer, par anticipation, le bénéfice de l'article 23 de la loi de 1889, d'où 1.300 hommes à entretenir en moins pendant 84 jours, ou, pour toute l'année

$$\frac{1.300 \times 84}{365} = 300 \dots \dots \dots \dots \quad - \quad 300$$

Pour la même raison, le contingent de 1905 a été également appauvri de 700 hommes qui, normalement, auraient servi 266 jours en 1906, d'où en moins 700 hommes pendant 266 jours, soit pour toute l'année $\dfrac{700 \times 266}{365} = 500 \dots \dots \quad - \quad 500$

Malgré l'appauvrissement anormal des classes 1904 et 1905 pour engagements de l'article 23 contractés par anticipation, l'effectif total des dispenses de l'article 23, en 1906, n'en sera pas moins supérieur au chiffre normal, grâce à l'afflux de jeunes gens de classes postérieures à 1905 qui seront empressés de réclamer le bénéfice de l'article 23 de l'ancienne loi. On estime que, de ce fait, l'effectif moyen, pour toute l'année, en dispensés sera de 3.000 au lieu de 2.400 qu'il est habituellement, soit en plus 600..   +   600

2° Engagements volontaires de 3, 4 et 5 ans de l'ancienne loi et engagements de trois ans par devancement d'appel admis par l'article 50 de la nouvelle loi.

L'article 50 de la nouvelle loi admet des engagements par devancement d'appel jusqu'à concurrence de 4 0/0 du dernier contingent incorporé, ce qui, pour 1906, correspondra à un effectif moyen pour toute l'année de + 2.000...   +   2.000

Le vote de la loi de deux ans aura eu pour effet de diminuer le nombre des jeunes gens des classes postérieures à 1905 qui contracteront des engagements volontaires de trois, quatre et cinq ans dans les conditions de la loi de 1889, on estime que cette diminution sera pour toute l'année de — 6.300...................... — 6.300

De même, le nombre de jeunes gens de la classe 1905 ayant contracté des engagements volontaires de cette nature aura diminué de 2.000. Mais ces 2.000 seront venus grossir le contingent normal calculé avec l'ancien coefficient de 45 0/0 des naissances masculines. De ce fait, il y aura donc en 1906 à entretenir 2.000 hommes en plus pendant 84 jours, soit pour toute l'année $\frac{2.000 \times 84}{365} = 500$............. + 500

Total final pour B........ ... — 4.000

C. — Rengagements.

Augmentation du nombre des rengagés :
400 sous-officiers, 2.100 caporaux, 1.750 soldats en plus pendant toute l'année, soit + 4.250................................... + 4.250

RÉCAPITULATION

A..........	+ 1.307	»
B..........	»	— 4.000
C..........	+ 4.250	»
	+ 5.500	— 4.000
Balance...	+ 1.550	

égale au chiffre à justifier.

Les augmentations de dépenses s'élèvent au total à 11.412.402 fr., se décomposant comme suit:

1° Augmentation de l'effectif moyen due à l'appel de la classe le 7 octobre au lieu du 14 novembre(1).. 6.524.339 fr.

(1) Cette augmentation est inférieure à celle demandée par crédits supplémentaires en 1905, principalement à cause de la variation même de l'effectif, bien que la classe, de par l'indication même du budget, doive être convoquée au moins deux jours plus tôt que la présente année.

2° Augmentation résultant de la loi de deux ans :

a) Augmentation de l'effectif (1.550 hommes).. 598.021 fr.
b) Sous-officiers rengagés............. 330.000 »
c) Caporaux et soldats rengagés........ 2.299.800 »
d) Sous-officiers réformés............. 26.000 »
e) Soutiens de famille (active, réserve et territoriale)............................ 1.598.892 »
f) Secrétariat des emplois civils......... 29.700 »
g) Conseil de revision en Tunisie .... 5.650 »

Total.................. 4.888.063 fr.

Augmentation du nombre des rengagés.

Sous-officiers. — On a admis que, en outre de l'augmentation normale de 800 sous-officiers, les dispositions de la nouvelle loi auraient pour effet de porter ce chiffre à 1.200, soit 400 de plus.

Les avantages spéciaux aux rengagés étant de 825 francs par an, l'augmentation de dépense ressort à 400×825 fr. $= 330.000$ fr.

Caporaux et soldats. — On a admis de même que l'on aurait 2.100 caporaux et 1.750 soldats rengagés de plus. En appliquant à cet effectif les taux de hautes payes et de primes allouées à ces rengagés, on obtient, par rapport aux crédits inscrits au budget de 1905, une augmentation de dépenses de 2.299.800 francs.

Solde de réforme des sous-officiers rengagés. — L'article 65 de la loi prévoit l'allocation d'une solde de réforme égale au montant de la pension proportionnelle pendant un temps égal à la moitié de la durée de leurs services effectifs, aux sous-officiers rengagés ayant plus de cinq ans de services et réformés avant d'avoir droit à la pension proportionnelle.

Un crédit de prévision de 20.000 francs a été prévu dans ce but à la 1re section(Troupes métropolitaines) et un crédit de 6.000 francs à la 2e section (Troupes coloniales). Total 26.000 francs.

Allocations aux familles des militaires soutiens de famille. — L'article 22 de la nouvelle loi prévoit l'allocation d'une somme de 0 fr. 75 par jour aux familles des jeunes gens qui, avant leur départ, remplissaient les devoirs de soutiens indispensables de famille, jusqu'à concurrence de 8 0/0 du contingent.

Le contingent à incorporer en 1906 dans les troupes métropolitaines s'élève à :

217.000 hommes pour la métropole.

3.800 — pour le contingent algérien.

Total.....	220.800	—
dont 8 0/0 =	17.660	—
à déduire pour déchet 1 0/0.......	176	—
Reste	17.484	—

Ce qui correspond à une dépense de :

17.484 hommes $\times$ 0 fr. 75 $\times$ 84 jours = 1.088.892 fr.

De même pour les troupes coloniales le contingent étant de........ 2.000 hommes

dont 8 0/0 =	160	—
à déduire 1 0/0.......	2	—
Reste ..	158	—

Correspondant à une dépense de :

158 hommes $\times$ 0 fr. 75 $\times$ 84 jours = 10.000 fr. environ.

Au total : 1.098.892 francs.

A ce chiffre il faut ajouter les 500.000 francs prévus antérieurement au budget du ministère de l'intérieur pour allocations aux réservistes et territoriaux soutiens de famille (Voir chapitre 53 *bis*). Soit en tout, 1.598.892 francs.

Création d'un secrétariat pour la Commission des emplois

civils. — L'application des nouvelles dispositions relatives aux emplois civils nécessitera, pour statuer sur les demandes et arrêter le classement des candidats, un travail matériel considérable, pour lequel il est nécessaire d'organiser à l'Administration centrale un bureau spécial qui sera également chargé de l'examen des améliorations à apporter dans la collation des emplois, des mesures à prendre pour assurer l'application de la loi et de l'étude des modifications à introduire dans les tableaux des emplois civils.

Il est nécessaire d'augmenter, dans ce but, le personnel de l'Administration centrale de :

Un chef de bureau	9.000	fr.
Un sous-chef	5.500	»
Deux rédacteurs à 3.300 francs	6.600	»
Deux expéditionnaires à 2.700 francs	5.400	»
Deux gardiens de bureau à 1.600 francs	3.200	»
Total	29.700	»

Augmentation des dépenses des tournées des conseils de revision. — L'application de la nouvelle loi à la Tunisie et l'obligation nouvelle de ne procéder aux opérations de la revision que dans un seul canton par jour nécessite une augmentation de crédit de 5.650 francs.

La loi de 2 ans au budget de 1907.

L'année 1907 est aussi une année de transition, mais la dernière. En dehors du contingent permanent, les classes sous les drapeaux comprendront les hommes :

1° De la classe 1903, incorporés le 14 novembre 1904 pour 3 ans, du 1er janvier à la libération ;

2° De la classe 1904, incorporés le 9 octobre 1905 pour 2 ans, du 1er janvier à la libération ;

3° De la classe 1905, incorporés le 7 octobre 1906 pour 2 ans, du 1er janvier au 31 décembre ;

4° De la classe 1906, incorporés du 1er au 10 octobre 1907 pour 2 ans, d'octobre au 31 décembre.

Si nous comparons ces bases générales à celles qui ont

été adoptées pour le budget de 1906, nous voyons que deux classes seront libérées à la fois en septembre 1907 et que le budget de 1907 fera de ce chef ressortir une diminution d'effectif importante par rapport à 1906.

Mais, étant données les nombreuses causes de variations qu'introduira dans l'effectif l'application de plus en plus générale des dispositions de la loi de deux ans (hommes des services auxiliaires, caporaux et soldats rengagés, etc.), il serait prématuré de chercher à calculer cette diminution d'effectif et par suite d'en déduire la diminution des crédits à prévoir.

Au contraire, les autres modifications de crédits peuvent être calculées avec une certaine approximation. Elles se traduisent par une augmentation nouvelle de 18.769.000 fr., par rapport aux augmentations déjà prévues pour 1906, se décomposant comme suit :

1° *Allocations aux familles nécessiteuses* (8 0/0 du contingent d'incorporation évalué à 225.000 hommes)

$$\frac{225.000 \times 8}{100} \times 365 \text{ j.} \times 0 \text{ fr. } 75 = \ldots\ldots \quad 4.927.000 \text{ fr.}$$

2° *Incorporation des élèves des grandes écoles* :

Ecoles polytechnique et de Saint-Cyr, 500×410 fr.= 205.000 fr.

Ecoles centrale et forestière, 220×410 fr. =... 90.200 »

Ecoles normale, des mines, des ponts, de Saint-Etienne (une année comme sous-lieutenant de réserve) 120 × 2.500 fr.= .... 300.000 »

Ecole du service de santé et élèves militaires des écoles vétérinaires 100 × 410 fr. = 41.000 »

en chiffre rond 636.000 »

A *reporter*..... 5.563.000 »

Report..... 5.563.000 fr.

3º *Augmentation du nombre des sous-officiers rengagés.* — La proportion des sous-officiers rengagés ou commissionnés pouvant atteindre les 3/4 de l'effectif total (41.000), le nombre total de sous-officiers de cette catégorie sera de $3/4 \times 41.000 =$ 30.750, en excédent de 3.450 sur l'effectif légal des sous-officiers rengagés que permettait d'atteindre la loi de 1889, excédent à répartir sur 1907 et 1908 par moitié.

Soit, pour 1907 :

$$\frac{3.450}{2} = 1.725 \times 825 \text{ fr.} = \text{en chiffre rond.} \qquad 1.423.000 \quad »$$

4º *Augmentation du nombre des caporaux et soldats rengagés.* — La proportion des caporaux et brigadiers rengagés ou commissionnés pouvant atteindre la moitié de l'effectif total (46.000) le nombre total de caporaux et brigadiers de cette catégorie sera de :

$$\frac{1}{2} \times 46.000 = 23.000,$$

en excédent de 17.000 sur l'effectif actuel.

En ce qui concerne les soldats rengagés, on a admis que leur nombre atteindrait 10.000.

Ces deux résultats ne devant être acquis que lors de l'application intégrale de la loi, l'augmentation de dépense est à répartir sur les années 1907 et 1908.

Soit, pour 1907 :

$$\frac{17.000}{2} \times 450 + \frac{10.000}{2} \times 300 = \qquad 5.325.000 \quad »$$

A reporter..... 12.311.000 »

Report......... 12.311.000 fr.

5° *Faculté de nommer un certain nombre de jeunes gens sous-lieutenants de réserve pendant leur 4° semestre de service.* — Pour assurer le renouvellement des cadres, il est nécessaire de nommer 2.000 officiers de réserve par an. Les grandes écoles en fournissant 400, on devra en demander 1.600 au contingent annuel. On peut admettre que 400 jeunes sous-officiers du contingent rentreront dans cette catégorie en 1907. La dépense qui en résultera sera de :

$$(2.500 - 410) \times 1.600 \times \frac{1}{2} =$$ 418.000 »

5° *Augmentation des dépenses des conseils de revision.* — L'application de la nouvelle loi de recrutement à la Tunisie, et l'obligation de ne procéder aux opérations de la revision que dans un seul canton par jour nécessite une augmentation de crédits que l'on peut évaluer à 6.000 francs, déjà portée en 1906......................... Mémoire.

7° *Création d'un secrétariat des emplois civils* (Voir à 1906).................... Mémoire.

8° *Pour cent d'absence de la troupe.* — Les dispositions plus impératives de la nouvelle loi en ce qui concerne la délivrance des permissions ne permettront vraisemblablement pas à l'Administration de la guerre de réaliser un pour cent d'absence supérieur à 6 0/0 en 1907. Cette diminution du pour cent correspond à un effectif moyen annuel de 8.000 hommes environ, soit à 410 francs environ l'un............... 3.280.000 »

A reporter..... 16.009.000 »

Report	16.009.000 fr.

9° *Solde de réforme des sous-officiers.* — On peut évaluer à 200 le nombre de sous-officiers réformés annuellement avant d'avoir droit à pension, et à 300 francs le taux annuel de la solde de réforme à leur attribuer, soit, pour 1907, 200 × 300 =... | 60.000 » |

Total des augmentations qui apparaîtront au budget de la guerre de 1907............ | 16.069.000 fr. |

10° *Suppression de la taxe militaire.* — La taxe militaire prévue par la loi de 1889 et non reproduite dans la loi de 1905 procurait une recette de 2 millions 700.000 francs environ. L'application de la nouvelle loi fera disparaître cette recette. Le budget des dépenses se trouvera donc augmenté du fait de cette non-perception de.......... | 2.700.000 » |

| Total............. | 18.769.000 fr. |

La loi de deux ans au budget de 1908.

C'est en 1908 que la loi nouvelle sur le recrutement de l'armée sera intégralement appliquée. En dehors du contingent permanent, les classes sous les drapeaux comprendront les hommes de 3 classes seulement au lieu de 4.

Ce sont les hommes :

1° De la classe 1905, incorporés le 7 octobre 1906 pour **2** ans, du 1er janvier à la libération ;

2° De la classe 1906, incorporés du 1er au 10 octobre 1906 pour **2** ans, du 1er janvier au 31 décembre ;

3° De la classe 1907, incorporés du 1er au 10 octobre 1908 pour **2** ans, d'octobre à fin décembre.

Il n'y aura plus que des hommes incorporés sous le régime de la loi de deux ans.

Là encore, il y aura une diminution d'effectif ; mais là

aussi, les nombreuses causes de variations qu'apportera l'application intégrale de la loi de deux ans viendront atténuer, sinon combler, cette différence.

De même que pour 1907, l'augmentation ou la diminution de l'effectif ne saurait être calculée ; mais certaines dispositions peuvent être évaluées dans leurs conséquences budgétaires.

L'application de ces dispositions entraîne, par rapport aux augmentations déjà prévues pour 1907, une nouvelle augmentation de 13.265.200 francs qui se décompose ainsi qu'il suit :

1° *Allocations aux familles nécessiteuses.* — 8 + 2 0/0 du contingent sous les drapeaux (évalué à 500.000 hommes) déduction faite des sommes déjà portées en 1906 et 1907

$$\frac{500.000 \times 10}{100} \times 365 \times 0\mathrm{fr}.75 =$$

13.687.500 fr. — (4.927.000 fr. + 1.088.892)

=.................... .... 7.670.000 fr.

2° *Incorporation des élèves des grandes écoles* (porté au titre de 1907)........... Mémoire.

3° *Augmentation du nombre des sous-officiers rengagés.* — La proportion des sous-officiers rengagés pouvant atteindre les trois quarts de l'effectif total (41.000) le nombre des sous-officiers de cette catégorie sera de 30.750 (voir à 1907) en excédent de 3.450 sur l'effectif légal que permettait d'atteindre la loi de 1889. La dépense correspondante est de 3.450 × 825 = 2.846.000 francs, répartie par moitié entre les exercices 1907 et 1908, soit pour 1908, défalcation faite de l'augmentation déjà portée pour 1906...................... 1.093.000 »

A reporter.... 8.763.000 fr.

| | *Report*........ | 8.763.000 fr. |

4° *Augmentation du nombre des caporaux et soldats rengagés.* — Le total de l'augmentation indiquée pour 1907, soit 17.000 × 450 + 10.000 × 300 = 10.650.000 francs répartie par moitié entre les exercices 1907 et 1908, soit pour 1908, défalcation faite de l'augmentation déjà portée pour 1906..... 3.025.200 »

5° *Faculté de nommer un certain nombre de jeunes gens sous-lieutenants de réserve pendant le 4ᵉ semestre de service.* — Les trois quarts de la dépense dont le quart ressort à 1907............................. 1.254.000 »

6° *Nomination de médecins et de vétérinaires auxiliaires pendant la 2ᵉ année de service.* — D'après le nombre de nominations faites actuellement on peut tabler sur 100 nominations annuelles de médecin ou de vétérinaire auxiliaire. Ces jeunes gens accompliront leur 3ᵉ semestre de service à ce titre, et leur 4ᵉ semestre comme médecin ou vétérinaire de réserve. Le supplément de dépense correspondant peut donc s'établir comme il suit :

Demi-année comme médecin ou vétérinaire auxiliaire

$$\frac{865 \times 100}{2} = \dots \quad 43.000$$

Demi-année comme officier

de réserve $\frac{2.400 \times 100}{2} = \dots \quad 120.000$

163.000 »

7° *Augmentation des dépenses des conseils de revision.* — Porté au titre de 1907...... Mémoire.

| | *A reporter*.... | 13.205.200 fr. |

Report..........	13.205.200 fr.
8° *Secrétariat des emplois civils.* — Porté au titre de 1907.....................	Mémoire.
9° *Pour cent d'absence de la troupe.* — Porté au titre de 1907................	Mémoire.
10° *Solde de réforme des sous-officiers.* — Comme en 1907.....................	60.000 »
12° *Suppression de la taxe militaire.* — Porté au titre de 1907................	Mémoire.
Total..................	13.265.200 fr.

Tableau récapitulatif, par année, des dépenses nécessitées
par la loi du 21 mars 1905.

TOTAL DES DÉPENSES.	1906.	1907.	1908.	TOTAL.
	francs.	francs.	francs.	francs.
a) Incorporation de la classe en octobre (au lieu du 11 novembre)	6.524.339	»	»	6.524.339
b) Augmentation de l'effectif.	598.021	»	»	598.021
c) Augmentation de l'effectif des sous-officiers rengagés.	330.000	1.423.000	1.093.000	2.846.000
d) Augmentation de l'effectif des caporaux et soldats rengagés	2.299.800	5.325.000	3.025.200	10.650.000
e) Solde de réforme des sous-officiers.................	26.000	60.000	60.000	146.000
f) Soutiens de famille (active, réserve, territoriale)......	1.598.892	4.927.000	7.670.000	14.195.892
g) Secrétariat des emplois civils	29.700	»	»	29.700
h) Conseil de revision en Tunisie...................	5.650	»	»	5.650
i) Incorporation des élèves des grandes écoles........	»	636.00	»	636.000
j) Faculté de nommer un certain nombre de jeunes gens sous-lieutenants de réserve pendant leur quatrième semestre de service......................	»	418.000	1.254.000	1.672.000
k) Pour cent d'absence de la troupe...................	»	3.280.000	»	3.280.000
l) Suppression de la taxe militaire.................	»	2.700.000	»	2.700.000
m) Nomination de médecins et de vétérinaires auxiliaires pendant la deuxième année de service.........	»	»	163.000	163.000
Totaux.............	11.412.402	18.769.000	13.265.200	43.446.602

De cet exposé, il résulte que la loi du 21 mars 1905 doit déterminer une augmentation de dépenses de 43.446.602 fr. échelonnée :

Sur l'exercice 1906 pour :

a) Conséquences directes de la loi de 2 ans. (Loi du 21 mars 1905.)......	4.888.063 fr.
b) Appel anticipé du contingent. (Loi du 21 mars 1905.)...............	6.524.339 »
Sur l'exercice 1907 pour............	18.769.000 »
Sur l'exercice 1908 pour............	13.265.200 »
Total.............	43.446.602 fr.

Mais, comme il a été dit plus haut, il convient de considérer l'appel du contingent dans la première dizaine d'octobre comme une mesure légale indépendante du but poursuivi par la nouvelle loi de recrutement. D'autre part, le crédit de 500.000 francs affecté aux allocations à attribuer aux réservistes et territoriaux soutiens de famille a été simplement reporté du budget de l'intérieur à celui de la guerre.

Il y a lieu, par suite, de déduire du total indiqué ci-dessus (6.524.339 fr. + 500.000 fr.) = 7.024.339 francs ; et l'augmentation réelle est alors de.... **36.422.263** fr.

C'est ce dernier chiffre qui paraît devoir être le bilan financier de la réforme qui a *réduit à deux années* la durée du service militaire.

DES LOIS MILITAIRES ALLEMANDES DE 1905

A l'heure même où la France adoptait une nouvelle loi sur le recrutement, l'Allemagne, elle aussi, modifiait la sienne : il est intéressant d'en dire rapidement quelques mots.

Depuis 1893 et comme l'exige une loi constitutionnelle de 1871, l'effectif de l'armée allemande du temps de paix est fixé par voie législative pour une période de cinq années. C'est la loi de quinquennat.

La dernière loi de quinquennat était celle du 25 mars 1899. Ayant été prorogée d'un an, elle devait au 1er avril 1905, laisser la place à une nouvelle loi, dont l'action devait s'étendre de 1905 à 1910.

Aussi, vers la fin de l'année 1904, le gouvernement soumit au Reichstag un projet de loi, fixant l'effectif. Il y joignit un second projet de loi dont la base essentielle était l'adoption définitive du service de deux ans pour toutes les armes, sauf la cavalerie et l'artillerie à cheval.

Le premier de ces projets de loi stipulait qu'à partir du 1er avril 1905 l'effectif de paix serait progressivement élevé, de manière à atteindre, dans le courant de l'année 1909, le chiffre de 505.839 hommes, en augmentation de 10.339 hommes sur celui fixé par la dernière loi de quinquennat.

Cette augmentation d'effectif devait correspondre à la création de

8 bataillons d'infanterie.
28 escadrons de cavalerie;
2 bataillons d'artillerie à pied;
1 compagnie pour l'école de tir de l'artillerie à pied;
3 bataillons de pionniers;

1 bataillon de télégraphie;
1 compagnie du train.

La création de ces unités devait entraîner un supplément de dépenses permanentes de près de 15 millions.

De l'énumération des unités dont la création était projetée, on peut conclure que l'empire allemand, pour des raisons financières sans doute, a renoncé à accroître le nombre de ses corps d'armée.

Un corps d'armée forme en effet un tout, et si l'Allemagne possède assez d'hommes pour songer à la création de nouveaux corps d'armée, elle ne pouvait les créer qu'en augmentant ses ressources en cavalerie et en artillerie. Or, ces deux armes sont celles dont l'entretien est le plus onéreux. On est donc fondé à penser que si la nouvelle loi de quinquennat marque un arrêt dans l'accroissement de l'artillerie, cet arrêt ne peut être dû qu'à la nécessité de borner au strict minimum l'augmentation des dépenses militaires.

Quant à l'augmentation de la cavalerie, qui paraît n'être qu'une étape de début, elle est bien faite pour surprendre.

Mais nous ne pouvons songer à faire ici une étude purement militaire. Nous verrons plus loin que cette augmentation de la cavalerie fut l'objet des critiques les plus vives et les plus nombreuses.

Le gouvernement déclarait, dans son *exposé des motifs*, qu'afin de pouvoir continuer sa politique pacifique, l'empire devait avoir une armée forte et prête à la guerre, et terminait ainsi :

« Les avantages militaires de la réduction du service militaire consistent uniquement dans la possibilité de disposer, en cas de guerre, d'un plus grand nombre d'hommes instruits. Mais, plus s'accroît leur masse, plus nombreux aussi doivent être les cadres du temps de paix qui, en temps de guerre, leur donneront la solidité, et plus il faut apporter de soin à éliminer les défauts d'organisation susceptibles de nuire à l'emploi rapide et régulier de toutes les forces mobilisées. »

Comme nous l'avons dit plus haut, le second projet de loi réduisait à deux ans la durée du service actif dans toutes les armes, sauf la cavalerie et l'artillerie à cheval, où les hommes devaient servir pendant trois ans.

A vrai dire, le service de deux ans n'était pas une innovation en Allemagne. Des essais étaient poursuivis depuis 1893, et — le gouvernement tenait à faire ressortir les conséquences de cet essai — le personnel officiers et sous-officiers s'usa au physique et au moral par suite d'une activité excessive. Il crut même devoir ajouter, sans doute dans le but de dégager en quelque sorte sa responsabilité, que ce ne serait qu'après une guerre que l'on pourrait porter un jugement définitif sur la valeur du service de deux ans.

Le projet de loi comportait donc, sous le nom de mesures de compensation, toute une série de dispositions destinées, soit à favoriser matériellement l'instruction des troupes (accroissement du nombre des chevaux des batteries montées, augmentation des allocations de cartouches, création de nouveaux stands), soit à alléger le service des cadres (augmentation de l'effectif des sous-officiers, amélioration de leur solde, amélioration de l'instruction des officiers de réserve, etc.).

Ces mesures de compensation entraînaient une augmentation de dépense annuelle de 24.140.809 francs.

Nous n'insisterons pas sur la discussion de ces projets de loi devant le Reichstag. La *Revue militaire des armées étrangères*, l'unique source où nous avons puisé ces renseignements, donne à ce sujet force détails des plus intéressants.

Nous nous contenterons d'indiquer ici les points saillants.

Le général von Einem, ministre de la guerre, soutint les projets de loi qui, selon les vues du gouvernement, tendaient à rendre moins compliquée une mobilisation difficile et *à éviter de faire entrer dans les troupes de ligne, c'est-à-dire dans les unités de première ligne, des formations de réserve, quelles qu'elles fussent.*

Il insistait ensuite sur la nécessité d'une armée solide-ment organisée pour l'entrée en campagne et ajoutait : *cè que signifie la victoire dès le début d'une guerre, il est inutile de l'exposer en détail, car l'histoire militaire l'enseigne à chaque page.*

Le Ministre de la guerre releva aussi *l'insuffisance de la cavalerie.* Contrairement aux assertions contraires très souvent exprimées, il soutint la nécessité d'une bonne ca-valerie, groupée en régiments solidement organisés, capable d'être employée isolément ou de concert avec l'infanterie.

En ce qui concerne le projet de loi réduisant à deux ans la durée du service actif, le gouvernement admit la loi du nombre et posa ainsi la question : « A-t-on plus de chances de vaincre avec une armée de 200.000 hommes ayant fait trois ans de service, ou avec une de 300.000 n'ayant servi que deux ans? On adoptait la deuxième solution.

Mais le général von Einem faisait ressortir l'état de ner-vosité créé dans les cadres par le surmenage, la nécessité d'un cadre très solide et instruit de sous-officiers, insistant sur la nécessité de retenir sous les drapeaux les sous-offi-ciers instruits. « Le vieux sous-officier disparaît dès qu'il a trouvé un emploi civil, disait-il, et parmi les jeunes élé-ments, ce ne sont pas toujours les meilleurs qui nous four-nissent des sous-officiers. Ils savent tous que notre grand développement industriel permet à tout individu intel-ligent et habile de trouver aujourd'hui un travail rémuné-rateur. »

Au Reichstag, les deux questions les plus étudiées furent celles de l'augmentation de la cavalerie et de l'adoption définitive du service de deux ans. La première fut, en outre, des plus controversées.

Renvoyés à la Commission du budget, les deux projets de loi furent l'objet d'un examen minutieux. On y discuta surtout l'utilité de l'augmentation de la cavalerie. Cepen-dant, sans s'arrêter au chiffre de la dépense (4 millions de dépenses permanentes, 25 millions de première mise) la

Commission substitua la main-d'œuvre civile à la main-
d'œuvre militaire dans les établissements de l'habillement
et trouva ainsi une économie d'effectif qui détermina le
vote de l'augmentation de la cavalerie. Il est vrai que cette
économie, qui devait correspondre à un effectif de 2.000
hommes, ne devait être atteinte qu'en 1910.

Quand les deux projets revinrent au Reichstag, ils furent
adoptés presque sans modifications.

Enfin, après un vote conforme du Conseil fédéral, l'empe-
reur promulgua, le 15 avril 1905, les deux nouvelles lois
militaires.

CONCLUSIONS

Messieurs,

Le 1er mars 1905, à la tribune de la Chambre, j'avais l'honneur de vous exposer quelques considérations que les faits n'ont que trop confirmés depuis.

Nous déclarions avec franchise que le budget de 1905 était sensiblement inférieur au suivant ; que, par suite de réductions, plus apparentes que réelles, sur l'exercice même, le gouvernement serait obligé de vous demander des crédits supplémentaires ; que la loi de deux ans se traduirait par une charge de 38 millions environ. L'événement a justifié nos prévisions.

Nous retenions votre attention sur la question de nos effectifs, notre matériel de guerre, sur les crédits nouveaux nécessités par les besoins de la défense, le programme des travaux urgents et sur le contrôle indispensable du Parlement.

« L'autre jour, disions-nous, à l'occasion de la très intéressante discussion du budget de la marine, vous avez entendu le rapporteur et le Ministre de la marine dire qu'il est essentiel, pour les intérêts de la défense nationale, de poursuivre le programme des travaux voté en 1900. Assurément il est très intéressant que la France ait une flotte à la hauteur de tous les perfectionnements ; mais il est indispensable, plus peut-être encore en matière de crédits militaires, de prévoir tout ce qui est nécessaire pour conserver à notre pays sa puissance défensive. (*Très bien ! très bien !*)

« Dans la discussion générale, un grand nombre de nos honorables collègues, avec beaucoup de talent et de généro-

sité d'esprit, disaient à la Chambre : «Surtout à la veille de
« la loi de deux ans, vous devez améliorer les conditions
« d'hygiène dans l'armée ; vous devez desserrer les caser-
« nements ; vous devez prévoir une série de travaux .»

« Or, ils coûteront beaucoup de millions. J'estime, pour
ma part, que cette dépense est nécessaire, car il faut que
nous nous préoccupions au premier degré de la santé du
soldat ; c'est un devoir qui nous incombe d'autant plus
que nous allons avoir une loi militaire qui sera assez rigoureuse puisque, pendant deux ans, on fera faire aux soldats
ce qu'ils font actuellement en trois ans. (Applaudissements.)

« D'autre part, il faut que nous nous préoccupions aussi
de nos fortifications de l'Est, de la défense de nos places, de
la défense de nos côtes; il faut que nous soyons suffisamment approvisionnés en munitions. Tout cela représente un
programme de travaux militaires qui s'élève très certainement à un minimum de 500 millions. »

Et nous terminions ainsi :

« Nous sommes convaincu aussi que le gouvernement,
qui a un si grand souci des questions relatives à la défense
nationale, saura ne nous demander que les crédits indispensables.

« Monsieur le Ministre de la guerre, ces crédits, nous
vous les donnerons ; mais nous saurons les contrôler, avec
votre bienveillant concours, pour leur donner leur maximum d'efficacité.

« M. LE PRÉSIDENT DE LA COMMISSION DU BUDGET. — Très
bien !

« M. LE RAPPORTEUR. — Oui, messieurs, il faut un contrôle sévère; nous accomplirons, nous, tout notre devoir, et
nous avons confiance en vous, monsieur le Ministre, pour
accomplir le vôtre. » (Vifs applaudissements sur un grand
nombre de bancs.)

Quelques mois après, le pays pouvait constater que,
quelque vif et sincère désir qu'il eût de la paix, certains
prodromes semblaient annoncer les plus douloureux con-

flits ; d'où la nécessité de rester prêts constamment à toutes éventualités, en s'efforçant néanmoins à les éviter, conciliant à la fois les intérêts de la dignité nationale et ceux de la paix du monde.

Aujourd'hui encore, toutes les précautions doivent être prises.

La préparation à la guerre — à une guerre aussi redoutable pour les deux adversaires — est chez nous, aujourd'hui, sans aucune contestation possible, supérieure à celle de ces toutes dernières années.

La République a donné à notre pays une puissance militaire supérieure à celle de tous les régimes antérieurs, bien que l'effort ait été particulièrement ralenti entre 1902 et 1905.

Les constatations que nous avons faites — et nous n'avons eu que le souci de renseigner la Chambre avec sincérité — montrent certaines lacunes dans la constitution de notre matériel, certaines erreurs facilement réparables dans l'organisation du haut commandement, certains sacrifices de travail et d'argent inéluctables.

Il n'est donc pas exact de dire que tout est prêt.

Les pièces essentielles, nécessaires au montage de la machine, demandent à être polies et finies : cette opération est la dernière et la plus délicate de toutes.

Or, pour mettre le mécanisme en état de fonctionner au moment voulu, l'*ajustage* est indispensable.

C'est l'*ajustage* qu'il faut en permanence réaliser, moralement comme matériellement, pour l'heure où la France, victime d'un des coups de la force, aurait à défendre, avec son honneur, l'intégrité du territoire.

DISCOURS DE M. KLOTZ

dans la discussion générale du budget de la guerre

le 1er mars 1906

M. le président. La parole est à M. le rapporteur.

M. Klotz, rapporteur. Messieurs, la discussion générale qui s'est en réalité ouverte ce matin seulement sur le budget de la guerre nous a permis de constater l'accord unanime qui existe dans cette Assemblée sur l'importance du débat. Aussi bien M. Bouhey-Allex que M. le colonel Rousset, que M. Messimy et M. Raiberti, tous les orateurs ont fait entendre ici une parole nette et claire.

Ils ont montré que le Parlement est disposé à continuer, à accélérer son effort en ce qui concerne la défense nationale, tant au point de vue matériel qu'au point de vue moral.

Nous ne faisons que suivre ainsi l'exemple qui a été donné par toutes les assemblées républicaines depuis le lendemain de la guerre. Quels qu'aient été, en effet, les gouvernements qui se sont succédé sur ces bancs, quelles qu'aient été les majorités politiques qui se sont constituées, jamais les crédits nécessaires à notre défense nationale n'ont été refusés ; et nous sommes en droit de dire que jamais aucun régime n'a donné à notre pays une puissance militaire comparable à celle que nous avons aujourd'hui.

M. Edouard Lockroy. Très bien !

M. le rapporteur. Si l'on se souvient de la situation où la République a trouvé la France en 1871, si l'on veut bien, très rapidement, suivre l'effort continu et persévérant qui a été accompli, on arrive à une série de constatations qu'il est du devoir du rapporteur du budget de la guerre de replacer cette année sous vos yeux.

On peut diviser en quatre périodes principales les années qui ont précédé la période actuelle. La première période va de 1871 à 1875, la seconde de 1875 à 1887, la troisième de 1887 à 1889, la quatrième de 1889 à 1900 ; la période actuelle s'ouvre en 1900.

Il est intéressant de montrer comment les différents programmes conçus par l'administration de la guerre et exécutés grâce au vote des crédits par le Parlement, s'inspirent des événements contemporains ; il est également utile de dégager les causes morales qui, à certaines époques, ont produit des relâchements regrettables.

M. Edouard Lockroy. Très bien !

M. le rapporteur. Dès 1872, on se met à l'œuvre. Un comité de défense, présidé par le maréchal Canrobert, établit un plan nouveau en vue de refouler l'invasion si elle venait à se produire ; en même temps, un premier compte de liquidation est ouvert, qui s'élève à 400 millions.

Une nouvelle loi militaire sur le recrutement introduit pour la première fois dans notre organisation le principe du service obligatoire et impose à tous les citoyens de ce pays le service égal — en théorie ; mais l'heure est passée, j'imagine, de critiquer la législation de 1872. A peine notre effort est-il entrepris, à peine commençons-nous à redevenir une puissance militaire qu'en mai 1875, tout le monde a encore ce souvenir présent à l'esprit, des rumeurs de guerre s'élèvent, inquiètent la nation, l'Europe tout entière ; et j'ai le devoir de dire aujourd'hui que nous n'avons jamais oublié et que nous n'oublierons jamais le rôle qu'a joué la Russie en la circonstance pour maintenir la paix du monde. (*Applaudissements.*)

M. Edouard Vaillant. C'est surtout l'Angleterre qui a joué ce rôle.

M. le rapporteur. Et voyez la première conséquence de l'émotion qui s'empare du pays : à ce moment, en 1875, s'ouvre justement ce qu'on a appelé le second compte de liquidation, qu'on peut évaluer en chiffre rond à 2 milliards. Donc, il a suffi de cette alerte nouvelle, de ces rumeurs de guerre pour que la France soit soumise à de nouveaux sacrifices, à des sacrifices considérables, surtout si l'on songe que, quelques années auparavant, il avait déjà fallu réclamer d'elle la rançon de 5 milliards pour libérer le territoire.

Alors, messieurs, non seulement au point de vue matériel on demande cet effort, mais on jette, dès 1880, les nouvelles bases d'une loi sur le recrutement. Une loi appelle les réservistes à des périodes d'instruction, une autre améliore la situation des officiers retraités.

Une nouvelle période s'ouvre et, de 1887 à 1889, un nouveau programme va être établi, de nouvelles mesures vont être prises.

Vous n'avez pas non plus oublié, messieurs, les incidents d'avril 1887, comment l'arrestation du commissaire spécial français de Pagny-sur-Moselle, Schnœbelé, causa dans notre pays une émotion profonde.

A ce moment, un homme sut assumer toutes les responsabilités et ne pas craindre d'accélérer, comme il convenait, l'effort de notre pays. Cet homme, que le parti républicain, que la France tout entière ont eu la douleur de perdre il y a quelques mois, c'était M. Goblet, qui, avec une extrême dignité, défendit l'honneur national et sut réclamer du Parlement les mesures nécessaires. (*Applaudissements.*)

Immédiatement après ces incidents, la France poursuit ses armements, complète sa défense ; c'est le général Ferron qui a l'honneur de demander au Parlement de voter les diverses lois tendant au renforcement de nos réserves. Avez-vous oublié d'ailleurs que, cette même année, en 1887, les Chambres, pour permettre au Gouvernement de bien se rendre compte des conditions dans lesquelles la mobilisation pourrait être faite, vota un crédit de 7 millions destiné à la mobilisation d'un corps d'armée, le 17e, à Toulouse ? Non seulement ces mesures sont prises, mais surgit encore un nouveau programme, s'élevant celui-là à 770 millions.

C'est deux ans après enfin que fut votée la loi de trois ans, que cette loi sur le recrutement fut votée par les Chambres, introduisant une égalité plus grande que la loi de 1872, mais non encore parfaite, heureusement corrigée par la loi de deux ans récemment votée par vous. (*Très bien! très bien! sur divers bancs à gauche.*)

Vous le voyez, nos efforts, au point de vue militaire coïncident presque toujours exactement avec les périodes de tension. C'est tout naturel, comme il est tout naturel aussi, n'est-il pas vrai? que, par suite d'une sorte de loi contraire, dans toutes les périodes de calme, on songe à ralentir les dépenses militaires.

A partir de 1889, les rapports de la France avec les puissances voisines s'améliorent : dès le mois d'août 1891, on connaît l'existence d'une entente franco-russe qui devait devenir publique en 1897 et, à partir de 1891 le chiffre de nos dépenses extraordinaires s'abaisse de 124 millions à 36 millions jusqu'en 1896; il se relève en 1897, en 1898 et en 1899 à 55 millions; à 80 millions, à 109 millions à la suite d'incidents encore récents et présents à votre souvenir. Mais, en 1900, s'ouvre l'Exposition universelle; le vent souffle à la paix; la conférence de la Haye vient de tenir ses assises; on ne songe plus — certains le proclament — qu'il puisse y avoir la guerre; et, lorsqu'on conçoit le programme de 1900, qui s'élève à 970 millions et qui coïncide justement avec la période de pacification à outrance, il est explicable qu'on mette peu d'empressement à le réaliser dans toutes ses parties. (*Très bien! très bien!*)

Messieurs, je voudrais d'un mot faire le résumé de ces trop longues observations historiques; je les croyais essentielles pour montrer que, depuis la guerre de 1870, le budget de notre armée avait doublé, que le nombre de nos régiments avait également doublé, que nous avions amélioré la solde et l'alimentation des troupes et que partout, sur notre territoire, grâce à un effort de tout le pays, nous avions vu surgir du sol des forts, des forteresses et des voies stratégiques. La paix, que nous avons conservée au travers des années, n'était-elle pas due précisément à ce degré de puissance que nous avions acquis? (*Applaudissements.*)

Mais en 1900, alors qu'en trente années — je me permets ici de ne parler que de chiffres — nous avions dépensé pour reconstituer notre matériel de guerre, nos approvisionnements de réserve, la somme globale de 3.416 millions, soit un chiffre minimum moyen de 100 millions par an, en 1900, alors que nous nous trouvons en présence d'un programme de 970 millions, qui, à la vitesse antérieure aurait dû être réalisé en dix ans, nous voyons que son exécution a été menée de telle façon qu'il nous faudrait, à la vitesse des années 1901, 1902, 1903, 1904 et 1905, vingt et un ans et demi pour réaliser le programme de l'artillerie, vingt-six ans et demi pour réaliser le programme du génie, quatre-vingt-dix-neuf ans en ce qui concerne les subsistances (*Mouvements divers*), et trente-sept ans en ce qui concerne l'habillement.

Oui, nous avons sur ce programme de 971 millions dépensé en cinq ans, 206 millions seulement; au lieu des 100 millions en moyenne annuelle dont je parlais tout à l'heure, nous n'avons dépensé que 40 millions par an; et encore faut-il observer que si nous avons dépensé 40 millions en moyenne pendant cette période, dans les trois dernières années nous n'avons dépensé que 33 millions, 32 millions et 28 millions, soit 70 millions environ de moins par an que ce qui eût été nécessaire pour parfaire notre état de défense et répondre aux exigences du programme de 1900.

Je disais que nous pouvions hardiment proclamer que jamais aucun régime n'avait donné à ce pays une puissance militaire plus considérable; mais quoi qu'en pense mon excellent collègue et ami M. Raiberti, il faut examiner la force militaire d'un pays non pas seulement en soi, mais relativement à la force des rivaux possibles; et ici nous constatons que, pendant que nous réduisions les dépenses de la 3e section jusqu'à les faire tomber à 28 millions, chiffre inférieur de 72 millions au chiffre moyen des trente années précédentes, l'Allemagne au contraire accentuait son effort.

Nos dépenses extraordinaires, en 1904, sont dans la proportion de 1 à 3 par rapport à celles de l'Allemagne, en 1905 elles sont dans la proportion de 1 à 5.

On ne peut nous dire que c'est exclusivement à cause de la réfection du matériel de l'artillerie allemande que ce phénomène se produit. Je vais, si vous le voulez bien, vous citer un chiffre qui va être démonstratif.

Je me garderai — et je crois que la Chambre me saura gré de cette discrétion — de faire ici de la stratégie, je crois que ce n'est pas notre rôle....

A l'extrême gauche. Ce serait d'ailleurs difficile.

M. le rapporteur. On en a fait beaucoup depuis ce matin.

Mais la fortification doit être évidemment, par théorie, plus activement poussée dans un pays qui est dans une situation défensive; or, combien sur les chapitres de la 3e section, exclusivement réservés à la fortification, avons-nous dépensé dans les cinq dernières années? Exactement 3.800.000 francs par an, soit — le calcul est facile — 19 millions en cinq ans.

L'Allemagne, elle qui est vis-à-vis de nous dans une situation d'offensive, a dépensé par an, en moyenne, pendant cette même période, rien que pour les fortifications, 22 millions 500.000 francs par an. Si vous voulez bien vous rendre compte que là encore c'est la même proportion de 1 à 5, nous pouvons constater qu'en réalité, alors que certains s'imaginaient à tort que la paix était définitive dans le monde, d'autres pouvaient avoir une pensée différente : pendant que nous ralentissions notre effort, nos voisins accentuaient le leur. Cette comparaison me permet de dire qu'il y a lieu de prendre aujourd'hui des mesures définitives pour que les errements du passé ne se renouvellent pas. (*Très bien! très bien!*)

Je ne veux mettre en cause la responsabilité d'aucun gouvernement. J'aurai tout à l'heure l'occasion de dire d'une façon très précise et très nette, avec la sincérité que j'ai l'habitude d'apporter, comment, dans la mesure du possible et par qui les fautes commises ont été réparées.

Messieurs, le programme de 1900 était limité quant au chiffre de la dépense; mais il ne l'était pas, quant à la durée, et que signifie un programme qui n'a pas une limite de durée d'exécution?

M. Charles Bos. Très bien!

M. le rapporteur. Quand vous examinez les programmes de la marine, vous dites : Nous devons dépenser 1 milliard ou 1 milliard et demi en huit, dix ou douze ans.

J'insiste pour qu'à l'avenir les grandes commissions fonctionnant au ministère de la guerre, les services compétents, le ministre de la guerre et le Gouvernement exigent que, lorsqu'on élaborera un programme, on fixe une limite dans la durée de l'exécution et qu'on vienne franchement faire connaître aux Chambres la situation telle qu'elle est, et nous demander les crédits nécessaires pour exécuter tel programme dont la durée d'exécution a été délibérée par des hommes responsables. (*Très bien! très bien! à gauche.*)

Il y a encore autre chose en ce qui concerne ces programmes. Je distingue, pour ma part, deux éléments différents dans leur constitution. Le but d'un programme est, j'imagine, de placer le pays, à une heure déterminée, dans les meilleures conditions de défense. Mais les progrès de la science, les enseignements·comme ceux que nous avons reçus de la guerre russo-japonaise, par exemple, sont tels que, forcément, à mesure que l'on avance dans l'accomplissement d'un programme, il y a des progrès nouveaux à réaliser et des dépenses nouvelles à consentir. Il faut donc — et je crois que je dis là une vérité de pur bon sens — que, dans un programme militaire, il y ait deux parts distinctes, la première comprenant ce que j'appelle l'indispensable, la seconde comprenant le nécessaire qui doit toujours être tenu à jour. (*Très bien! très bien!*)

Or, croyez-vous que nous ayons réalisé des économies en ne faisant pas les dépenses nécessaires? Quelle erreur!

Toujours, au lendemain des périodes de tension, on accomplit des efforts nouveaux; des crédits supplémentaires ou extraordinaires sont demandés, si bien que ces économies ne sont en réalité que des ajournements de dépenses, que les travaux que l'on exécute à ce moment-là sont hâtifs et qu'il y a, au point de vue financier, en plus d'une sorte d'irrégularité, des à-coups tout à fait regrettables.

Quant au point de vue économique, M. le ministre de la guerre ne me démentira pas lorsque je prétendrai que, dans ces périodes-là, les travaux qu'il commande à l'industrie privée lui reviennent plus cher que dans les périodes normales; et ce, dans une proportion relativement considérable que je chiffre à environ 25 p. 100. Donc, c'est le contraire d'une économie, non seulement c'est un ajournement de dépenses, mais vous payez plus, le jour où vous voulez pallier le mal.

Je m'adresse maintenant à mes collègues de ce côté de la Chambre (*l'extrême-gauche*), je leur rappelle qu'il y a quelques années on a pratiqué des licenciements d'ouvriers dans les manufactures d'armes, parce qu'on n'avait pas de travail à leur donner. Qu'en est-il résulté? Une crise de chômage qui a ému à tel point l'opinion que le Gouvernement a dû déposer des demandes de crédit; nous avons voté avec raison des secours viagers, des indemnités; aujourd'hui on demande aux établissements de l'industrie privée un effort considérable; tous procèdent à des embauchages nouveaux et donnent des salaires élevés. Mais, quand l'effort extraordinaire produit par eux sera terminé, qu'en résultera-t-il ? Une nouvelle crise de chômage, une nouvelle diminution des salaires. (*Très bien! très bien!*) Ainsi, même au point de vue social, c'est une faute considérable d'ajourner des dépenses qui deviennent un jour nécessaires. Je me permets de livrer ces observations aux méditations de mes collègues de l'extrême-gauche. (*Très bien! très bien!*)

M. *Bouhey-Allex.* Cela prouve que nous dépensons trop pour l'armée de paix et pas assez pour l'armée de guerre; aussi, vienne la nécessité de parer au danger de guerre, nous sommes ainsi obligés de faire un effort extraordinaire.

M. *le rapporteur.* Un pareil système engendre de graves conséquences financières, économiques et sociales. Ce serait rabaisser le sujet que de ne pas dire aussi qu'un pareil état de choses pourrait avoir de tristes conséquences nationales. (*Très bien! très bien!*) On pourrait, en effet, se trouver exposé à une agression, justement parce que la préparation à la guerre n'aurait pas été suffisante. J'énonce une sorte de lieu commun en disant que c'est la perfection de notre préparation à la guerre qui seule peut nous garantir la permanence de la paix. (*Applaudissements.*)

M. *Vaillant.* Débarrassons-nous d'abord du comité marocain.

M. *le rapporteur.* Ces considérations m'amènent à vous expliquer pourquoi le Parlement a cru, avec le Gouvernement, qu'on pouvait essayer de pratiquer ces économies. Le budget de la guerre augmente sans cesse dans notre pays. Cependant que la 3e section, comme je vous l'ai montré, voit ses crédits diminuer, l'ensemble du budget de la guerre s'accroît. Pourquoi? A cause des lois que nous votons. A cause des engagements pris par le Gouvernement. A cause du renchérissement du prix de certaines denrées.

On peut affirmer, sans crainte de démenti, qu'il y a, dans le budget de la guerre, deux parties bien distinctes: l'une qui concerne l'entretien de l'armée pendant la paix, l'autre qui concerne la préparation de notre armée à la guerre.

La première, ayant assez considérablement augmenté ces dernières années, le Gouvernement a été plus particulièrement tenté de pratiquer ces économies sur la seconde.

M. *Bouhey-Allex.* C'est très exact. C'est là le vice du système. On sacrifie tout pour l'armée de paix, on néglige tout pour l'armée de guerre.

M. *le rapporteur.* Je puis vous montrer, messieurs, que non seulement le budget de notre 3e section n'est pas sincère, mais encore que le budget de notre première section, qui concerne les troupes et leur entretien n'a pas été, en ces dernières années, établi aussi rigoureusement qu'il convenait. Lorsque l'an dernier, j'eus l'honneur de remplacer l'honorable M. Berteaux comme rapporteur du budget de la guerre pour l'exercice 1905, j'ai trouvé, dans les notes que m'a remises notre collègue, des observations relatives à la manière dont le budget ordinaire du ministère de la guerre avait été présenté. M. Berteaux avait reconnu que l'on n'avait pas tenu compte des dépenses nécessaires à l'incorporation de 17.400 hommes de plus, faisant partie du contingent. J'avais donc l'honneur de placer en tête de mon rapport sur le budget de l'exercice 1905, l'observation suivante :

« Mais après le dépôt de ce budget, l'honorable M. Berteaux, à qui votre commission avait confié la mission d'étudier les crédits de la guerre, s'aperçut qu'ils étaient insuffisants et que les intérêts de la défense nationale, en même temps que le souci de la loyauté budgétaire, exigeaient un relèvement de 13 millions environ, défalcation faite d'économies reconnues possibles. »

Voyez, messieurs, dans quelles conditions, en dehors des crédits de la réserve de guerre, on présentait un budget devant les Chambres. Il fallait que le rapporteur de la commission du budget, examinant de près la situation, vienne dire : Il est impossible que nous votions un budget dans ces conditions.

Croyez-vous que l'Administration de la guerre ait corrigé ses errements à la suite de la constatation que nous avions faite, des remontrances que nous lui avions adressées, des relèvements de crédits que nous avions opérés? Nullement! Reportez-vous au budget de la guerre de cette année; rendez-vous compte de la manière dont il a été préparé : vous y trouverez deux erreurs regrettables qui, depuis, ont été corrigées d'accord avec M. Berteaux par la commission. Ouvrez le cahier bleu portant projet du budget des dépenses du ministère de la guerre; vous trouverez page 602, au chapitre 42 (Vivres) l'énumération des diverses denrées nécessaires à la troupe; on les calcule d'après les prix qui ont été fixés par l'administration. Or, comme il faut arriver à l'équilibre de l'ensemble du budget, on a trouvé un procédé, avoué sous une forme curieuse, que je recommande à vos réflexions. « A déduire : 1° conséquences de la fabrication intensive du pain de guerre, etc.; 2° diminution de l'effectif ayant servi de base, etc.; 3° pour ramener les prix des denrées à ceux du budget de 1905 : 1.070.802 francs. »

Reportez-vous à la page 608, à propos des fourrages, vous verrez qu'on pratique également une diminution des prix des denrées pour les ramener à ceux du budget de 1905 : 5.971.824 francs; soit 7 million. que l'administration de la guerre reconnaît nécessaires pour que le budget soit sincère, mais qu'on ne porte pas dans les écritures primitives pour que l'équilibre du budget ne soit pas rompu.

Seconde faute : pour 1906, on avait porté une diminution de 700.000 francs sur les crédits de la 3° section eux-mêmes.

La commission du budget, d'accord en cela avec M. le ministre de la guerre, a pensé que, cette année surtout, cette diminution aurait la valeur d'une contre-indication et elle a rétabli le crédit des années précédentes, étant bien entendu que, comme complément, vous avez, dans les crédits supplémentaires récents, voté une partie des sommes nécessitées par les besoins de notre défense.

Pourquoi cette situation? Il faut le dire d'une façon précise, elle provient de ce qu'au point de vue de la préparation du budget, M. le ministre des finances, lorsque son collègue de la guerre expose en conseil des ministres, la nécessité d'accroître les crédits de son département de 40 ou 50 millions, M. le ministre des finances lève les bras au ciel et déclare que la situation budgétaire du pays ne permet pas de faire ces sacrifices; alors le ministre de la guerre s'en revient rue Saint-Dominique, triomphalement, les mains vides. (*Sourires.*)

Finalement, on lui accorde, pour ainsi dire, une aumône sur

les crédits de la 1ʳᵉ et de la 2ᵉ section. On lui dit : « Voilà ; vous avez demandé 40 millions, nous ne pouvons vous en donner que 6. Arrangez-vous, débrouillez-vous. »

Eh bien ! non, ce n'est pas cela qui doit être dit (*Très bien ! très bien !*) Le ministre des finances doit être appelé par le président du conseil avec les ministres de la guerre, de la marine et des colonies à une conversation particulière où j'imagine que le ministre des affaires étrangères a sa place tout indiquée (*Très bien ! très bien !*), car il est indispensable, messieurs, que nous ayons les forces nationales de notre politique étrangère, ou plus exactement encore la politique étrangère de nos forces nationales. (*Applaudissements.*)

C'est par cette collaboration intime des hommes qui ont la charge des ministères militaires, guerre, marine, colonies, de celui qui a la direction de notre politique étrangère, de celui qui, en réalité, détient le nerf de la guerre, le ministre des finances, sous la présidence du président du conseil, sous la responsabilité du seul président du conseil, qui doit être, lui, l'agent de liaison entre ses différents collaborateurs, leur arbitre ; c'est par cette entente entre les différents ministres se réunissant en comité de défense nationale, que nous pourrons arriver à réaliser l'unité de vues, l'unité de direction, l'unité de responsabilité. (*Applaudissements.*)

Il est indispensable, après ces constatations, de dire pourquoi il est nécessaire aussi d'associer le Parlement à cette œuvre.

Le rôle du Parlement ne consiste pas exclusivement dans le vote des crédits ; il doit surveiller la manière dont ils ont été utilisés. (*Très bien ! très bien !*)

Au fond, c'est là le rôle que nous tenons du pays. Nous sommes appelés par nos électeurs à siéger ici pour consentir l'impôt ; nous devons ne le consentir qu'à certaines conditions et voir ensuite comment on a utilisé les sommes que nous avons mises à la disposition du Gouvernement. (*Applaudissements.*) Le contrôle du Parlement est d'ailleurs de principe républicain et on n'a qu'à se rappeler ce qui se pratiquait sous la Révolution française pour s'apercevoir que le contrôle civil n'a pas été pour nos armées une cause de défaite, loin de là.

M. Laurent Bougère. Avant la Révolution, les Etats généraux se sont montrés souvent très difficiles pour accorder l'impôt.

M. le rapporteur. La loi nous donne des pouvoirs. Gambetta — chaque fois qu'on parle des questions intéressant la défense nationale, on est sûr de retrouver son nom pour une œuvre utile et durable. (*Très bien ! très bien !*) — Gambetta, au lendemain des événements de 1875, alors que le Parlement venait de consentir un nouveau programme, un nouveau compte de liquidation de 2 milliards, demandait à la Chambre de voter l'article de loi suivant :

« Chaque année, les commissions des finances de la Chambre des députés et du Sénat pourront déléguer chacune deux de leurs membres pour vérifier sur pièces et sur place l'état du matériel. »

Gambetta disait alors : « Nous voulons bien vous consentir les sommes nécessaires, mais nous voulons par notre contrôle permanent assurer l'exécution du programme et voir de quelle façon les fonds que nous mettons à votre disposition ont été utilisés pour le bien de la patrie ». (*Très bien! très bien!*)

M. Maurice Rouvier, président du conseil, ministre des affaires étrangères. Je ne crois pas qu'à aucun moment un gouvernement républicain ait essayé de contester ce droit au Parlement.

M. Gustave Rouanet. Il n'a jamais été revendiqué. (*Très bien! très bien! à l'extrême-gauche.*)

M. le rapporteur. Il a été d'autant moins contesté qu'il n'a pas souvent, avant nous, été revendiqué.

M. le président du conseil. Il a été exercé et il est bon qu'il le soit.

M. Maurice Berteaux. Il a été exercé cette année, et, je dois le dire à ma très grande joie, par la commission du budget. Je me suis associé à son désir de toutes mes forces et j'ai facilité au président de la commission du budget et au rapporteur de la guerre, l'honorable M. Klotz, les investigations les plus complètes.

M. Georges Cochery, président de la commission du budget. C'est parfaitement exact.

M. Maurice Berteaux. C'était mon devoir, mais j'ai été doublement heureux de l'accomplir pour déférer au désir de la commission du budget d'abord, et ensuite parce que c'était le meilleur moyen d'opposer aux accusations calomnieuses dirigées contre notre préparation militaire le démenti du contrôle parlementaire lui-même. (*Très bien! très bien! à gauche.*)

On a osé dire, à une heure difficile, que la France avait consenti en vain tant et de si grands sacrifices, qu'elle n'avait pas le matériel qu'elle devait avoir. Quelle meilleure réponse à donner à ces pessimistes volontaires que de faire vérifier par le Parlement lui-même nos existants en matériel! (*Applaudissements à gauche.*)

M. Lasies. On a vérifié et on s'est aperçu que cela n'y était pas.

M. Georges Cochery. Il ne faut pas dire cela, monsieur Lasies.

M. le ministre de la guerre. Non, monsieur Lasies.

M. Lasies. On a réparé les choses depuis.

M. Jules Roche. On a de tout temps exercé ce droit, notamment la commission du budget, bien avant l'époque que vient de rappeler le précédent ministre de la guerre.

M. le lieutenant-colonel du Halgouët. M. Berteaux, alors ministre de la guerre, a eu raison de reprendre la tradition. Il y a trente ans, le président de la commission du compte de liquidation, M. Duclercq, était en collaboration constante avec le ministère de la guerre.

M. le rapporteur. Je serais mal venu à contester le dire de M. Jules Roche. Cela fut fait pour la marine, une fois, par MM. Cuvinot et Barbey; mais, depuis de longues années, la commission du budget n'avait pas usé de la faculté que lui confère la loi du 23 août 1876.

La commission du budget a considéré que cette année cette faculté, ce droit devenait un devoir. (*Très bien! très bien!*) Lorsque nous nous sommes adressés à M. Berteaux, ministre de la guerre, ainsi qu'il le rappelait tout à l'heure, nous avons trouvé de sa part et de la part de ses services la plus grande bonne volonté...

M. le président de la commission du budget. Parfaitement.

M. le rapporteur... pour nous permettre de poursuivre jusqu'au bout l'accomplissement de notre mission. Je tiens à déclarer aussi, — et je prends à témoin M. le président de la commission du budget, avec qui j'ai eu l'honneur de faire l'enquête dont nous avions été chargés, — que nous avons trouvé de la part de tous les chefs de service, dans les différentes places où nous nous sommes présentés, la même bonne volonté et qu'ils ont été très heureux, j'en suis convaincu, de voir que le Parlement tenait à se rendre compte d'une part de leurs efforts, d'autre part de ce qui leur était nécessaire pour pouvoir, s'il y avait lieu, mener un jour nos troupes à la victoire. (*Très bien! très bien!*)

M. le président de la commission du budget. Je m'associe à l'hommage que vous rendez à M. Berteaux, alors ministre de la guerre et à tous les officiers, ses collaborateurs.

M. le lieutenant-colonel du Halgouet. La commission du budget a pu ainsi constater que dans toutes les places où il se trouvait des manquants, ce n'était pas faute des incessantes réclamations des services locaux.

M. Jules Roche. C'est absolument exact!

M. le rapporteur. La formule employée par M. du Halgouet est inexacte; il n'y avait pas de manquants, mais simplement l'écart prévu entre les existants et les éléments nécessaires à l'achèvement du programme.

Messieurs, je m'excuse devant vous si ma discussion va être pendant quelques instants un peu plus aride. (*Parlez! parlez!*)

Qu'est-ce que ce contrôle du Parlement? Il faut bien que nous en définissions la nature. Vous avez auprès de vous, Monsieur le ministre, un service très remarquable, c'est le service du contrôle. Est-ce que le nôtre va faire double emploi avec celui exercé par votre administration? Point du tout. Le contrôle exercé par le service du ministère de la guerre est, si vous me permettez cette expression, un contrôle d'honnêteté publique. Il s'agit pour lui de voir si les existants portés sur les états sont bien présents et s'il n'y a pas de fraudes et de malversations. (*Très bien! très bien!*)

Pour nous, Parlement, nous n'avons pas cette besogne à accomplir. Notre contrôle est de sécurité nationale. Ce que nous avons à voir, c'est si les existants, constatés tels par l'administration de la guerre, sont en rapport suffisant avec les nécessaires.

M. le président de la commission du budget. Très bien!

M. le rapporteur. C'est là le point essentiel.

Lorsque nous nous présentons dans une place, il ne s'agit pas de savoir si les projectiles nécessités pour le service de telle bouche à feu sont bien dans le magasin; le contrôle a vérifié cette existence; ce qu'il faut que nous voyions, c'est, sur des états réguliers, si les projectiles existants sont à hauteur des nécessaires réglés par les programmes ou par les décrets...

M. Edouard Lockroy. Très bien!

M. le rapporteur. ...et c'est pourquoi nous vous demanderons, lors de la discussion de la loi de finances, le vote d'un article complémentaire qui nous permettra d'avoir, par place et par gestion, l'état des nécessaires, de façon que notre enquête soit complète et que nous puissions, dans la limite où l'exigent les intérêts de la défense nationale, vous en apporter le résultat. (*Très bien! très bien!*)

Je crois que le contrôle du Parlement peut, ainsi exercé et complété, avoir une très grande utilité.

Messieurs, j'ai le regret de le dire, il semble que la loi du 9 décembre 1902, qui a été conçue pour permettre au Parlement d'accomplir cette mission de contrôle, n'a pas donné jusqu'à présent tous les résultats que l'on pouvait espérer.

Que dit l'article 2 de cette loi : Que « le 1er octobre de chaque année le ministre de la guerre communiquera aux Chambres des états sur lesquels seront portées, pour l'ensemble de chaque service, les quantités par nature de matériel qui ont été reconnues nécessaires pour les besoins du temps de guerre, d'après le programme communiqué aux Chambres ».

J'arrête un instant ma lecture. Qu'exige cet article 2 ? D'abord un programme. Si vous voulez bien vous rappeler la fin de la phrase : « d'après le programme communiqué aux Chambres », il faudrait que la Chambre eût reçu communication de ce programme. Cette communication n'avait pas été faite.

D'autre part, on disait — c'était une prescription impérative de la loi — que le 1er octobre de chaque année, ces états devaient être communiqués aux Chambres.

En conséquence, j'ai demandé l'année dernière qu'on voulût bien me fournir les états prévus par la loi du 9 décembre 1902. J'ai reçu ces états, pour la première fois, le 31 août dernier et j'ai reçu les états de l'exercice suivant hier soir. MM. Berteaux et Etienne ont fait la plus grande diligence pour réparer le retard initial. Mais je suis convaincu que l'Administration de la guerre et que M. le ministre tiendront à honneur que les prescriptions de la loi soient suivies jusqu'au bout et qu'en même temps M. le ministre s'associera à nous pour obtenir de vous le vote de l'article additionnel que nous avons demandé, de façon que nous ne puissions pas constater, comme nous l'avons fait, que la loi du 9 décembre 1902 et le décret du 26 décembre 1902 qui l'a suivie recevaient quelquefois de légères entorses dans leur application.

En effet, qu'a-t-on voulu régler par cette comptabilité nouvelle ? On a voulu qu'il existât des états sur trois colonnes; la première doit donner les « nécessaires ». Les nécessaires sont, d'après la définition elle-même du décret, « pour chaque nature de matériel, les quantités qui ont été reconnues nécessaires pour les besoins du temps de guerre, d'après un programme communiqué aux Chambres ». Une seconde colonne concerne les « existants ». Les existants à une date donnée sont, d'après le même décret « pour chaque nature de matériel, les quantités qui existent réellement à cette date ».

Il y a une troisième colonne, d'un intérêt tout particulier, comprenant les « fixations ». Les fixations s'appliquent aux « quantités qui ont pu être achetées ou fabriquées à une date donnée au moyen des crédits mis à cet effet à la disposition du ministre ». Eh bien, dans un service important — je ne veux pas en dire le nom, mais je le ferai connaître à M. le ministre de la guerre, s'il le désire — nous avons pu lire — M. le président de la commission du budget se le rappelle — dans une lettre en date du 19 mars 1904, écrite par un chef de service du ministère de la guerre, cette phrase :

« Les fixations seront arrêtées au niveau des existants. » (*Mouvements divers.*)

On prend donc comme point de départ le chiffre des existants pour établir les fixations de la réserve de guerre, et tout l'intérêt de la loi et du décret de 1902 disparaît. (*Très bien! très bien!*)

M. le ministre de la guerre. C'est une erreur.

M. le rapporteur. Erreur commise en 1904. C'est surtout une faute excusable qui sera, j'en suis convaincu, évitée dans l'avenir. D'ailleurs, puisqu'on n'avait pas demandé les crédits nécessaires il était tout naturel que la fixation fût au niveau des existants. Si on avait demandé les crédits nécessaires, la fixation serait une sorte de moyen terme entre les nécessaires et les existants. Il suffira, je crois, d'avoir exposé cette situation au Parlement et au Gouvernement pour qu'à l'avenir elle ne se reproduise plus.

J'ajoute que le Gouvernement doit d'autant moins hésiter à vous demander les crédits, quand ils sont indispensables, que jamais à aucune époque de notre histoire les Chambres républicaines ne les lui ont refusés. J'ai même conservé le souvenir d'un projet de loi comportant ouverture d'un crédit extraordinaire de 11.805.900 fr. déposé à la séance du 13 juin 1904. Ce projet fut rapporté par M. Berteaux. Chose assez curieuse, alors que le Gouvernement ne demandait que 11.805.900 fr. pour poursuivre, améliorer, au cours de cet exercice et sur certains points, notre organisation défensive, dans le projet de loi qui sortit des délibérations de la commission du budget, le crédit fut majoré de 3 millions. La commission du budget et son rapporteur, M. Berteaux, avaient estimé, en effet, que dans la troisième section et surtout pour les équipages de campagne et les équipages de siège, il était nécessaire d'accroître les crédits. Le projet fut voté par la Chambre avec cette majoration de 3 millions sur les propositions du Gouvernement. Il fut envoyé au Sénat. Celui-ci réduisit le crédit de 14.805.900 fr. à 4.060.900 fr., faisant ainsi subir à ce cahier de crédits extraordinaires une réduction de 10 millions de francs, qui portait exclusivement sur les travaux de la troisième section.

Je regrette que le Gouvernement, ayant apporté une demande de crédits jugée insuffisante par la Chambre, n'ait pas fait usage devant le Sénat, d'une autorité dont nous connaissons le poids, pour obtenir les crédits nécessaires à notre organisation défensive. Il importe qu'à l'avenir, lorsque de pareils crédits seront demandés, que des réductions de cette nature n'y soient pas opérées sans motifs réels.

M. Lasies. Et sans protestation du ministre de la guerre.

M. Maurice Berteaux. Je rappelle mes souvenirs sur l'incident dont vous parlez Ce que la Chambre doit retenir, ce qu'il est nécessaire qu'elle sach , ce que d'ailleurs vous avez dit tout à l'heure, et que M. le président de la commission du budget a dit après vous, c'est que, lorsque vous avez fait les vérifications prévues par la loi, vous avez trouvé dans nos magasins tout ce qui devait y être.

M. le rapporteur. Nous avons trouvé tout ce qui devait y être au point de vue de la régularité des écritures, mais non pas tout ce qui devait y être au point de vue de l'exécution du programme. (*Mouvements divers.*)

M. Maurice Berteaux. Laissez-moi poursuivre, je vous prie...

M. le rapporteur. Ce n'est pas votre responsabilité qui est en cause, monsieur Berteaux.

M. Maurice Berteaux. Permettez-moi de faire une observation. Vous dites que vous n'avez pas trouvé tout ce qui aurait été nécessaire au point de vue de l'exécution intégrale du programme.

M. le rapporteur. Non, nous ne l'avons pas trouvé.

M. Maurice Berteaux. Cela revient à dire que vous n'avez pas trouvé achevé un programme pour l'achèvement duquel les ministres qui se sont succédé depuis 1900 jusque vers la fin de 1904 n'avaient point sollicité ou obtenu les crédits nécessaires, mais vous avez trouvé tout le matériel correspondant aux crédits votés. A cette époque comment pourrait-on faire grief à mes prédécesseurs de ne s'être pas strictement renfermés dans la limite des crédits de leur budget ? Par conséquent, sur ce point vous avez trouvé ce que vous deviez trouver.

Quant à l'observation que vous présentez au sujet du crédit de 14 millions, personne n'a plus regretté que moi que ce crédit n'ait pas été alloué par le Sénat, car j'en avais pris l'initiative à la Chambre en qualité de rapporteur, comme vous avez bien voulu le rappeler.

J'ai été appelé au ministère de la guerre le 15 novembre 1904 et je me suis immédiatement présenté devant la commission des finances du Sénat; on se trouvait alors en fin d'exercice, le rapport de l'honorable M. Waddington était déjà déposé, il concluait à la réduction que vous avez rappelée. Malgré mon insistance, je n'ai pu faire revenir la commission sur sa décision; on y a fait valoir surtout qu'au cours de l'exercice 1904, les services intéressés n'auraient plus le temps de consommer les crédits demandés.

M. le rapporteur. Je vous demande pardon. Je ne veux rien exagérer; je me reporte simplement au rapport de l'honorable M. Waddington au Sénat, déposé avant votre arrivée au ministère de la guerre. J'y lis :

« En présence de ces déclarations, dont il vous est impossible de discuter ni la sagesse ni la gravité, votre commission a dû ajourner le vote du crédit ayant trait au développement de l'artillerie armée, dépense dont elle reconnaît comme le ministère des finances, l'utilité au point de vue de la défense, mais qui ne saurait être commencée qu'autant que sa continuation serait assurée. Cet ajournement résulte du désaccord entre les ministres de la guerre et des finances; il appartiendra au Gouvernement d'y mettre fin et de saisir le Parlement, s'il y a lieu, de nouvelles propositions. »

Voilà ce que disait le rapporteur de la commission de finances du Sénat; je m'en réfère à ses déclarations.

Pourquoi, d'ailleurs, le gouvernement d'alors avait-il déposé un crédit aussi important et intéressant à un aussi haut degré la défense nationale, presque à la fin de la session ordinaire de juin 1901? C'est, en effet, à la fin de juin, que la demande de crédit a été déposée ici. C'est vous, monsieur Berteaux, qui étiez rapporteur, et avec la diligence que vous apportez en pareille matière, vous avez immédiatement rapporté le cahier des crédits; vous en avez même proposé l'augmentation. Et lorsque, après réduction, ces crédits sont revenus du Sénat, c'est le jour même de leur retour que nous les avons rapportés, nous-même, d'accord avec vous. Nous avons été obligés à ce moment de subir un assaut que vous vous rappelez, celui de M. Jaurès, qui demandait l'ajournement du vote de ces crédits. M. Jaurès disait : « Il s'agit d'une somme de 4 millions... »

M. Jaurès. Si vous croyez, en supprimant le contrôle financier et du ministre des finances et du Parlement, accroître efficacement la défense nationale, vous vous trompez tout à fait! (*Très bien! très bien! à l'extrême-gauche.*)

M. le rapporteur. C'est juste le contraire, monsieur Jaurès. Nous entendons que le contrôle du Parlement s'exerce dans toute sa plénitude; seulement nous voudrions que les ministres de la guerre responsables présentassent à temps devant le Parlement les demandes de crédits qui leur sont utiles. (*Très bien! Très bien!*)

Nous leur demandons aussi de savoir, à l'occasion, poser la question de confiance; car s'il est intéressant d'obtenir par ce moyen le timbre à deux sous, il est aussi très intéressant d'avoir des équipages de siège, des équipages de campagne, nécessaires à la défense nationale. (*Applaudissements sur divers bancs à gauche, au centre et à droite. — Interruptions à l'extrême-gauche.*)

Vous disiez tout à l'heure, Monsieur Berteaux, qu'au cours du voyage que nous avons fait cet été, nous avions trouvé dans les places tout ce qui devait y exister. Je vous ferai sur ce point une réponse très nette.

Lorsque nous sommes allés faire ce voyage — c'était au mois d'août — j'ai pu constater qu'entre le mois de juin et le mois d'août, vous, ministre de la guerre, aviez déjà réparé le retard antérieur. (*Très bien! très bien!*)

Je dois ajouter aussi qu'après notre voyage vous avez encore continué d'accélérer votre effort patriotique. Cet effort, vous l'avez accompli; votre successeur le poursuit, et, sur ce point, il a droit, comme vous, à la reconnaissance du Parlement et du pays. (*Très bien! très bien!*)

M. Jaurès. Quand aurons-nous la note à payer?

M. le rapporteur. Vous l'avez payé partiellement il y a quelques semaines.

M. Jaurès. Nous verrons cela.

M. le rapporteur. Monsieur Jaurès, il vous appartiendra de combattre le vote des nouveaux crédits.

M. Jaurès. Ils seront déjà dépensés.

M. Lasies. Et on aura bien fait de les dépenser.

M. le rapporteur. Etant donné l'heure, je ne voudrais pas trop prolonger ce discours. (*Parlez!*) Il résulte de ces observations que la Chambre a toujours fait son devoir en pareille matière, qu'avant 1905 la réserve de guerre n'est pas restée comme elle aurait dû l'être, toujours intangible, que certaines lois ont été tardivement exécutées, que de prétendues économies ont été réalisées, que la 3e section s'est trouvée un moment en souffrance, que l'exécution du programme de 1900 est en retard et qu'il a manqué, au point de vue de l'organisation de notre défense nationale, l'unité de vues et l'unité de direction.

M. Jaurès. C'est comme pour les dépenses de la marine!

M. le rapporteur. Monsieur Jaurès, je viens de dire qu'il serait nécessaire qu'il y eût harmonie d'effort et que le ministre de la guerre, le ministre de la marine, les ministres des colonies, des affaires étrangères et des finances fussent appelés à le concerter, d'abord en proportion des ressources financières du pays, et aussi à raison des nécessités de notre politique étrangère.

M. Maurice Rouvier, président du conseil, ministre des affaires étrangères. Il en est ainsi, surtout pour des crédits qui ont une importance aussi considérable. Il en a été ainsi de tout temps.

M. le rapporteur. Non monsieur le président du conseil, il n'en a pas toujours été ainsi, je le regrette beaucoup et je constate d'ailleurs dans le rapport de M. Waddington au Sénat, le 15 novembre 1904, que c'était le désaccord entre le ministre de la guerre et celui des finances, qui avait fait ajourner le crédit de 14 millions.

Je m'en rapporte sur ce point à la parole du très distingué rapporteur du budget de la guerre au Sénat.

Je résume mon sentiment en la matière en disant qu'il faudra pendant les quelques années qui vont suivre relever normalement les crédits de la 3e section d'un chiffre de 60 à 75 millions. Il faudra aussi que les programmes soient limités dans leur durée; qu'ils contiennent une partie spéciale, visant l'indispensable, à réaliser immédiatement; que les lois reçoivent à jour fixe leur application, que la réserve de guerre soit intangible, que le contrôle du Parlement s'exerce d'une façon efficace et continue en accord avec l'administration de la guerre, de façon qu'on vérifie le degré d'achèvement des programmes; il faudra enfin que les responsabilité qui se produiront dans l'avenir soient uniquement précisées en la personne du président du conseil, qui a à la fois l'autorité et la responsabilité.

M. le président du conseil. Je ne décline la responsabilité d'aucune portion de la politique intérieure ou extérieure, y compris notre politique militaire et défensive, depuis que j'ai l'honneur d'être placé à la tête du Gouvernement.

Vous n'avez aucun effort à faire pour qu'il soit entendu que cette responsabilité pèse en effet sur le chef du Gouvernement; mais il faut reconnaître que le chef du Gouvernement n'est pas un dictateur; il préside le conseil des ministres et c'est au sein du conseil que s'institue l'accord gouvernemental.

M. Charles Bos. Que les temps sont changés!

M. le président du conseil. Vous avez le droit d'accepter ou de refuser les crédits. Il n'y a là rien que de très correct.

A l'extrême gauche. On propose les crédits quand les dépenses sont faites.

M. Jaurès. Nous demandons qu'on supprime le ministre des

finances. Ce ministère est un rouage antipatriotique. (*Rires à l'extrême-gauche. — Mouvements divers.*)

M. *le rapporteur.* Il est quelquefois un rouage antisocial. Il l'est lorsqu'il oppose à de certaines lois démocratiques une résistance énergique, que nous regrettons. (*Sourires.*)

Nous devons rechercher à la fin de ce débat quelles sont, d'autre part, les causes morales pour lesquelles le ralentissement d'effort, dont je viens de parler, s'est produit. Tandis que l'Allemagne augmentait le sien, nous, nous diminuions le nôtre. C'est, à mon sens parce que, de même qu'il y a dans notre pays les démagogues de la guerre, il s'y trouve aussi des démagogues de la paix. (*Très bien! très bien! sur divers bancs. — Mouvements divers.*)

M. *Edouard Vaillant.* Nous voulons la paix par-dessus tout.

M. *le rapporteur.* La phrase que je viens de citer est du président Roosevelt. Il a eu mille fois raison de la prononcer. Je me permets de la reprendre pour notre pays. Je ne suis pas de ceux qui approuvent les démagogues de la guerre. J'estime même que ce sont certains de leurs excès qui ont permis et provoqué les excès des autres. (*Très bien! très bien! à gauche.*)

M. *Edouard Vaillant.* Il n'y a pas d'excès de notre côté. On ne peut jamais aller trop loin dans ce sens. (*Exclamations au centre, et à droite. — Très bien! très bien! à l'extrême-gauche.*)

M. *le rapporteur.* Vous dites, monsieur Vaillant, qu'on ne peut jamais aller trop loin pour conserver la paix?

M. *Dejeante.* Parfaitement.

M. *le rapporteur.* Précisons la question. Vous dites : Il faut conserver la paix. C'est notre avis aussi, mais pas au prix de la dignité nationale, monsieur Vaillant. Non! Pas au prix de l'honneur du pays. Non! (*Applaudissements.*)

Nous devons conserver la paix avec dignité. Et ne croyez-vous pas que les théories pacifistes soient une des causes du ralentissement de nos dépenses militaires? (*Vifs applaudissements sur de nombreux bancs.*)

M. *Dejeante.* Mais vous ne comptez donc pas les milliards dépensés pour l'armée?

M. *Edouard Vaillant.* Débarrassez-nous du comité marocain, voilà l'essentiel, et vous aurez plus fait pour la paix qu'avec tous les arguments que vous produisez!

M. *Paul Constans* (Allier). Vous avez dépensé 36 milliards pour l'armée!

M. *le rapporteur.* Je suis très étonné de votre ardeur en ce qui concerne la situation financière; vous ne votez pas le budget! (*Applaudissements au centre et à gauche.*)

M. *Charles Bos.* Très bien!

M. *le rapporteur.* Vous savez fort bien, au cours de la discussion des chapitres, venir nous demander des augmentations de crédits, mais quand il s'agit du vote de l'ensemble, vous le refusez! (*Nouveaux applaudissements sur les mêmes bancs. — Interruptions à l'extrême-gauche. — Bruit.*)

M. *Paul Constans* (Allier). Vous savez très bien les raisons qui font que nous ne voterons jamais un budget établi par la bourgeoisie. (*Exclamations à gauche et au centre.*)

M. *Dejeante.* Surtout les crédits de la guerre et de la marine!

M. *le président.* Messieurs, veuillez laisser M. le rapporteur exposer ses idées; vous lui répondrez ensuite si vous le jugez à propos.

M. *Paul Constans* (Allier). On nous fait un procès de tendance.

M. *le rapporteur*. Je ne fais aucun procès de tendance; je constate des faits, et de ces faits je dégage des conséquences. Je dis que ce sont les démagogues de la paix qui ont permis à certain Gouvernement de ne pas demander les crédits nécessaires à la défense nationale. Il ne savait pas si une majorité se serait rencontrée dans la Chambre pour les voter.

Oui! Et il est heureux qu'à un certain moment nous soyons sortis de notre torpeur; et à ce moment-là, il y a encore peu de mois, nous avons tous constaté avec joie que les théories antimilitaristes n'avaient eu aucune prise sur le pays. (*Très bien! très bien à gauche. — Interruptions à l'extrême-gauche.*)

M. *Lafferre*. Alors ce n'est pas la peine d'en parler!

M. *Édouard Vaillant*. Ce sont les antimilitaristes qui mettent en accusation le comité marocain, qui est un véritable danger pour la paix.

M. *le rapporteur*. Je vous assure que je voudrais dire tout ce que je pense et rien que ce que je pense.

Eh bien! j'ai lu cet été, dans le numéro du 20 juin 1905 d'une revue, celle dirigée par M. de Pressensé, la *Vie socialiste*, des interviews ou plutôt des réponses à une enquête faite sur les questions relatives à la paix et à la guerre.

Dans le même numéro se trouvent la réponse de trois socialistes de trois pays différents : Bebel pour l'Allemagne, Enrico Ferri pour l'Italie, Hervé pour la France.

M. *Maurice Allard*. Mais c'est connu!

M. *le rapporteur*. On ne saurait trop le répéter.

M. *Lafferre*. Si on en revenait au budget de la guerre?

M. *Dejeante*. Vous trouvez que quatre ans de prison ne suffisent pas?

M. *le rapporteur*. Ce n'est pas moi qui ai choisi pour la *Vie socialiste* la collaboration de M. Hervé afin d'opposer dans ce numéro les idées françaises aux idées allemandes et italiennes.

Bebel dit : « Si le gouvernement de leur pays est l'agresseur, ils doivent lui refuser les moyens de faire la guerre et la combattre par tous les moyens admissibles. Si le gouvernement de leur pays est obligé, contre son gré, de faire la guerre, s'il est attaqué, ils ne peuvent lui refuser leur concours. Car dans une guerre, c'est le gouvernement qui souffre le moins, c'est le peuple qui souffre le plus. »

Telle est la pensée de Bebel. C'est très bien, par comparaison....

M. *Gustave Rouanet*. Les capitalistes n'ont pas de patrie! (*Exclamations sur divers bancs au centre.*)

Évidemment! En Alsace-Lorraine, ce ne sont pas les propriétaires ni, pour la plupart, les usiniers qui ont quitté le territoire, ce sont les ouvriers dont le patrimoine de liberté avait été ravi par l'Allemagne; mais quant aux capitalistes actionnaires des chemins de fer de l'Est, on leur a remboursé la part d'actions achetées par le gouvernement prussien à la compagnie de l'Est.

En réalité les seuls patriotes sont les prolétaires parce qu'ils sont les seuls qui aient une patrie. (*Applaudissements à l'extrême·. gauche. — Exclamations à gauche, au centre et à droite.*)

M. Jaurès. M. Klotz vient de nous dire qu'il trouvait très bien le langage du socialiste Bebel.

M. le rapporteur. Non.

M. Jaurès. ...il est donc entendu, avec l'approbation de M. Klotz, que lorsqu'un gouvernement se fait agresseur, le devoir de la classe ouvrière est de lui refuser les moyens nécessaires de faire la guerre. (*Applaudissements à l'extrême-gauche.*)

M. le rapporteur. Monsieur Jaurès, par rapport au langage de M. Hervé, le langage de M. Bebel est celui d'un patriote. Mais j'estime que, si dans un certain nombre de pays c'est le gouvernement qui décide la guerre, dans un pays comme le nôtre, c'est le Parlement, représentant la volonté nationale. Je n'admets en aucun cas la désobéissance, l'insoumission, l'insurrection, la désertion. (*Vifs applaudissements sur un grand nombre de bancs.*)

M. Charles Bos. Il faut lire ce qu'a dit Hervé à côté des paroles de Bebel.

M. le rapporteur. Veuillez alors me permettre de terminer ces citations que je ne commente d'ailleurs pas.

Je lis ce que dit le député italien Enrico Ferri : « En cas de guerre ? Pour mon compte, si ma maison était assaillie par des brigands ou des voleurs, je me défendrais et je défendrais ma famille jusqu'à la mort... » Il me semble que M. Enrico Ferri, député socialiste, a de sa propriété individuelle un souci particulier. (*On rit.*)

M. Jaurès. Très bien !

M. le rapporteur. « Si ma patrie était assaillie par une armée de conquérants (brigands habillés d'une façon peu différente et plus méthodique) je la défendrais jusqu'à la mort. »

Dans ce même numéro, sous la signature d'Hervé : « En aucun cas, dans une guerre internationale, un socialiste conscient ne doit donner une goutte de son sang, un centimètre carré de sa peau pour la défense des patries actuelles. ». (*Mouvements divers et exclamations.*)

M. Gustave Rouanet. Voulez-vous lire les déclarations de M. Vaillant dans le même numéro.?

M. le rapporteur. J'ai pris ces trois citations dans le numéro du 27 mai 1905 qui ne contenait les déclarations d'aucun autre socialiste.

M. Gustave Rouanet. Voulez-vous me permettre...

M. le rapporteur. Non, monsieur Rouanet.

Vous établissez ici par vos interruptions continuelles une sorte de dictature intolérable. Laissez-moi m'expliquer. (*Applaudissements sur divers bancs. — Exclamations à l'extrême-gauche.*)

Vous me posez une question. Laissez-moi y répondre.

Vous me demandez pourquoi je ne cite pas les théories de M. Vaillant ?

M. Édouard Vaillant. Ma réponse.

M. le rapporteur. M. Vaillant a fait connaître ses opinions à la Chambre ; il vient de le faire de nouveau tout à l'heure. Il m'a interrompu et j'ai eu l'honneur de lui répondre que c'est beaucoup à cause de la politique suivie par un certain nombre de ses amis que nous avons pu aux mois de mai .et juin derniers craindre l'agression qui nous menaçait. (*Exclamations à l'extrême-gauche. — Très bien! très bien! sur divers bancs.*)

Je n'ai donc pas à faire connaître les opinions de M. Vaillant, qui les a toujours défendues ici avec beaucoup de loyauté et de courage.

M. Paul Constans (Allier). Vous êtes trop ministre.

M. Edouard Vaillant. Ce qu'il y a de certain, c'est qu'aucun parti n'a autant que le parti socialiste contribué au maintien de la paix, tant pendant la guerre russo-japonaise qu'actuellement. (*Bruit.*)

M. Lasies. Vous avez acclamé les Japonais et c'étaient les agresseurs!

M. Maurice Allard. Vous savez bien que les agresseurs étaient les Russes.

M. Paul Constans (Allier). Vous nous attaquez sans aucune raison.

M. le rapporteur. Vous vous plaignez d'être attaqués?

M. Jaurès. Au contraire!

M. le rapporteur. Vraiment, vous êtes bien à plaindre! Vous gênez-vous donc pour attaquer? (*Très bien! très bien! sur divers bancs à gauche.*)

Vous dites votre opinion; j'ai le courage de dire la mienne. (*Très bien! très bien!*)

Mais il importe de répéter que si vous voulez la paix, vous qui en êtes les démagogues, nous aussi nous voulons la paix; mais seule peut nous la garantir l'excellence de notre préparation à la guerre. (*Applaudissements.*)

« Oui, nous appelons de tous nos vœux, disait le 28 mai 1905, à Nérac, le président du Sénat d'alors, l'heure où sera enfin répudié ce reste de la barbarie; le règlement des conflits entre les nations abandonné aux hasards et aux atrocités de la guerre.

« Mais pouvons-nous changer à nous seuls les dispositions de l'Europe et rester sourds au bruit de ses armements?

« Nous sommes donc contraints à nous résigner, en bons patriotes que nous sommes, à tous les sacrifices qu'exige impérieusement la sauvegarde de notre sécurité, et si le malheur voulait que la France eût à défendre son honneur ou son territoire les armes à la main, pour rien au monde il ne faudrait, souvenons-nous de 1870, qu'on pût nous accuser de n'avoir pas tout fait pour frayer à nos soldats le chemin de la victoire. » (*Vifs applaudissements.* — *L'orateur, de retour à son banc, reçoit les félicitations de ses collègues.*)

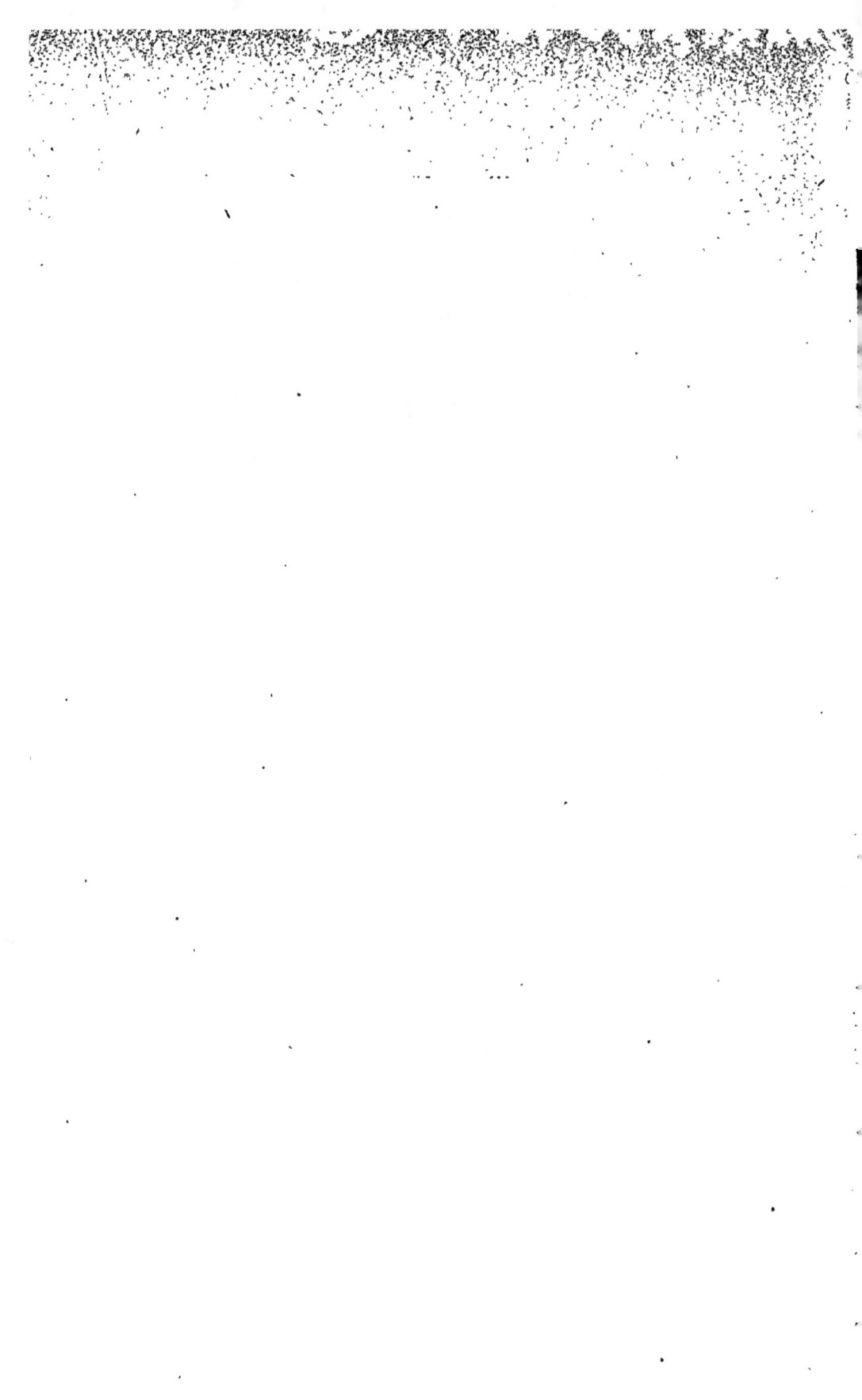

TABLE DES MATIÈRES

A PROPOS DU MATÉRIEL DE GUERRE

Historique de la troisième section du budget de la guerre depuis 1870.

Enseignements de la guerre russo-japonaise.

Comparaison des dépenses militaires et des effectifs en France et en Allemagne.

LA LOI DU 21 MARS 1905

Paris et Limoges. — Imprimerie militaire Henri Charles-Lavauzelle.

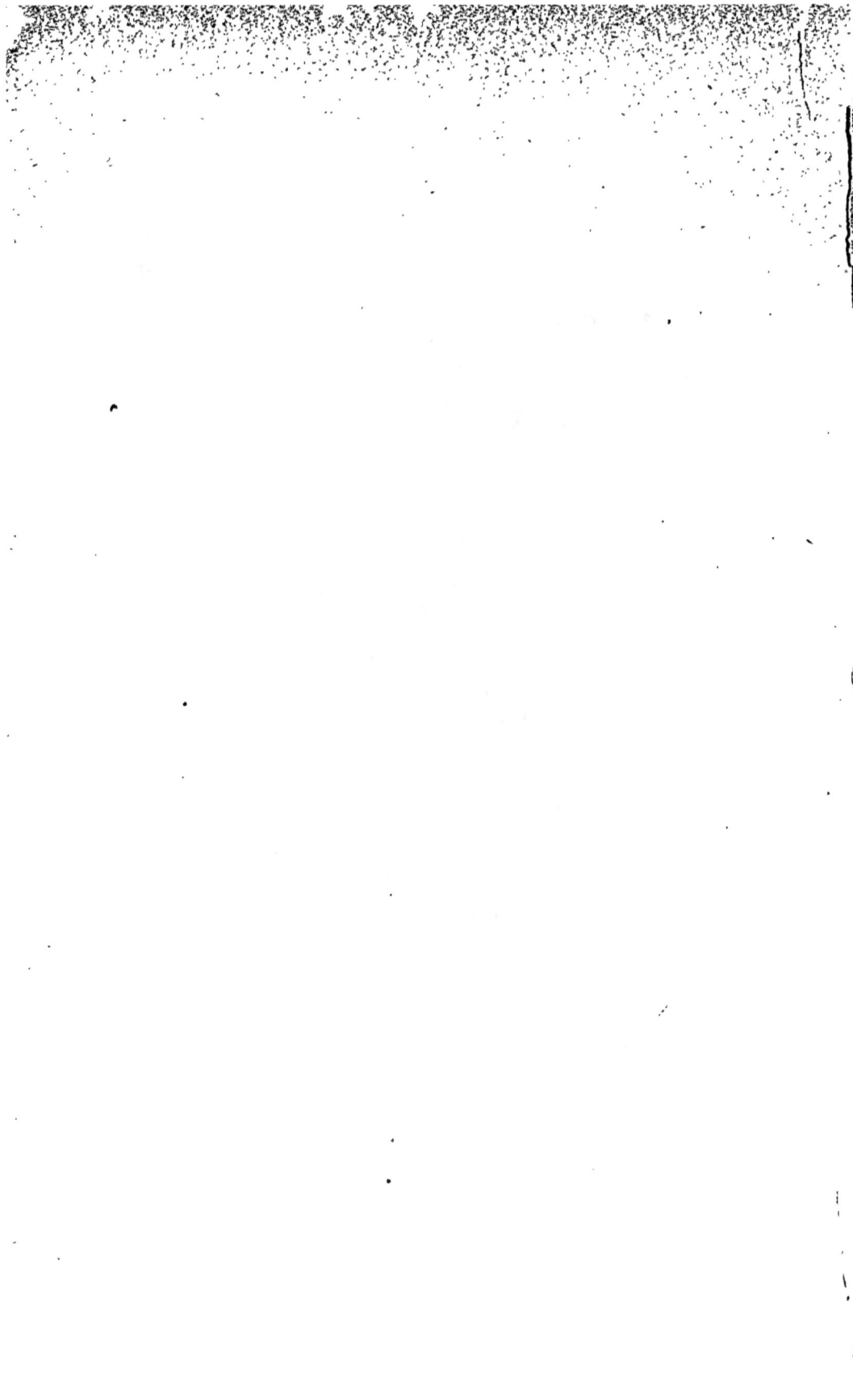

Librairie Militaire Henri CHARLES-LAVAUZELLE

PARIS ET LIMOGES

Loi du 21 mars 1905 sur le recrutement de l'armée. — Brochure in-8° de 76 pages... 1 25

La loi de deux ans, ses erreurs, par le général PÉDOYA, ancien commandant du 16° corps d'armée. — Brochure in-8° de 62 pages....... » 50

Etude de la nouvelle loi militaire, d'après ses rapports essentiels avec le service du recrutement. — Brochure in-8° de 42 pages... » 75

Instruction du 22 octobre 1905 sur l'aptitude physique au service militaire. — Volume in 8° de 58 pages, br.................... » 75

Nouveau procédé d'évaluation physique du soldat; *son application au recrutement de l'armée et à la surveillance sanitaire des corps de troupe,* par le docteur BOUREAU, chirurgien en chef de Clocheville, et le docteur DE GAULÉJAC, médecin aide-major de 1re classe. — Br. in-8° de 54 pages. 1 »

Manuel de renseignements militaires à l'usage de la gendarmerie et des municipalités, par le capitaine DOUAY, du 5° bureau-annexe de recrutement de la Seine. — Volume in-8° de 132 pages............. 2 »

Les industries d'art et la loi militaire, guide pratique à l'usage des ouvriers d'art, par A. VINCENT, sous-chef de bureau à la préfecture de la Haute-Loire. — Brochure in-8° de 64 pages..................... 1 25

Dictionnaire du recrutement, contenant tout ce qui est relatif au recrutement, à l'administration des réserves et de l'armée territoriale et aux réquisitions (armées de terre et de mer) (4° édition, revue, considérablement augmentée et mise à jour), par J. SAUMUR, ✳, ⚜, officier d'administration principal d'état-major. (*En préparation*)

TOME Ier. — Volume in-8° de 1.184 pages, broché................... 10 »
    Relié toile... 12 »
TOME II. — Volume in-8° de 704 pages, broché..................... 6 »
    Relié toile... 7 50

(L'achat de cet ouvrage par les corps de troupe a été autorisé par décisions du 29 juin 1900 de M. le Ministre de la guerre et du 29 septembre 1900 de M. le Ministre de la marine.)

L'appel des territoriaux, par Victor BERTEUIL, chef de bataillon au 53° régiment territorial d'infanterie. — Brochure in-8° de 32 pages.. » 60

Annuaire spécial du service du recrutement, par le capitaine L. Duverbecq, employé au bureau de recrutement de Lille. — Vol. in-8° de 78 pages, broché 2 »; franco.................................... 2 25
    Relié pleine toile gaufrée 2 50; franco.................... 2 75

Français et Allemands, étude démographique et militaire des populations actuelles de la France et de l'Allemagne, l'alliance franco-russe et l'Allemagne, par le docteur J. AUMEUF. — Vol. in 8° de 122 pages. 2 »

Etude sur le recrutement malgache. — Broch. in-8° de 26 pages.. » 60

Etude de la nouvelle loi militaire, d'après ses rapports essentiels avec le service du recrutement. — Brochure in-8° de 42 pages.. » 75

Le service de deux ans, par le gén. TRICOCHE. — Br. in-18 de 40 p. » 75

De l'introduction du service de deux ans dans l'armée française, par le général LUZEUX. — Brochure in-8° de 64 pages............. 1 25

La vérité au sujet du service militaire de deux ans, par le général LUZEUX. — Brochure in-8° de 64 pages.......................... 1 50

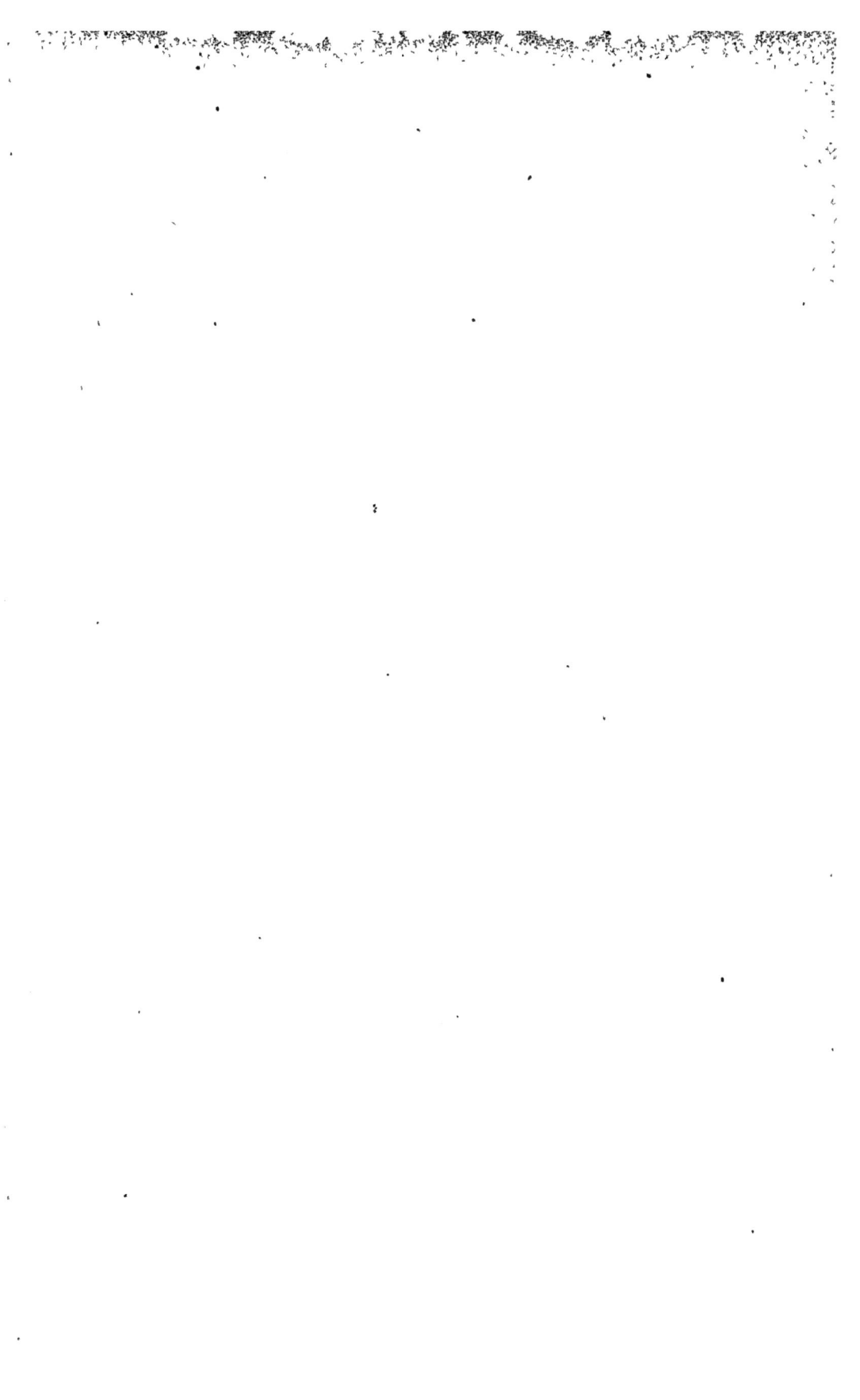

www.ingramcontent.com/pod-product-compliance
Lightning Source LLC
Chambersburg PA
CBHW070736270326
41927CB00010B/2010